江苏高校哲学社会科学重点课题资助成果

国家开放大学开放教育学习支持服务研究中心资助

远程教育
学习支持服务质量保障研究

章 玳◎著

 南京大学出版社

图书在版编目(CIP)数据

远程教育学习支持服务质量保障研究 / 章玳著. --
南京：南京大学出版社，2022.11
　　ISBN 978 - 7 - 305 - 26038 - 4

　　Ⅰ. ①远… Ⅱ. ①章… Ⅲ. ①远程教育－教育质量－
研究－中国 Ⅳ. ①G729.2

　　中国版本图书馆 CIP 数据核字(2022)第 143334 号

出版发行　南京大学出版社
社　　　址　南京市汉口路 22 号　　　　邮　编　210093
出 版 人　金鑫荣
书　　名　远程教育学习支持服务质量保障研究
著　　者　章玳
责任编辑　钱梦菊　　　　　　　编辑热线　025 - 83592146
照　　排　南京南琳图文制作有限公司
印　　刷　南京百花彩色印刷广告制作有限责任公司
开　　本　787×960　1/16　印张 18.75　字数 340 千
版　　次　2022 年 11 月第 1 版　2022 年 11 月第 1 次印刷
ISBN 978 - 7 - 305 - 26038 - 4
定　　价　56.00 元

网址：http://www.njupco.com
官方微博：http://weibo.com/njupco
官方微信号：njupress
销售咨询热线：(025) 83594756

序

　　现代远程教育是随着现代信息技术的发展而产生的一种新型的远程教育形态。由于远程教育具有开放性和灵活性的显著特征，这使得更多的人接受高等学历教育的同时，其质量保证也变得颇为复杂。改革开放40多年，中国远程教育呈现出向多元、深层发展的态势，提高质量已成为当前远程高等教育发展的中心任务。《中华人民共和国国民经济和社会发展第十四个五年规划和2035年远景目标纲要》第四十三章明确指出"建设高质量教育体系"，成为我国教育高质量发展的着力点。教育高质量发展是基于我国各级各类教育质量不足问题而作出的战略性回应。教育部《关于推进新时代普通高等学校学历继续教育改革的实施意见》（教职成〔2022〕2号）指出，普通高等学校举办的学历继续教育快速发展，为促进高等教育大众化、普及化和教育公平，推动经济社会发展和学习型社会建设做出了重要贡献，但也存在办学定位不够明确、制度标准不够完善、治理体系不够健全、人才培养质量不高等突出问题，不能很好地适应教育高质量发展要求。《实施意见》可谓是学历继续教育高质量发展的具体目标和行动指南。远程高等教育作为高等教育的重要组成部分，需要乘势而上、改革创新，推动由规模扩张向规范发展、高质量发展转变。

　　远程高等教育承担着培养人才的重要使命，高质量的远程教育必须更加紧密地与经济社会发展相联系，以学生的需求为中心。然而，面对高质量和个性化教育的巨大需求，普通高等学校举办的学历继续教育（网络教育）及开放大学在办学组织机制、学习内容、学习支持服务模式等方面都出现了或多或少的不适应，学习支持服务质量成为突破难题的关键所在。"学习支持服务"是远程教育区别于传统教育的关键，更是开放大学核心竞争力在目标指向维度上的显著特征。在后疫情时代，学习支持服务的质量

1

对于远程学习的学生来说具有更重要的意义,提高学习支持服务质量是远程教育变革的重要路径。由此,远程教育学习支持服务质量保障的研究显得愈发的重要和迫切。

章玳教授投身广播电视大学/开放大学教育事业已30余年,亲历了广播电视大学的蓬勃发展过程,也体会到了广播电视大学向开放大学转型发展的艰辛。不忘初心,砥砺前行,践行终身教育理念,开放大学紧跟时代发展的步伐和满足学习者不断变化的需求,为学生提供优质的学习支持服务的初心一直未变。在新的历史发展时期,坚守质量生命线,勇扛社会使命担当是开大人的共同心声。我国如何办出有中国特色高水平的开放大学,更好地融入世界高质量远程开放教育,融入或对接我国普通高等教育,赢得广泛的社会声誉,是我国远程教育界同仁共同面临的时代课题。

在"质量"话语的推动下,章玳教授基于远程教育发展历程,结合远程教育政策形势,将学习支持服务发展分为五个阶段,由五个阶段发展得出学习支持服务质量观转变原因在于质量意识变化、质量标准变化、质量控制方法和手段变化等因素。进一步指出,新时代要树立以生为本质量观。在学习支持服务目标上,学校要依据学习者的需求设定学习目标。在远程教育中尊重学习者的权利和尊严,把学习者的根本利益作为一切学习实践活动的出发点和归宿。树立多元化质量观。远程教育要努力使每一个学生都在原有的潜能和基础上实现最大的发展和提高,尊重差异和弘扬个性的发展,关注服务内容的多样化、个性化。树立增值性质量观。学生的价值增值,体现在学生学习之后的各方面的改变和进步,从学生学习成果出发,只要学生获得一定的学习增值,学习支持服务就是有质量的。树立可持续发展质量观。应坚持能力为重,注重学生后续学习与终身学习需要的可持续发展能力,如果学校能够最大限度地促进学生的学习与发展,学习支持服务就是有质量的。

各国开放大学在实践中都形成了自己独特的办学理念、教学管理体系与学习支持服务模式。章玳教授研究认为,世界一流开放大学或举办远程教育的大学,无论是一元制还是双轨制,高质量的课程教学及学术是其共同的追求。学生的学习过程从与机构签订合约开始,到完成课程,直至毕业,在此过程中为学生提供全面周到的支持服务是质量保证体系中非常重要的部分。章玳教授从学习支持服务目标、学习支持服务提供方、学习支持服务组织方式、学习支持服务内容及学习支持服务评价五个方面对我国广播电视大学、开放大学、高校网络教育学院及奥鹏远程教育的学习支持服务模式进行比较分析,指出在"互联网＋"时代,学习支持服务模式发展趋向:从单一式向多样化、多元化发展;从独立式向一体化、立体化发展;从粗放式向精准化、个性化发展。学习支持服务是个理论问题,也是个实践问题。章玳教授在本书还探索了共同体视域下网络教学团队建设与运行模式,共同体视域下课程思政教学支持的案例,从实践成效中提炼概括学习支持服务质量保障的改进路径。

毋庸置疑,衡量教育质量高低与否离不开课程、教学、师资等指标,对远程教育而言,还要关注学习支持服务标准。章玳教授在本书中基于国外开放大学及远程教育机构的学习支持服务质量标准,指出学习支持服务质量评价标准包括三个层面:一是看是否满足了学生的学习需求;二是看学生是否获得了自身发展(知识、技能);三是看学生对支持服务满意的程度。章玳教授以远程开放教育为例,探索学习支持服务质量保障 LSSTPO 模型,提出要真正关注学生的学习成果,集合学校所有的资源为学生学习成果的获得提供学术与非学术的优质、高效的支持服务,从而实现目标保证、过程保证及结果保证。学习支持服务质量保障是保障教育质量、提升教育质量声誉的关键措施。章玳教授指出,面对新形势、新变化,远程开放教育要抓住教育形态和学习方式变革的新机遇,主动转变质量观及质量保障策略。将学习支持服务目标嵌入到人才培养全过程中。以学生发展为中心建构学校人才培养目标;以学生需求为导向,建构专业人才培养目标;基于成效为本的理念建构课程学习目标。构建成效为本的课程质量保证体系。整合可利用的课程学习资源和学习支持服务;从重视"课程知识"的评价,转为对"岗位职能"和"职业素质"的评价。强化学习支持服务质量人力保障,加强师资队伍建设。规范管理,明确职责;加强兼职教师队伍建设;促进共同体视域下的质量文化建设。完善内部质量保障机制。改进学习支持服务质量评价标准;强化院校内部的质量监控;学生参与质量保障机制的建构。建构外部质量评估机制。政府主管部门进行宏观管控;第三方机构进行质量认证;行业组织、企业等社会用人单位提供改进依据;加快推进国家资历框架建设。坚持同一性质量观,制定同一资格框架下的质量标准和具体指标,从课程专业入手,促进从资历要求到课程教学的转化。

总之,章玳教授在本书中基于远程教育理论、学习理论、共同体理论、服务质量理论以及全面质量管理理论,运用文献研究法、比较研究法、个案研究法及调查研究法,在研究梳理学习支持服务质量基本要素,借鉴国外远程学习支持服务质量保障经验基础上,结合中国远程教育的实践发展,特别是开放大学的基本定位及发展定位分析论证,确立远程教育的学习支持服务质量观,构建学习支持服务质量评价体系,探索学习支持服务质量保障的 LSSTPO 模型,提出构建学习支持服务质量保障体系的新思路,特别是面对远程开放教育所处的困境,提出破解困境的新路径,拓展丰富了学习支持服务理论,对提高远程教育质量具有启发意义。

在出版了《开放教育课程与教学支持研究》专著后,章玳教授经过七年的积淀,再次出版《远程教育学习支持服务质量保障研究》,希望进一步将新理念、新思路在实践中加以检验并不断完善,也希望本书能引发学界同仁们更深入的思考与探讨。

江苏开放大学校长、党委副书记　崔新有

2022 年 11 月 3 日

目　录

第一章　绪　论

学习支持服务是远程教育的重要构成因素。支持服务的质量对于远程学习的学生来说有更重要的意义①。学习支持服务的现实问题能否得到及时有效的解决,直接影响到远程教育人才培养模式改革的进程。中国高等教育已踏上以提高质量为核心的内涵式发展之路。面对新形势,远程高等教育要抓住教育样态和学习方式变革的新机遇,主动转变质量观及质量保障策略,为学生提供高质量的支持服务。提供支持服务,是"一切为了学生、为了学生的一切"主旨的落实。提高学习支持服务质量是远程教育变革的重要路径。

第一节　研究背景及研究意义

一、研究背景

（一）构建终身学习社会的必然选择

提高学习支持服务质量是构建终身学习社会的必然选择。

1. 从终身教育到终身学习

1965 年,保罗·朗格朗在联合国教科文组织(UNESCO)国际成人教育促进委员会上提出,把人的一生分为接受教育的前半生和工作的后半生是不科学的,教育应该是人的一生持续不断的过程②。终身教育包括人们一生中所

---

① 德里克·隆特利.以教材为基础的教与学的质量评估[A].黄清云.国外远程教育的发展与研究[C].上海:上海教育出版社,2000:353.

② [法]保罗·朗格朗.终身教育导论[M].滕星,滕复,王箭,译.北京:华夏出版社,1998:16.

受各种培养和教育的总和,在各个发展阶段之间的所有有机联系,包括正规教育、非正规教育及非正式教育。在许多情况下,人们把终身教育与终身学习视为同一个概念而交替使用。促使终身教育向终身学习转化的是联合国教科文组织提倡的终身学习理念。1972 联合国教科文组织在《学会生存——教育世界的今天和明天》的报告中指出,"虽然一个人正在不断地接受教育,但他越来越不成为对象,而越来越成为主体了",教育过程必须"把重点放在教育与学习过程的'自学'原则上"①。自 20 世纪 80 年代以来,终身教育开始向终身学习过渡,且逐渐有取代终身教育之势。2002 年,党的十六大报告提出,到 2020 年我国要"形成全民学习、终身学习的学习型社会",这是官方文件首次提出建设学习型社会的战略目标。2020 年 9 月 22 日,习近平总书记在教育文化卫生体育领域专家代表座谈会上的讲话中指出:"要完善全民终身学习推进机制,构建方式更加灵活、资源更加丰富、学习更加便捷的终身学习体系"。

教育是伴随人的终身的,人是终身教育(学习)的动力要素。学习者的主观条件和内在动力是终身学习成功的关键。终身学习在概念的内涵、对象的主体性及教育功能的发挥上都超越了终身教育。学习无疑具有主体性、能动性的特点,内含并彰显着更加丰富的人本意义,学习更能反映出学习者的内驱力和活力。终身教育与终身学习的不同在于:终身教育具有明确的计划性与组织性,而终身学习具有自省性与能动性,更突出了学习主体对学习负有的责任。终身教育是教育的组织行为,实施主体是社会、政府,体现的是社会组织和团体的需要和意志;而终身学习的实施主体是个人,体现的是个体如何利用社会提供或自身寻求的学习资源影响和改变自身,以适应社会的需要,同时实现自身的充分发展。可以说,终身学习是终身教育的基础和深化,没有学习者自身的积极性、主体性和创造性,终身教育是无法实现的。终身教育向终身学习的概念转换体现了以学习者为中心的思想,有利于形成自主与自助的终身教育模式。由于终身学习更加强调学习者的主体地位,其理念的出发点亦是变教育的强制性为自主性②,因此,在终身学习理念的指导下,政府和社会就应通过高质量学习计划的制订,有效学习课程的供给,以及对学习者个人进行个性化学习的援助等措施,来推动全社会公民终身教育活动的展开,并由此建

---

① 联合国教科文组织国际教育发展委员会. 学会生存——世界教育的今天和明天[M]. 华东师范大学比较教育研究所,译. 北京:教育科学出版社,1996:218.
② 章玳,吴韶华,胡梅. 江苏终身教育 40 年:模式探索与路径完善[J]. 扬州大学学报(高教研究版),2020(8).

立一个着眼于对人性的关注及实现人生真正价值的"学习社会"①。总之,在终身学习社会中,对个人而言,不仅仅要具有知识与应用知识的能力,同时要具有继续学习的兴趣和能力;对社会而言,它要求社会为所有的成员提供学习的权利和条件。这样,终身要学习,处处能学习,不仅成为基本的需要和共同的理想,同时也成为泛在的社会现实。

2. 终身学习模式的转向

中国特色社会主义进入新时代,社会主要矛盾已经转化为人民日益增长的美好生活需要和不平衡不充分的发展之间的矛盾。现阶段,教育的主要矛盾也转化为封闭的教育与优质的个性化学习之间的矛盾。中央全面深化改革领导小组第三十五次会议审议通过的《关于深化教育体制机制改革的意见》提出:"要营造健康的教育生态,大力宣传普及适合的教育才是最好的教育、全面发展、人人皆可成才、终身学习等科学教育理念。"倡导适合的教育理念,发展适合的教育,就是要致力于解决过去没有解决或者没有解决好的以及在教育发展过程中出现的新问题,解决人民群众对更好教育的要求与教育发展不平衡不充分之间的矛盾和问题。党的十九届四中全会指出:"构建服务全民终身学习的教育体系","发挥网络教育和人工智能优势,创新教育和学习方式,加快发展面向每个人、适合每个人、更加开放灵活的教育体系,建设学习型社会。"我国的《国家中长期教育改革和发展规划纲要(2010—2020 年)》中指出,"尊重教育规律和学生身心发展规律,为每个学生提供适合的教育"。可见,学校教育应该关注学生的差异,让每个学生享受适合自己的教育,这是 21 世纪我国教育改革的出发点和最终归宿。

平衡充分发展的教育,才是适合的教育;适合的教育,就是最好的教育②。适合的教育一定是对人高度关照的教育,是以人为本的教育。我们要以学习者为中心,真正把学习者放在教育的中心位置,更加注重打造贴心的、精细化的教育服务模式。要顺应社会成员对教育的多样化、个性化需求,优化办学条件,提供足够丰富、足够多样的教育资源,扩大教育资源的选择性。推进区域协调发展,努力在学有优教上不断取得新进展。所有的教育教学活动,都要切实落实到每一位拥有不同特点和禀赋的学习者身上去。而所提供的教育适不

---

① 吴遵民.终身教育国际视野与中国经验[M].上海:上海教育出版社,2018:155.
② 葛道凯.推动教育平衡充分发展为建设教育强国作出更大贡献[EB/OL].[2017 - 10 - 27]. http://www.jsdj.gov.cn/20911/201710/t20171027_4781690.shtml.

适合,要以能否满足学习者可持续发展需要为标准,一切教育工作都要依照"适合"的要求来展开和评价。教育领导者和管理者对于办学治校和教书育人要有更精准更到位的设计和考虑,要实施更有灵活性的差别化对策,确保学校管理成为实施"适合的教育"强有力的推手和保障。

3. 对多样化学习支持服务的需求

适合的教育离不开终身学习策略。终身学习策略的确定与实施向个人、学校及社区均提出了新的要求。终身教育转向终身学习,个人必须首先接受终身学习这一客观现实,树立学习化的个人及发展中的个人观念,积极投身到终身学习活动中去。各级各类学校应确立开放的教育观,为学习开放教室、图书馆及其他学习设施,积极发挥地区文化中心的辐射功能,为个人的终身学习提供必要的支持服务。随着教育信息化发展,教育变得越来越多样化和终身化,学习越来越个性化和泛在化。这就需要我们准确把握新变化,统筹推进新技术应用与教育融合发展,灵活运用新兴信息技术、运用先进信息网络,传输学习信息和经验,以"互联网+"推进构建网络化、立体化的全民终身学习平台。同时,要扩大优质资源覆盖面,加快发展人人皆学、时时可学、处处能学的教育,打造终身教育体系下的远程教育学习支持服务的升级版,让更多的国民享有高质量的教育,以满足民众日益多样化、个性化的学习需求。

多样化的学习支持服务能够促进终身教育体系的构建。一方面,学习支持服务能够体现终身学习的个性化的内在要求;另一方面,学习支持服务能够提高学习资源的丰富性。基于多元化的学习方式、强大的技术支持以及教育大数据和学习分析技术的发展,使我们可以对学习者学习特征和学习者行为进行分析,为其推荐合适的学习路径。数字资源的个性化推送服务能够为学习者提供丰富的、适合学习者认知结构的资源选择,大大推进了学习者的个性化学习,为众多学习者终身学习提供了保障。在终身教育体系内,需要提供丰富的学习内容,多元的学习方式及学习支持。例如,①"课堂教学+专题讲座"式。即通过课程内容讲解、专题讲座、社区活动等多种形式,鼓励学习者参与学习。教学活动后,将活动情景制作成相应资源上传到数字化学习平台,供学习者共享。②线上线下体验式。体验式学习是一种基于网络的线上、线下相结合的实践学习过程。在体验学习中,学习者既是学习者,也是组织者,体现了学习者的主动性和参与性。体验式学习有两种模式,一是基于网络的网上体验学习模式;二是基于网络的网下体验工作室、实验室等。学习者可从多角度多方面体验"动手动脑""线上线下"的乐趣。③"学习圈、学习小组"式。即把具有共同兴趣及学习目的的学习者以"学习圈""共同小组"的方式组织起来，创设线下学习环境，利用"虚拟学习社区"进行网上互动。在互动载体上，可以通过网络平台、微信、QQ、手机客户端等方式，不仅使用计算机，也可使用智能手机、iPad 等移动设备。在互动形式上，可以开展网上互动学习交流，也可以开展网上自主学习与网下互助学习相结合的办法，实现网上虚拟学习与社区实体化学习的互补①。多元的学习方式及学习支持可以大幅提升学习者的学习获得感。

（二）远程高等教育高质量发展的必然需求

1. 推进远程教育内涵式发展

远程高等教育同传统面授教育一样，具有同样的根本质量要求，即培养全面发展的专门人才，因此其本质仍然是培养人才。只是因"远程"做限定，在教育对象、教学方式、学习方式、学习环境等方面与全日制普通高等教育有所不同②。现代远程高等教育以在职成人为主要培养对象，以应用型高等人才为培养目标，以培养服务于地方经济社会需要的人才为目标，经济发展、社会需求迫切要求现代远程高等教育选择个性化发展道路，与传统高等教育形成优势互补、相辅相成的办学格局。教育部办公厅《关于服务全民终身学习促进现代远程教育试点高校网络教育高质量发展有关工作的通知》（教职成厅〔2019〕8 号）（以下简称《通知》）指出，多年来，现代远程教育试点高校网络高等学历教育快速发展，在促进现代信息技术与教育教学深度融合，服务高等教育大众化，构建服务全民终身学习的教育体系，建设学习型社会等方面发挥了重要作用。但在发展过程中还存在一些不容忽视的问题，如有的高校办学定位不清，招生管理粗放，教学管理制度不健全，出口把关不严，对学习中心监管乏力等，严重影响了网络教育的人才培养质量③。目前，现代远程高等教育的质量还未得到社会的普遍认可，现代远程高等教育的品牌特色还不突出，社会影响力较弱等等均成为制约现代远程高等教育可持续发展的障碍。在经历了前期规

---

① 章玳,吴韶华,胡梅.江苏终身教育 40 年:模式探索与路径完善[J].扬州大学学报（高教研究版）,2020(8).

② 宋波.论远程高等教育内涵要素的结构层次[J].中国电化教育,2009(7).

③ 教育部办公厅.关于服务全民终身学习促进现代远程教育试点高校网络教育高质量发展有关工作的通知[EB/OL].[2019-12-18].http://www.gov.cn/xinwen/2019-12/18/content_5462024.htm.

模扩张的粗放式发展阶段之后,现代远程高等教育的发展必须从重在数量扩张向重视质量提高转移,正确处理规模、质量、结构、效益关系,走内涵式发展道路才是解决现代远程高等教育发展中存在问题的唯一途径。深化内涵发展是当前远程高等教育自身建设的重点,也是远程教育发展的必由之路。《通知》还指出,"科学制定人才培养方案,严格落实教学计划,规范教学组织、课程讲授、学习支持、实践教学、课程考核等教学管理环节,切实保障实现人才培养目标。深入研究、精准把握从业人员学习需求,改进教学模式和方法,推进线上线下混合教学,保证适当比例的面授教学,鼓励开展师生实时互动教学。加强过程管理,做到教学全过程可记录、可监控、可评价、可追溯",这为推进远程教育内涵式发展,实现远程高等教育高质量发展指明了方向。

2. 实现远程高等教育高质量发展

《中共中央关于制定国民经济和社会发展第十四个五年规划和二〇三五年远景目标的建议》(以下简称《建议》)提出了我国"十四五"期间和2035年经济社会发展的远景目标,第一次明确提出"建设高质量教育体系",为我国制定教育领域中长期规划提供了基本遵循,对于加快推进教育现代化、建设教育强国、办好人民满意的教育具有重大指导意义。《建议》在"改善人民生活品质,提高社会建设水平"部分,以"高质量教育体系"为主题,对其所涵盖的内容做了深刻论述。"高质量教育体系"包括高质量基础教育体系、高质量高等教育体系、高质量职业教育体系和高质量终身学习与教育体系,其总体价值指向体现了培养德智体美劳全面发展的社会主义建设者和接班人的教育目的;体现了建设满足人民群众日益增长的更高质量、更加公平、更加满足多样需求、更可持续发展的教育要求;体现了创新、协调、绿色、开放、共享的新发展理念。

高质量发展是现代远程教育发展的客观要求和主观诉求。保证远程教育的质量,必须有服务于学习者学习需要的优质教学资源、教学过程控制、支持学习者学习全过程的良好服务和保证学习者学习效果的有效管理[1]。其中,教学资源是关键,教与学过程控制是重点,学习支持服务是核心,教学管理是保证。[2] 质量是现代远程高等教育的生命线,因为现代远程高等教育自身的生存与发展,社会对现代远程高等教育的肯定和评价,学习者对现代远程高等教育的认可和接纳归根到底取决于现代远程高等教育的办学质量。远程高等

① 宋波.论远程高等教育内涵要素的结构层次[J].中国电化教育,2009(7).
② 于云秀.广播电视大学开放教育的质量保证[J].中国远程教育,2004(10).

教育已从最初的外延式量化规模发展,转向对提升质量的内涵式深度而持久的追求。正如教育部前部长陈宝生所强调的,"当前高等教育工作的首要重点是实现高质量发展",远程高等教育也不例外。

高质量发展是"十四五"乃至更长时期我国经济社会发展的主题。与之相适应,实现高质量发展、建设高质量教育体系,已成为当前教育事业的紧迫任务。2022年8月,教育部印发的《关于推进新时代普通高等学校学历继续教育改革的实施意见》(教职成〔2022〕2号,以下简称《实施意见》)指出,近年来,"普通高等学校举办的学历继续教育快速发展,为促进高等教育大众化、普及化和教育公平,推动经济社会发展和学习型社会建设做出了重要贡献,但也存在办学定位不够明确、制度标准不够完善、治理体系不够健全、人才培养质量不高等突出问题,不能很好适应教育高质量发展要求"①。为此,《实施意见》为高等学历继续教育划定了质量底线,要求高等学历继续教育要严把培养质量关。需要"建立健全与新发展阶段相适应的高等学历继续教育办学体系、标准体系、管理体系、评价体系、服务体系,形成办学结构合理、质量标准完善、办学行为规范、监管措施有效、保障机制健全的新格局;高等学历继续教育资源供给更加丰富,办学质量显著提升,服务能力和社会认可度大幅增强,为学习者接受优质高等教育提供更多机会和更好服务"②。远程高等学历教育要紧紧围绕这个目标,坚持系统思维,整体谋划发展结构和学习支持服务质量保障,全面推进综合改革,进行综合治理;要坚持统筹兼顾,根据不同办学主体特点错位规划办学,形成各展所长、各有特点的办学新格局。

(三)高水平开放大学的必然路径

1. 开放大学的成立及内涵

远程高等教育的重要组织形态之一就是单一模式的开放大学。开放大学诞生于英国。英国开放大学首任校长洛德·克劳瑟对开放大学的界定是:"理

---

① 教育部. 关于推进新时代普通高等学校学历继续教育改革的实施意见[EB/OL].[2022 - 08 - 01]. http://m. moe. gov. cn/srcsite/A07/moe_743/202208/t20220816_653132. html.

② 教育部. 关于推进新时代普通高等学校学历继续教育改革的实施意见[EB/OL].[2022 - 08 - 01]. http://m. moe. gov. cn/srcsite/A07/moe_743/202208/t20220816_653132. html.

念开放（Open to Idea）、公众开放（Open to People）、方法开放（Open to Method）和地域开放（Open to Place）。"开放大学有着共同的理念。随着社会经济的发展,人们充分领略了这种教育在推进人才培养与社会进步方面的巨大价值,世界各国纷纷通过建立开放大学或远程教育联合体,以助力国家终身教育发展和人力资源的提升。目前,据不完全统计,世界上以"开放大学"命名的学校有近百所①。2010 年 7 月 23 日我国首家以"开放大学"命名的新型大学"上海开放大学"正式挂牌成立。2010 年 12 月 14 日教育部公布了第一批开放大学试点地区,即北京市、上海市、江苏省、广东省、云南省及中央广播电视大学将探索开放大学建设模式。2012 年《教育部关于同意在中央广播电视大学基础上建立国家开放大学的批复》（教发函〔2012〕103 号）中指出:国家开放大学是教育部直属的以现代信息技术为支撑,主要面向成人开展远程开放教育的新型高等学校,国家开放大学坚持非学历继续教育和学历继续教育并举。学校应以课程为单位建设学习资源,充分利用高校优质教育资源,促进学习资源的共建共享;积极推进"学分银行"建设,通过建立学习成果的互认和学分的累积、转换制度,探索搭建终身学习"立交桥"。刘延东同志在出席国家开放大学、北京开放大学、上海开放大学成立会议时也强调:"要以现代信息技术为支撑,整合共享优质教育资源,创新教育教学模式,办好中国特色的开放大学,为社会成员提供更加灵活便捷公平开放的学习方式和多层次多样化的教育服务,为建设学习型社会和教育强国、人力资源强国作出积极贡献","实行学历教育与非学历教育并重","健全质量标准和保证体系,全面提高教育质量"②。郝克明先生指出,中国向建设一流水平现代开放大学迈出了历史性的第一步,标志着具有新的教育理念、新的办学和育人模式、新的运行机制的新型大学的诞生③。远程教育专家王一兵指出,开放大学既是高等教育体系又是我国国民教育体系中不可替代和具有特殊功能的一员,是一所名副其实的新型大学④。学者丁兴富认为,开放大学是具有开放特征的自治的远程教学

---

① 李亚婉. 世界开放大学现状分析与趋向研究[M]. 北京:中央广播电视大学出版社,2011:15.

② 刘延东. 创新体制机制努力办好中国特色开放大学[EB/OL]. [2012 - 07 - 30]. http://www. gov. cn/ldhd/2012 - 07/31/content_2195913. htm.

③ 郝克明. 对中国开放大学建设和发展的认识和思考[J]. 北京广播电视大学学报,2012(6).

④ 王一兵. 办好中国特色开放大学[J]. 开放教育研究,2013(2).

的大学①,中国开放大学的建立体现了社会的进步,满足了个人发展的需要。开放大学是指充分利用广播、电视、网络等现代传播技术手段,打破时间、地域、身份限制,整合社会优质教育资源,面向全体社会成员提供远程学习支持和服务的新型大学。

教育部《关于办好开放大学的意见》(教职成〔2016〕2 号)提出:"开放大学要以终身教育思想为引领,树立开放、灵活、优质、便捷的办学理念,充分运用现代信息技术,创新办学形式、组织模式和运行机制,努力办成服务全民终身学习的新型高等学校。"2020 年 9 月,教育部印发《国家开放大学综合改革方案》,推动全国 39 所省级广播电视大学统一更名为地方开放大学,省级广播电视大学实现整体转型。目前,开放大学体系"1+5+40+3 660"的基本格局没变。1 是开放大学总部,5 是 5 所地方开放大学,40 是 40 所省级和副省级城市电大,3 660 是 3 660 多个教学点②。《国家开放大学综合改革方案》对新时代开放大学改革发展提出了新目标、新要求。一所大学,必须以大学的形态服务于全民终身学习。《国家中长期教育改革和发展规划纲要(2010—2020年)》(以下简称《教育规划纲要》)提出"健全宽进严出的学习制度,办好开放大学"。2020 年是《教育规划纲要》收官之年,中国开放大学"探索开放大学建设模式"试点也已十年有余,办学定位更加明确,满足了多样化的学习需求,为学习型社会提供了重要支撑,为人力资源开发提供了重要保障。

2. 实现远程开放教育新担当

40 多年来,广播电视大学/开放大学励精图治、开拓创新,解决了两代人的学历补偿问题,走出了"先进传播手段+名师名教"的成功之路,形成了"敬学广惠、有教无类"的优良传统,提供了改革开放所需的人力资源,积累了低成本、高效益举办高等教育的中国经验,探索了大国办大教育的终身教育模式③。新冠肺炎疫情爆发,给全世界人民的生活带来全方位冲击的同时,也给全球教育带来了巨大的影响。截至 2020 年 10 月底,全球仍有 31 个国家处于全国范围内的停学状态,有超过 6 亿学生(占全球学生总数的 34.4%)因新冠

---

① 丁兴富.中国特色一流开放大学的成长之路——上海电视大学半个世纪发展的历史经验[J].开放教育研究,2010(3).

② 叶宏.新时代开放大学高质量发展视域下的教学变革[J].远程教育杂志,2019(11).

③ 荆德刚.开放大学改革:使命、发展与挑战[J].开放教育研究,2020(4).

肺炎疫情的影响无法返校上课,新冠肺炎疫情导致全球 160 多个国家和地区发生不同程度的教育中断①。出于疫情期间封闭的需要,很多国家将线上教学、远程授课作为首选,打破了原有的教学模式和学习方式。伴随人类历史上最大规模、最长时间的在线学习实验,全球教育发生了格局性变化,在线学习异军突起,远程开放教育脱颖而出而又面临严峻的挑战。作为中国远程高等教育的实践主体——开放大学,必须积极主动担当,与时俱进,将高质量发展作为自己的现实责任和奋斗目标。

由于广播电视大学长期的积淀,开放大学成为创新教学法和使用先进教学技术工具的引领者。不断开发建设学习平台,为学生提供各种学习资源,有的平台集学习平台和学习支持服务为一体,可以完成在线考试,实现师生、生生互动交流等。这些平台系统无一例外在疫情封闭期间发挥了巨大作用。开放大学不仅提供大量的线上学习资源,而且开展实时的和非实时的教学互动,学生的学习评价和考核也转为线上形式,最大程度确保了因为疫情封闭期间学校的持续运转和开放教育对象得以持续学习。开放大学勇担社会重任,积极主动应对疫情。利用在多媒体教学法、教学设计和在线教学方面的专长支持其他教育机构,为其他学校和教职人员,以及在疫情期间希望进一步学习的学生提供了支持。例如,国家开放大学充分发挥教育信息化和数字化学习资源优势,率先服务"停课不停学",免费向全国中小学、职业院校、普通高校、教育行政部门和培训机构提供学习平台、数字教材和网络课程;也积极为之前开展传统面授教育的其他高等教育机构提供适时的技术辅导,帮助其尽快适应线上教学②。上海开放大学以学习者的发展为目标导向,构建了推动学校各要素、各环节联动循环发展的"飞轮"模型,根据行业发展水平、学生生源结构分层设置标准,以需求为导向,以能力培养为核心,实施分层分类教育服务,给予学习者个性化、专业化、针对性的指导支持,提升学习者的满意度和获得感③。江苏开放大学根据学习者的学习需求、学习方式、学习特点,提供便捷适切、灵活多样、开放共享的技术载体和资源平台,提供有效的学习支持服务。在推动实现教育均衡和教育公平,实现以教育信息化推动教育现代化,推动构

---

① UNESCO. COVID - 19 impact on education [EB/OL]. [2021 - 02 - 23]. https://en. unesco. org/covid19/education-response.

② 荆德刚. 超越远程教育:世界开放大学校长谈疫后发展趋势[M]. 北京:国家开放大学出版社,2021:8 - 10.

③ 贾炜,陈丽,等. 开放大学高质量发展:思考与期待[J]. 开放教育研究,2022(4).

建和完善终身教育体系做出了应有的贡献。

3. 提升开放大学的影响力和竞争力

开放大学探索"新型高等学校"转型发展已有十年,在得到社会认可方面取得了长足的进步,但一些方面仍不尽如人意,如学习资源吸引力不够、高水平教师短缺、信息化"散、慢、乱"突出等问题①,仍未能改变它们在公众中的形式,提高它们在社会上的声誉。开放大学必须注意那些获得好名声的学校的一些特色,包括好的教材、好的面授辅导和学习支持系统、多媒体的综合运用、充足的师资队伍以及文化氛围②。疫情时期,普通高校与教育机构纷纷展开远程线上教学,开放大学在远程教学方面的优势受到了挑战,而最佳的解决办法是加强其作为一所终身学习型大学的品牌建设。

全面提升开放大学的影响力和竞争力,在办学定位和办学水平上错位发展、形成特色、提高质量,已是当务之急。国家开放大学、北京开放大学、上海开放大学及江苏开放大学在学校高质量发展上积极进行了不同程度的探索与实践,如表1-1所示。

表1-1　四所开放大学高质量发展探索与实践对比

名称	总体目标	学历教育质量要求	质量保障主要措施
国家开放大学	学历教育和非学历教育并重。学历教育,创优提质;社会培训,开疆拓土;老年教育,做优做强。办成我国终身教育的主要平台、在线教育的主要平台、灵活教育的平台和对外合作的平台。使社会培训成为开放教育新品牌、社区教育成为国民学习新渠道、老年教育成为教育领域新亮点	创优提质	以质图强。凝心聚力抓教育教学改革;以点带面抓信息化建设;提质扩容抓学习资源。实施"1233"工程,通过建平台、推金课、优资源、强服务、创特色、争一流等路径,推进高质量发展,推进职普融通,深化产教融合与校企合作,推进育人方式、办学模式、管理体制和保障机制。设计完善监测和评价标准,质量保证委员会要作为一个质量保障实体发挥更多作用

① 荆德刚.超越远程教育:世界开放在大学校长谈疫后发展趋势[M].北京:国家开放大学出版社,2021:8-10.

② 约翰·丹尼尔.开放教育与知识媒体:新机遇、新挑战[A].黄清云.国外远程教育的发展与研究[C].上海:上海教育出版社,2000:53.

（续表）

名称	总体目标	学历教育质量要求	质量保障主要措施
北京开放大学	以学历教育为基业,社区教育、职业教育为主业,非学历社会培训为正业。提供多样化、多层次的开放教育;针对行业、企业能力培训;为京郊农民、在京务工人员和残疾人群等提供教育机会	按国际化质量标准	建立校内监控与评价、社会监控与评价、教育行政部门监控与评价的质量保证和评价体系,形成定期与不定期评估相结合、内部评估与外部评估相结合的长效机制,确保开放大学的教育教学质量和社会声誉
上海开放大学	学历教育、非学历教育、社区教育三教融通。创新开放教育服务供给,着力提供高质量成人学历继续教育,继续开拓各类非学历课程证书培训,服务上海知识型、技能型、创新型劳动者大军建设	适需的高质量标准	通过国际开放与远程教育理事会(ICDE)质量评审。在此基础上,进一步探索和优化开放教育质量保证的举措。建设平台型大学;实现联动循环的"飞轮效应"。成立校长为组长的质量保障体系研制和领导小组,形成教学质量内部保证体系和120个观测点
江苏开放大学	以学历教育为主体,以社区教育和老年教育为两翼。非学历教育和学历继续教育并重、职业教育和普通教育相互沟通、职前教育和职后教育有效衔接。坚持"发展兴校、质量立校、特色建校、人才强校"发展战略,更好地满足江苏经济社会发展和人的全面发展需要	高水平本科高校标准	固本兴利,激发活力;着力提升学科、科研、社会服务等建设水平。夯基垒台,增强创新动力;优化学校内部治理结构和运行机制,推进管理重心下移,强化制度执行。向上突破,提升体系合力:坚持办学质量向上突破,在教学质量、社区服务、社会贡献度等方面突破传统成人高校的束缚,向高水平本科高校迈进。邀请麦可思公司作为第三方开展评价,加强质量保证体系建设

资料来源:根据四所开放大学校长的发言及相关学校网站资料整理

  由表1-1看,四所开放大学在办学形式上都包括了学历教育、非学学历教育及社区教育(老年教育)。其中江苏开放大学把学历教育作为主体,北京开放大学将学历教育作为基业(国家开放大学二者并重,上海开放大学三者融通),因而对学历教育质量要求更高。江苏开放大学学历教育质量要达到同等高水平本科高校的标准正朝向建设高水平开放大学的"一个目标,三步跨越,四大战略"迈进。北京开放大学教育质量则向国际一流开放大学看齐。四所开放大学在内部质量保障各有特色,在外部质量保障上,上海开放大学在通过国际开放与远程教育理事会(ICDE)认证与评估基础上加大力度提升质量,江苏开放大学邀请麦可思公司作为第三方开展评价,加强质量保证体系建设。

开放大学建设应当在推进高质量发展上走在前列。创新应是第一动力,协调应是内在要求,绿色应是鲜明特征,开放应是基本方针,共享应是重要指向[1]。"面向每个人、适合每个人"的教育离不开一流的开放大学建设。开放大学未来 30 年,建成世界一流开放大学蓝图是:第一步,从 2020 年到 2025 年,基本建成世界一流开放大学,实现广播电视大学整体转型升级,形成学历教育、社会培训、老年教育"三驾马车"并驾齐驱;第二步,从 2026 年到 2035 年,全面建成世界一流开放大学,办学指标和社会声誉进入世界开放大学第一方阵,建设一批国家一流学科和特色专业,学校办学水平、办学效益、社会声誉、国际化水平显著提升;第三步,从 2036 年到 2049 年,建成名列前茅的世界一流开放大学,学校治理能力和治理水平实现现代化,学历教育、社会培训和老年教育三足鼎立,各项指标居世界一流开放大学前列[2]。

在线教育为开放大学的发展插上了腾飞的翅膀,但学习资源、教学平台、学习支持服务以及学习环境等关乎开放大学教育质量的要素才是决定其能否平稳飞翔、飞得更远的关键。因此,利用在线教育优势,加强这些关键要素的建设和发展才是最重要的。开放教育教学要真正做到以学生为本,紧紧围绕学生成长成才来开展,学习资源要围绕学生能力提高来建设,支持服务要围绕学生需求来提供。过去以教师上课、辅导为中心,以管理者方便、省事为中心的想法和行为必须摒弃和破除,学校的一切工作要转移到提高学生自主学习能力、助力学生可持续发展上来。

学科建设和科研工作,是高等院校综合实力和核心竞争力的重要载体。由于历史、体制等原因,这两方面一直是电大的弱项。而开放大学是以促进终身学习为使命、以现代信息技术为支撑、以"互联网＋"为特征开展开放教育的新型高等学校,因此,要遵循高等教育发展规律、办学规律,开放大学建设必须

---

① 崔新有.开放大学要在高质量发展中走在前列[J].终身教育研究,2018(2).
② 荆德刚.开放大学改革:使命、发展与挑战[J].开放教育研究,2020(4).

把学科建设和科研作为重中之重①。提升开放大学的影响力和竞争力要做到专、精、特、新,即专业化、精细化、特色化、新颖化,清扫开放大学发展道路上的"断点""堵点"。就像把一个零部件、一种材料、一个软件、一种工艺锤炼到世界顶尖水平,学校管理及教学支持工作细节上要专业、精准、有特色且具创新性。

高质量发展是高等教育普及化后高校改革和发展的根本要求。不同类型的高校要从学习者对优质高等教育的具体需求出发,以质量和特色为目标,争创不同类型的一流。开放大学要争创一流,其建设必须遵循高质量发展的逻辑,以服务全民终身学习为使命,办出质量、办出特色、办出水平。高水平是发展目标,是声誉体现,更是开放大学作为新型高等学校主动服务社会主义现代化建设的价值追求。要办好开放大学,必须高举"开放、本科"的大旗,"固大学之本,兴开放之利",一要考虑社会的需求,二要遵循高等教育的规律,三要彰显现代信息技术的优势,在"夯基垒台、立柱架梁、向上突破"的关键时刻,上规模、上质量、上水平、上层次②。学校办学的整体优势最终还要体现为办学特色,办学特色可以具象化为大学发展的导向力、精神力、发展力、吸引力和影响力,最终成为竞争力③。因此,高水平开放大学建设要在改革与发展过程中,把质量问题当作生存之本,追求特色并逐渐形成高等教育系统中的开放大学优势,创出品牌。

随着信息技术在教育领域的深入,传统的教与学过程已被颠覆,个性化的自主学习愈发重要。在网络环境下,学生网上学习的困难和参与度,学习过程中的孤独感等,都应得到关注,更需要为学生全方位提供学习支持。因而,教师的主要职责应由课堂讲授转变为向学生提供支持与服务。对学生的学习支持是一种组织形式,通过这种形式,学生可以充分利用机构的教学服务设施和学习资源。对于参加远程开放教育学习的学生来说,其学习的过程实际上就是享用学科、非学科的各种支持服务的过程。因此,可以在一定程度上说,学习支持服务的水平就是远程开放教育的水平。

---

① 崔新有.开放大学必须遵循高校发展的共性规律[EB/OL].[2019 - 07 - 15]. https://www.sohu.com/a/327009717_100016406.

② 王建明.习近平新时代中国特色社会主义思想指引下的高水平开放大学建设方略[J].终身教育研究,2020(5).

③ 王建明.习近平新时代中国特色社会主义思想指引下的高水平开放大学建设方略[J].终身教育研究,2020(5).

近年来,开放大学在迅猛发展的现代信息技术支持下,本着以学习者为中心的基本理念,致力于有支持的开放式学习。通过搭建强大的远程教育信息化支撑平台,为众多的学习者提供了学习支持与服务。但远程学习支持服务的内容非常丰富,其构建必须适应学习者各种各样的需要,其中教育理念起着思想指导作用,此外,学习者的差异也是构建学习支持服务模式所必须考量的,包括学习者学习特征及学习风格,多媒体教学资源的构成情况,课程的设置等。总之,以充分而有效的学习支持服务熔铸远程开放教育的品格,实施有支持的学习,是远程开放教育实现人才培养目标的根本途径。

二、研究意义

本研究主要以远程教育理论、学习理论、共同体理论、服务质量理论及全面质量管理理论为基础,在研究梳理学习支持服务质量基本要素,远程教育40多年来学习支持服务的基本经验,研究借鉴国外远程教育学习支持服务质量保障经验基础上,针对学习者学习风格及学习需求,结合我国远程教育的基本定位及发展定位,确立我国远程高等教育的学习支持服务的质量观,提出质量保障的模型、方法及措施,为建设中国特色的开放大学,也为普通高校深度开展在线教育提供参考。本研究旨在从理论和实践两个方面指导远程教育学习支持服务质量保障活动,既有理论意义又有实践价值。

1. 理论意义

从世界范围看,对于学习支持服务方面,研究比较成熟,但是对于学习支持服务质量研究尚处于"边研究,边保障"的状况。对诸如什么是学习支持服务质量,如何提高保障效果等问题还没有形成共识。现有研究缺乏从系统的角度对学习支持服务质量保障进行整体研究。在新的历史时期,"办好开放大学"是中国政府、社会在新的时代背景中对广播电视大学系统改革发展提出的明确要求,也是远程教育院校自身改革发展的必然要求。学习环境的转变,再加上学习技术的更新,为远程教育学习支持服务质量保障提供了宏观的研究背景与框架。本研究从学习者角度出发,提出基于合作的群体和共同体发展的学习支持服务质量内涵及质量观,构建学习支持服务质量评价指标模型及质量保障模型,提出远程教育学习支持服务保障的路径,能够弥补以往相关研究的空白,丰富和补充远程教育学习支持服务及质量保障理论。

2. 实践价值

虽然远程教育院校多年来一直倡导为学习者提供优质的学习支持服务，但是，由于质量定位的问题，目前，远程高等教育质量标准及质量保障路径尚不明晰，学习支持服务质量保障体系实际建设情况不容乐观。本研究关注现代远程教育发展的核心问题，特别是结合开放大学的学习支持服务的实践案例，探讨学习支持服务的质量保障问题，这对我国远程教育院校及开放大学的发展，终身教育与学习型社会的建立，都有重要的意义。提升学习支持服务质量，也是深化教育改革、提高人才培养质量的重大举措。本研究可为中国远程教育院校及开放大学的教育质量保障提供参考，有较强的实用性和推广价值。

第二节 文献回顾与述评

基于中国学术期刊网络出版总库（CNKI），本研究以"学生支持服务""学习支持服务""学生支助服务"进行主题检索，同时，以"或"为检索关系，以关键词中同时包含"学习"与"支持服务"、"学生"与"支持服务"、"学生"与"支助服务"为检索条件，进行中英文拓展后的精确检索。检索时间为 2022 年 6 月 19 日，共检索文献 7 998 篇。筛选其中的中国社会科学引文索引数据库（CSSCI）和核心期刊，共计 1 220 篇。其中，1996 年以前均为外文文献，此后才陆续出现由我国学者独立撰文发表的中文文献。国内对该主题的研究以概念引入为主，实践领域的起步相对较迟。

一、国外文献回顾

国外学者主要对学生（习）支持服务概念、要素、分类及基本内容进行了研究，对学生支持服务阐述丰富而深入。1978 年英国开放大学校本部地区中心办公室主任大卫·西沃特（David Sewart）发表论著《远程学习系统对学生的持续关注》，首先对学生支持服务进行了系统论述。西沃特提出，远程教育的学生支持服务是一种服务产业，满足服务产业的大多数普遍准则。远程教育院校和教师应对学生有更多的持续关心，提供更好的学习支持服务。学生支持服务是一种学习者可以充分利用机构教学服务设施的组织形式，具有交互作用①。1979年,丹尼尔(John Danie)和玛奎斯(Marquis)发表《交互作用和独立性:取得适当的均衡》一文,首次提出独立学习和相互作用均衡发展的理论,标志学习支持服务的理论走向成熟。1983年,大卫·西沃特与基更(Keegan)、霍姆伯格(Halmberg)合编的《远程教育:国际展望》一书中,第一次将"学生支持服务"与"媒体选择:新的通信技术""课程开发"等并列为远程教与学的核心内容。这是学生支持服务思想的又一标志性发展。对学生支持服务阐述更为具体与深入的是艾伦·泰特(Alan Tait),他认为,学生学习支持服务包括通过面授、函授、电话和互联网等形式进行的导学、咨询活动以及学习中心组织的活动,也包括通过电视或收音机等进行的互动教学以及其他活动。一个优秀的学习支持系统应当在认知、情感等方面为学生学习过程提供系统的支持服务②。关于学生支持服务的外延,奥蒙德·辛普森(Ormond Simpson)将学生支持服务分为学术支持与非学术支持两大类③。鲁姆勃尔(Greville Rumble)将学习支持服务分为"补偿性服务"与"综合性服务"两类。他认为前两代远程教育中的学生支持是"补偿性服务",补偿性服务是为了帮助学生克服学习困难而设计的,补偿性服务只发生在学生需要的时候,因此是被动提供的;而现代远程教育中的学生支持是"综合性服务",综合性服务是整合或者嵌入在课程实施过程中的服务,不管具体学生是否需要④。2014年,艾伦·泰特在《从实地到虚拟空间:重构数字时代远程e-learning学生支持服务》一文中提出,要重新考虑数字时代远程e-learning的学生支持服务,必须千方百计帮助"弱势"学生取得进步、获得成功,而这正是学生支持服务用武之地⑤。

二、国内文献回顾

国内关于学习支持服务的研究主要集中在远程教育学习支持服务的内涵、要素,国外学习支持服务实践的介绍,学习支持服务个案分析及实证分析等方面。

---

①　Sewart D. Continuity of concern for students in a system of learning at a distance [R]. Hagen:Fern University,1978:19 - 25.

②　艾伦·泰特. 开放和远程教育中学生学习支持之理念与模式[J].陈垄,译. 中国远程教育,2004(1).

③　[英]奥蒙德·辛普森. 远程教育学生支持服务的理论与实践[M].刘永权,译. 北京:中央广播电视大学出版社,2013:16.

④　陈丽. 现代远程教育中学生支持的发展方向[J]. 开放教育研究,2005(1).

⑤　艾伦·泰特. 从实地到虚拟空间:重构数字时代远程e-learning学生支持服务[J]. 肖俊洪,译. 中国远程教育,2014(6).

1. 远程学习支持服务理论

国内学者拓展了国外学者的论述,主要针对远程学习支持服务的内涵、分类、要素、原则进行了阐述。丁兴富是我国最早关注学习支持服务的学者,他将学习支持服务界定为:师生之间或者学生之间的人际面授交流活动和基于信息通信技术媒体的双向交流;远程学生在远程学习时接受到的各种信息的、资源的、人员的和设施的支助服务的总和①。周蔚提炼出构建远程教育学习支持服务系统的基本原则主要有学生中心原则、综合性原则和服务性原则②,为深入研究奠定了理论基础。钱大海、杨成结合远程教育的哲学理论基础,以及学习支持服务理论界定的发展过程,提炼出学习支持服务关于角色、结构、功能、环境四个核心词,指出学习支持服务是为实现培养学习者的自治能力克服显性困难及基于人际和技术的双向通信交互弱化隐性困难,达到最优化远程学习效果的目标所提供的一系列服务的集合体③。王迎、王淑娟探究了远程教育与学生支持服务,学生与学生支持服务以及学生支持服务的研究框架,包括支持服务的对象、支持服务的内容、支持服务的提供者及支持服务的实施理论④。张伟远从学习者的角度出发,提出应加强课程选择、学习时间管理以及学习动机激励三个方面的服务体系建设,利用网络传递的优势来克服学习障碍的方法⑤,为"以学习者为中心"的学习支持服务理论研究提供参考。张满才基于人本主义思想,从远程学习支持服务目标、充实远程学习支持服务内容、改进远程学习支持服务方式和完善远程学习支持服务过程四个方面进行了理论探讨⑥。随着开放大学的成立,章玳从开放大学支持服务质量层面进行了初步探索。基于开放大学的视角,提出要根据各类社会群体不同的学习需求提供学习支持服务,设计学习支持服务。要将整个远程开放教育组织变为向远程学生提供支持和指导的组织,工作方式是服务;评价尺度是服务;成功关键还是服务,进一步完善学生学习支持服务系统,确保开放大学的教育质量⑦。

---

① 丁兴富. 论远程教育中的学生学习支助服务(下)[J]. 中国电化教育,2002(4).
② 周蔚. 论远程教育学习支持服务系统构建的基本原则[J]. 现代远距离教育,2005(2).
③ 钱大海,杨成. 解读远程教育哲学理论中对学习支持服务的界定[J]. 现代教育技术,2007(6).
④ 王迎,王淑娟. 远程教育中的学生支持服务探究[J]. 中国电化教育,2007(2).
⑤ 张伟远. 网上学习支持服务的方法和策略[J]. 现代远程教育研究,2008(6).
⑥ 张满才. 人本主义思想与远程学习支持服务体系构建[J]. 开放教育研究,2009(3).
⑦ 章玳. 学习支持服务:开放大学的视角[J]. 现代远距离教育,2011(5).

2. 国外远程学习支持服务介绍

李亚婉介绍了英国开大学的学生支持服务成效,对国际远程教育的理论探索和英国开放大学的实践经验进行反思①,给予研究者一定的启示。李永山、李大国介绍了英国高校学生支持服务的历史演进及其特点,概括了英国高校学生支持服务的 5 种学生支持模式,即传统辅导模式、学生服务模式、课程模式、校园服务模式及朋辈支持模式,指出了英国高校学生支持服务的发展趋势②。王玲、杨帆以阿萨巴斯卡大学远程学习支持服务为研究案例,为提高我国远程教育学习支持服务水平和质量提供了参考③。欧斯玛尼·张系统介绍了加拿大阿萨巴斯卡大学在学习支持服务建设方面的特色,从以学习者为中心的个别化支持服务和弹性学习考试制度下的支持服务两方面加以着重阐述④,为相关研究带来了启示。蒋成凤等介绍了美国凤凰城大学以成人学习者为中心的学习支持等⑤,给予我们可能借鉴的方面。白滨、高益民、陈丽介绍了美国网络高等教育的学习支持服务情况,将美国网络高等院校的学习支持服务分为学术支持服务、对网络学习者的管理服务和对学习者提供学习资源及技术支持服务三种类型⑥,并分别加以论述。

3. 远程学习支持服务系统建设及技术应用

研究者在远程学习支持服务的系统建设及技术应用方面进行了一系列的有益探索。庄榕霞、王钢基于绩效观念,针对远程学习支持服务系统设计中的一些问题进行了探讨,提出要从系统的角度多层次地、整体地理解远程教学系

---

① 李亚婉. 开放远程教育学生支持服务的理念与实践——中英开放远程教育学生支持服务的比较研究[J]. 中国远程教育,2005(9).

② 李永山,李大国. 英国高校学生支持服务的历史演进及其特点[J]. 比较教育研究,2008(9).

③ 王玲,杨帆. 阿萨巴斯卡大学远程教学模式及案例研究[J]. 现代远程教育研究,2010(1).

④ 欧斯玛尼·张. 个性化视角:加拿大阿萨巴斯卡大学学习支持服务研究[J]. 中国远程教育,2014(9).

⑤ 蒋成凤,等. 美国凤凰城大学的学习支持及质量管理探究[J]. 开放教育研究,2007(4).

⑥ 白滨,高益民,陈丽. 美国网络高等教育的学习支持服务研究[J]. 比较教育研究,2008(11).

统的绩效,将绩效管理应用于远程学习支持服务系统的设计中①。张枝实等阐述了 Web 2.0 技术支持下在线学习支持服务系统的构建问题,指出可以将分级和分类技术、拉取和推送技术、集群和评价技术、联合和聚合技术纳入远程教育实践,从而保证支持服务互动开放的顺利实现②。吴彦文等利用云计算、Mashup 等技术,构建了一种基于云计算的网络学习支持服务系统。该系统基于研究性学习的信息需求模型,提供了概念图、学习活动、学习资源与信息主动推送、智能答疑和电子学档等知识性与非知识性的学习支持服务③。詹泽慧等结合虚拟助理等人工智能技术,研究了基于虚拟助理的远程学习支持服务构建及技术难点。从资源推送、教学互动、情绪调节和生活辅助四个维度对现有文献中虚拟助理典型的远程学习支持服务、技术实现方式以及应用实例进行总结和综述④,为远程教育中虚拟助理的设计与开发提供参考与借鉴。

4. 远程学习支持服务的实践研究及调查分析

在学习支持服务实践研究及调查分析方面,较有影响的是蒋国珍、张伟远、匡贵秋等,以广播电视大学为研究个案,对远程学生倾向性学习支持方式进行调查分析,得出要通过改进支持服务和改革传统的教学模式、管理模式,为更多因为时间、地理隔离和身体等原因不能接受教育的人士提供远程教育服务的结论⑤。李爽、何字娟采用问卷调查、论坛帖子统计分析、访谈等方法对学习者的学习行为和参与度、参与度影响因素以及所需学习支持服务进行实证调查,研究建议未来学习支持服务需要更加关注认知或学术类支持,并适当组织人际交互活动促进学生的参与度、改善学生学习效果⑥。史承军、陈海

---

① 庄榕霞,王钢.基于绩效观念的远程学习支持服务系统的设计[J].中国远程教育,2007(12).

② 张枝实,杨茹,陈东毅.基于创新 2.0 的在线学习支持服务系统的构建[J].中国远程教育,2011(8).

③ 吴彦文,等.基于云计算的个性化 e-learning 学习支持服务系统的设计[J].中国电化教育,2011(9).

④ 詹泽慧,梁婷,马子程.基于虚拟助理的远程学习支持服务及技术难点[J].现代远程教育研究,2014(6).

⑤ 蒋国珍,张伟远,匡贵秋.对远程学生学习支持方式选择倾向的调查与分析——广播电视大学个案研究[J].电化教育研究,2004(5).

⑥ 李爽,何字娟.基于学习参与度调查对远程学习支持服务的反思[J].中国远程教育,2010(3).

建结合上海开放大学的实践,采用问卷调查等方法,针对远程开放教育教学过程中存在的问题,提出要以学习者为中心来设计学习支持服务体系,阐述了学习支持服务体系在创新教学模式、整合教育资源、契合学习者个性化需求等方面的运作成效①。武滨等在"现代教育技术应用"课程中,开展三轮混合式教学实践研究,并结合学生课程学习体验、学习行为数据、学习成绩等变化来不断优化策略,提出了混合式学习支持服务的基本理念与策略设计五大原则②。

5. 远程学习支持服务评价

完善的评价体系能够为远程学习支持服务的顺利进行提供有力保障。肖俊洪介绍了英国开放大学 2006 年 10 月发表的"学生支持评估"(第一阶段报告)的主要内容,包括评估的方法、根据英国开放大学的战略性发展目标而提出的学生支持服务新理念、改革的重点和学生支持服务体系改革对其他方面工作可能带来的影响,以及成本效益方面的原则③,这对于我国如何评价学习支持服务具有借鉴意义。郑明雪、荆斋荣从内容、技术、效益和发展性角度构建学习支持服务系统评价指标体系,旨在发挥其诊断和导向作用④。朱祖林、陈丽采用文献分析、访谈、问卷调查等方法,构建了学习支持服务系统评价模型和指标体系并加以验证分析⑤。谢洵等探索了可操作的学生支持服务第三方质量监测途径⑥。黄复生基于学习者视角构建了远程学习服务质量概念模型⑦,对评价远程教育、学习者选择支持服务具有重要的借鉴意义。樊文强、靳会峰在一定程度上证明将满意度理论应用于远程学习支持服务质量评价的可行性⑧,可供研究学习。还有一些学者从服务对象出发,进行了满意度调

---

① 史承军,陈海建. 远程开放教育学习支持服务体系的构建——上海开放大学的实践与探索[J]. 开放教育研究,2013(5).

② 武滨,左明章,宋晔. 混合式学习支持服务的机理与策略:基于全视角学习理论[J]. 远程教育杂志,2021(3).

③ 肖俊洪. 英国开放大学的学生支持服务评估及其启示[J]. 中国远程教育,2008(2).

④ 郑明雪,荆斋荣. 学习支持服务系统评价指标体系之研究[J]. 远程教育杂志,2005(5).

⑤ 朱祖林,陈丽. 远程学习支持服务评价模型及指标体系的研究[J]. 中国电化教育,2007(2).

⑥ 谢洵,郑勤华,陈丽. 学习支持服务第三方监测研究[J]. 中国远程教育,2016(6).

⑦ 黄复生. 远程学习服务质量影响路径的实证研究[J]. 远程教育杂志,2011(6).

⑧ 樊文强,靳会峰. 远程学习支持服务学生感知服务质量评价个案研究——基于"内容—品质"二维框架和 SERVPERF 方法[J]. 现代教育技术,2012(12).

查。如,周蔚通过问卷法考察、分析了我国现代远程教育学习支持服务的现状。结果表明,学习者对目前远程教育学习支持服务的总体评价是较满意的,但对学习支持服务各子系统的评价有一定差异①。章玳等把学习者的满意度作为学习支持服务的衡量标尺,展开学习支持服务满意度调查,针对问题提出了改进方法②。

三、国内外文献述评

从国内外的相关文献看,前期的研究成果为本研究奠定了较好的研究基础。同时,通过对前期大量文献的分析也发现,我国本土化的研究明显不足。国内对于学习支持服务质量的研究大多还停留在实证研究方面,对学习支持服务质量观以及学习支持服务质量保障的系统研究还比较缺乏。

在"互联网＋"时代,学习支持服务的内涵与外延有了变化。随着 MOOC 的到来,海量在线教学资源相继涌现,信息技术与教学发生了深度融合,教学组织形式和学生学习模式也发生了重大变革。出现了以学生为中心,课堂讲授与课后知识内化相颠倒的"翻转课堂",也出现了以在线教学为前提,以协同交互为手段的"MOOCs"在线教学形式,以及线上与线下交叉进行的混合教学模式。传统的课堂教学模式被不断颠覆,教师在此过程中所扮演的角色也从"台前"走向"幕后",成为在线资源的提供者和学习交互的引导者。与此同时,学习支持服务也被视为网络教学、混合教学中的重要组成部分,引发了更多研究者的关注。有学者通过对国内主流 MOOCs 平台的课程进行实证分析,认为导学、督学、促学等学习支持服务的形式虽然多样,但是支持力度相对薄弱,特别是论坛在线交互功能的应用并不理想,教师对于课程内容的关注度远高于学习支持服务的关注度。③ 学习支持服务不论是在教学还是学习的过程中都发挥着极其重要的作用。没有充分为学生提供支持服务的地方,学生的远程学习总是处在中断的风险之中④。2011 年以后,随着 MOOC 教学的普及,学习支持服务也被视为缓解学习者"辍学"问题的关键。

① 周蔚. 现代远程教育学习支持服务现状研究——一项针对学习者的调查与分析[J]. 中国远程教育,2005(3).

② 章玳,徐正东. 远程教育学习支持服务满意度调查分析[J]. 中国远程教育,2011(4).

③ 郑勤华,李秋菊,陈丽. 中国 MOOCs 教学模式调查研究[J]. 开放教育研究,2015(6).

④ Simpsonm, O. The Impact on Retention of Interventions to Support Distance Learning Students[J]. Open Learning, 2004(19).

随着我国广播电视大学的转型与发展,"开放大学"成为研究热点。如前所述,开放大学是我国远程教育事业发展新阶段的成果,目前全国共有"5＋1"所开放大学,如何进一步明确开放大学各级学习中心在学生支持服务方面的分工并使其履行的职责落到实处,共同体理论给予我们启示。共同体视域下的在线学习环境中,从高等教育的服务性角度来认识学习支持服务质量问题应成为发展趋势。

第三节　研究问题与研究内容

一、研究问题

鉴于现有研究存在的不足,以及本研究欲解决的主问题和各子问题,本研究力图确立学习支持服务质量要素,明确各要素之间的内在联系及其在整个学习支持服务体系中起到的作用,调查分析学习支持服务质量保障活动开展的具体内容及不足之处。借鉴国外学习支持服务先进理念与实践做法,针对学习者的学习需求,保证学习支持服务各环节质量,实现学习支持质量改进。基于学习支持服务的实践探索,明确学习支持服务质量所包含的内容,找出学习支持服务质量评价的分析依据,制定关键因素指标,依据指标进行实际保障效果分析。从质量保障现状中发现问题,从而确定保障路径。基于共同体理论对学习支持服务质量进行哲学思考,依据保障要素和各要素之间的内在联系确定远程教育学习支持服务的运行模式,探索学习支持服务质量保障的实践路径。本研究主要回答以下几个问题:

(1)影响我国远程教育学习支持服务主要因素有哪些?

(2)如何借鉴世界先进经验为我国学习者提供优质的学习支持服务?

(3)如何针对学习者的学习风格及学习需求提供支持服务?

(4)针对我国远程教育学习支持服务模式,学习支持服务如何有效?

(5)如何科学合理评价学习支持服务质量?

(6)如何改进学习支持服务,保障学习支持服务质量?

二、研究内容

依据上述研究问题,确定本研究主要内容如下:

内容一:学习支持服务及学习支持服务质量的基本研究。主要分为学习支持服务的现状研究和学生支持服务质量的一般理论研究两部分。现状研究主要包括学习支持服务的内涵、基本特征和现状分析。学习支持服务质量的一般理论研究主要包括质量观、学习支持服务质量的概念界定和特征分析及学习支持服务质量的要素识别。

内容二：世界远程教育学习支持服务质量保障比较研究。收集阅读相关文献，实地考察国外(境外)开放大学或远程教育院校的学习支持服务质量保障的实践，包括英国开放大学、加拿大阿萨巴斯卡大学、澳大利亚南昆士兰大学、韩国国立开放大学，为建构本土化的学习支持服务质量指标及建构我国开放大学学习支持服务质量保障模型提供借鉴。

内容三：学习者的学习风格及学习需求调查分析。在远程教育发展的新阶段，为学习者提供优质的学习支持服务，有必要了解学习者的认知特征，对学习者学习动机、学习风格及学习支持服务的需求加以诊断。进行分层抽样，以参加远程学习的学生为调查对象，发放问卷，并对调查数据进行统计分析，发现其不同的学习偏好及学习需求，为学生学习提供更有针对性、更有效的支持服务。

内容四：有效的学习支持服务理论与实践研究。只有针对有效需求的支持服务才能产生实际效果，才是有质量的。"有效的"，是指能实现预期目的的，是接受了实践检验的。有效的学习支持服务可以改善学习的过程，提高学习效果。从网络教师教学团队支持、学习小组的运行机制、课程思政教学支持、学习资源支持、管理支持、情感支持等方面进行质性研究，从实践到理论，提炼出保障学习支持服务质量的路径。

内容五：学习支持服务质量的指标体系和评价体系的研究。指标体系主要包括学习支持服务质量指标、有效学习支持服务的流程与标准。评价体系包括远程教育学习支持服务质量的评价思路、评价指标的筛选与确认和评价指标体系的构建。将 SERVQUAL 模型在服务质量评价方向的独特价值引入学习支持服务评价中，支持服务质量的高低取决于学生的感知(P)与服务期望(E)之间的差异程度，其架构即 $Q=P-E$，以学生感知服务质量这一概念为基础，梳理、细化出可用于测量和评判的指标。

内容六：学习支持服务质量模型构建及保障路径研究。结合远程教育学习支持服务质量的评价指标，从学习支持服务质量的构成要素出发，对新时期学习支持服务质量保障进行哲学层面的思考，建构学习支持服务质量保障 LLSTPO 模型，提出远程开放教育学习支持服务质量保障的实践路径。

第四节　研究思路及研究方法

一、研究思路

通过文献研究法、思辨研究法和问卷调查法,明确远程教育学习支持服务现状及影响要素,阐述学习支持服务质量观;再在借鉴国外远程教育学习支持服务质量保障的先进经验以及远程开放教育学习支持服务质量保障的经验的基础上,明确学习支持服务质量要求;通过问卷调查,征询专家的意见,把握影响质量保障的核心要素,以形成科学可行的学习支持服务质量标准体系与评价体系;最终根据开放大学的办学特点及其本质属性,在符合国情和社会需求的基础上,形成具有创新性的且适合自身的,易于执行的学习支持服务质量保障路径。研究思路及技术路线如图1-1所示:

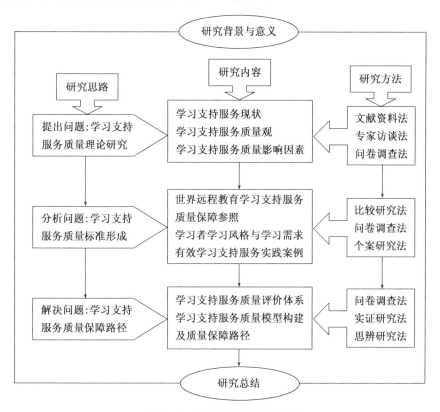

图1-1　研究思路及技术路线

根据研究思路及研究技术路线,形成了以下研究内容框架:

第一章　绪论:从构建终身学习社会的必然选择、远程高等教育高质量发展必然需求、建设高水平开放大学的必然路径三个方面阐明研究背景。对国内外相关文献进行回顾,以此作为研究基点,并对研究意义、研究内容、研究思路及研究方法进行了说明。

第二章　研究的理论基础和相关概念界定:根据学习支持服务质量保障的内涵,以远程教育理论、学习理论、共同体理论、服务质量理论及全面质量管理理论作为理论基础,并对相关概念,如远程教育与开放教育、学生支持服务与学习支持服务、质量与质量保障,进行辨析,并运用理论对学习支持服务质量保障特点进行解读。

第三章　学习支持服务发展阶段及质量影响因素:分析学习支持服务质量观的演变过程,阐述质量观转变的原因,提出学习支持服务质量观。针对学习支持服务质量的现状,运用文献分析及德尔菲法对学习支持服务质量影响因素进行调查分析。

第四章　学习支持服务质量保障国际视野:收集阅读相关文献,实地考察国外开放大学或远程教育院校的学习支持服务质量保障的实践,包括英国开放大学、加拿大阿萨巴斯卡大学、韩国国立开放大学、澳大利亚南昆士兰大学等,为建构本土化的学习支持服务质量指标及建构学习支持服务质量评价模型提供借鉴。

第五章　我国远程教育学习支持服务模式研究:比较分析了我国广播电视大学/开放大学、高校网络教育学院和奥鹏远程教育公共服务体系学习支持服务模式及学习支持服务质量保障路径,指出我国远程教育学习支持服务模式发展特点及发展趋向。

第六章　远程学习者特征及需求调查分析:在分析远程学习者认知特点、学习风格的基础上,进行分层抽样,以参加远程学习教育类专业的学生为调查对象,发放问卷,并对调查数据进行统计分析,发现其不同的学习风格偏向性。再针对不同专业的远程学习者进行调查分析,了解他们对学习支持服务的不同需求,以便为他们提供优质、高效的学习支持服务。

第七章　"教学团队＋学习小组"理论与实践:基于共同体理论,从网络教师教学团队支持、线上线下课程与教学支持、学习资源支持、管理支持、情感支持等方面进行分析,剖析教师引领学生学习小组的实践案例,从实践到理论,提炼出保障学习支持服务质量的路径。

第八章　课程思政教学支持与实践探索:在共同体视域下,围绕立德树人目标,探讨课程思政理论,基于学习共同体理论进行课程思政的教学设计与实施探索研究,提供了有效的课程思政教学支持案例。

第九章 学习支持服务质量评价研究:建构学习支持服务质量指标,对学习支持服务质量进行测评。将 SERVQUAL 模型在服务质量评价方面的独特价值引入学习支持服务质量评价中,学习支持服务质量的高低取决于学生的感知(P)与服务期望(E)之间的差异程度,其架构即 Q=P-E,以学生感知服务质量这一概念为基础,梳理、细化出可用于测量和评判的指标。

第十章 学习支持服务质量保障的哲学思考与实践路径:结合学习支持服务质量的评价指标,从学习支持服务质量的构成要素出发,基于哲学思考与实践两方面,创建学习支持服务质量保障 LSSTPO 模型,并指出开放大学学习支持服务质量保障的实践路径。

二、研究方法

(1) 文献研究法:运用中文数据库和国外资料库(EBSCO 和 CALIS 全文期刊数据库系统)收集和梳理国内外对学习支持服务及质量保障的相关资料,进而使用这些信息去描述、分析、解释远程教育学习支持服务质量发展新特点,为本课题得出结论提供依据。

(2) 思辨研究法:思辨研究是教育领域应用最早也是应用最为广泛的研究范式之一。学习支持服务质量指标与评价是建立在一定的质量观或者质量价值取向之上的,反映了不同主体对开放教育的需求,是学习支持服务客观特性与主观价值选择的统一体。对质量观、质量指标评价、质量保障等理论进行思考演绎,以期获得研究的理论深度。

(3) 比较研究法:考察对世界有影响的远程教育院校与开放大学,结合文献分析学习支持服务保障的历史、现状、趋势,并对其共同的经验进行描述、分析、解释和归纳,从而为我国远程教育,特别是开放大学学习支持服务质量保障提供借鉴。

(4) 个案研究法:以个体、典型的学习支持服务事件为研究对象,搜集与分析当下国内远程教育学习支持服务实践案例,以具体的开放大学学习支持服务实践案例作为本研究理论支撑的事实依据,获得对其在操作层面的认识,再由实践上升到理论,提炼有质量的学习支持服务的流程及解决方案。

(5) 调查研究法:针对远程教育学习支持服务质量问题拟定调查问卷,结合德尔菲法对所得到的信息进行分析讨论;利用 SPSS 及 LISREL 数据统计分析软件进行统计与分析,并根据调研的结果,有针对性地提出学习支持服务质量保障的实践路径。

第五节　研究价值和创新点

学习支持服务的研究是一个理论问题,也是一个实践问题,着眼于理论与实践相统一,本书的研究价值和创新点主要体现在以下三个方面:

(1)提出学习支持服务质量观,明晰内涵。从学习者角度出发,凸显学生作为质量保障主体的地位,通过支持服务过程发现问题并进行有效诊断,提出学习支持服务质量内涵及质量观。指出,在支持服务目标上,学校要依据学习者的需求设定学习目标。以"关心学习者的需要、学习者的利益、学习者的发展"为原则,以增值性质量观为导向,关注学生学习成果的增值。探讨立德树人课程思政的有效路径,探索学习支持服务质量保障路径,具有很好的理论探索和实践参考价值。

(2)识别学习支持服务质量因素,构建理论模型。以学生为中心,将支持服务因素聚合在一起,保持对学生主体及其学习过程和学习成果的关注。从远程教育教师及管理者视角,识别学习支持服务质量影响因素,对学习支持服务要素加以归类研究,发现导学支持是学习支持服务的核心要素,人力支持则是影响服务质量的关键所在,在信息化时代,建立学习共同体、创设良好的校园文化氛围则是消弭信息技术产生的疏离感的有效路径。学习支持服务的要素识别与理论模型构建,有助于提高远程教育院校学习支持服务质量。

(3)多角度系统论证,建构 LSSTPO 学习支持服务质量保障模型。运用定量与定性的研究方法,运用理论思辨、国际比较、个案研究、问卷调查等方式,构建从学习者角度出发的学习支持服务质量指标评价体系。提出将结构(要素)标准、转化(增值)标准及评价(感知)标准相结合,改进学习支持服务质量评价标准,一方面要为学生提供全面的支持服务来改善学生的学习;另一方面,尽快探索建立具有开放教育特色的、科学的质量保障机制来保证人才培养质量,建构 LSSTPO 学习支持服务质量保障模型,实现对开放大学学习支持服务质量保障的认识和操作,目前国内尚未有类似的研究。

第二章 研究的理论基础
和相关概念界定

为深刻理解学习支持服务质量保障的概念及探索学习支持服务质量保障的路径,本章首先确定本研究的理论基础,厘清相关概念的内涵及概念之间的关系。

第一节 理论基础

"学习支持服务"是远程教育中的特有概念。从词源学意义看,学习,即获得知识与技能;支持,即给予鼓励或赞助;服务,即为集体(或别人)利益或为某种事业而工作。由此涉及诸多领域。学习支持服务质量保障包括服务质量评价和质量管理等。因此,本章主要从远程教育理论、学习理论、共同体理论、服务质量理论及全面质量管理理论寻找研究的理论依据。

一、远程教育理论

研究者普遍认为,远程教育在 19 世纪中叶就已经存在,但对于远程教育的理论分析和系统研究直到 20 世纪 60~70 年代才在西方国家出现。远程教育理论发展分为萌芽起步期(20 世纪 60 年代以前)、早期发展期(20 世纪 60~70 年代)、独立成熟期(20 世纪 80~90 年代)及繁荣转型期(21 世纪以来)[①]。远程教育的基础理论主要有"有指导的教学会话""独立学习"及"持续性关注"理论,这些理论在远程教育发展的历史长河中起到了重要的奠基作用。

---

① 丁兴富.远程教育学[M].北京:北京师范大学出版社,2010:298-301.

（一）有指导的教学会话理论

1. 有指导的教学会话理论要义

学习支持服务概念出自远程教育领域，与远程教育学理论联系更为紧密。远程教育家博瑞·霍姆伯格（Borje Holmberg）提出有指导的教学会话理论（A Guided Didactic Conversation）。他认为，远程教育中学生与教师、顾问及学生管理机构的其他人员之间连续不断的双向交流活动，是一种会谈①。自学是远程教育系统的特点，管理、辅导、教学、集体学习、入学注册和评估的重要性在于它们帮助学生自学。在学习过程中，学习者并不是孤立无助，也不仅靠个人自己阅读学习材料，还可以从专为学习者设计与制作的课程材料，从和指导教师之间的双向交流活动中受益。这种双向交流活动是针对学习而展开的一种会话。学习者在教学内容和教学程序上及个人学习进度方面有选择的自由，并具有高度的自主性。远程教育院校或办学机构的责任是帮助学习者树立学习的信心，远程教学的前提是尊重学习者的自主学习。

2. 理论运用

有指导的教学会话理论为学习支持服务提供了理论依据：远程教育院校和学生之间是"指导性会话"，学生参与这种会谈可促进学习。所以，远程教育院校提供的学习内容要使学生易于接受，且信息量适中。学习过程中，学生之间进行交互非常重要，教师要鼓励学生相互交换观点，提出问题；要明确而有说服力地建议学生，并说明让其这样做的理由。教师和学生群体之间，需要建立一种情感支持。教师与管理者需要帮助学生获得其所需要的课程内容，督促学生参与各种教学活动、讨论和决议。情感支持有利于激发学生的学习热情，促使学生轻松愉快地学习，有利于提高学生的学习满意度和学习效果。

（二）独立学习理论

1. 独立学习理论要义

美国远程教育之父查尔斯·魏德迈（Charles Wedemeyer）于1971年提出了"独立学习"的概念。他认为，学习必须经历获取信息、内化信息和评价利用

---

① 丁新. 国际远程教育研究［M］.北京：高等教育出版社，2008：43.

信息这样三个阶段才能完成,因此,学习是独特的、主动的,只有学生自己才能实现①。独立学习是一种学习,一种变化的行为,一种学习者在特定空间、时间进行的活动结果。在这种学习中,学习者的环境与学校完全不同,学习者可以接受教师的指导,但决不依赖于他们,而是在教师的引导下独立学习。独立学习意味着学生可以自由地选择、接受教育方式,它应该是学生自主选择目标的、自我安排的、个别化的学习。独立学习能够把校内学生从不适当的学习进度或模式中解放出来,也能为校外学生提供他们在自己的环境里继续学习的机会,同时促使学生提高自主学习能力。美国学者迈克尔·G.穆尔(Miehael G. Moore)在魏德迈研究的基础上提出了自主独立学习理论。他认为,远距离系统有三个子系统,即学生子系统、教师子系统和通信方法子系统。远程学习者作为自主学习者,是独立的,并且与教师在空间和时间上分离,因此知识的传播是通过印刷的、电子的或其他非人际媒介进行的。自主学习者无需或很少需要指导就能进行学习,远距离的学习和教学方法会吸引那些自主性更强的人。迈克尔·G.穆尔通过"对话""结构"和"学习的自主性"这三个概念构建了远程教育中的"交互作用距离"这个范畴。"对话""结构"交互作用距离越大,学习者拥有的"学习的自主性"就越大;"对话"程度越低,学习者必须运用的"学习的自主性"就越强。

2. 理论运用

独立学习理论为学习支持服务提供了理论依据:为了克服时空的隔离,将学生与教师联系起来,远程教育院校在打破传统的课堂教学模式时,应该以学生为中心,针对远程学习者的特征,在满足他们学习的独立性和自主性的基础上重新设计教学。远程教学成功的关键还在于处理好对话、结构和学习者自主性之间的关系,即寻找交互作用与独立活动的平衡点问题。远程教育院校在提供学习支持服务时要考虑一个问题,即在提供学习支持服务的时候如何进行适度的师生交互,做到既能够使师生双方充分交互,又不破坏学习者的自主性。只有设计和建立适合学生的双向交流通信机制和课程教学模式,才有可能使学生获得最优的选择和最大限度的发展。

---

① 丁新.国际远程教育研究[M].北京:高等教育出版社,2008:9.

（三）连续性关注理论

1. 连续性关注理论要义

英国开放大学大卫·西沃特(David Sewart)于 1978 年在《远程学习系统对学生的持续关注》一文中提出，远程教育系统保证教学质量的关键是关注的连续性①。在远程教育系统中，教育机构仅仅通过提供学习材料对学生进行指导和学习支持服务，将会产生无穷无尽的问题。这就要求远程教育机构除提供一个教学包外，还必须具有咨询和教学辅导的功能。远程教育系统只有引进人的因素——教师，才能成为适应学生个人学习需要的最合适的方法。而对学生的连续的关注，应是远程教育系统中能适应学生个人独立学习需要的一部分，也是保证教学质量的关键。他的观点说明了教师对学习者的学习过程需要给予不断的积极影响，这种影响会对保障远程教育质量起到非常重要的作用。

2. 理论运用

连续性关注理论为学习支持服务提供了理论依据：远程教育院校关注的焦点应是学生的"学"，而非教师的"教"。教师一切行为的出发点都必须是促进学生有效学习的发生。学习支持服务特别要给予学习者持续的关注。成功的远程教学，除了为学生提供合适的学习材料以外，还要为教师和学生提供适当的对话机会。教师要鼓励学生相互交换观点，提问、质疑，清晰判断学生能够接受什么，会拒绝什么，还要努力深入学生的情感世界，使学生在学前、学中及学后始终保有学习热情及积极的学习行为，使每个学生获得可持续性发展。

二、学习理论

学习是由于经验所引起的个体行为或思维的比较持久的变化②。学习理论旨在阐明学习如何发生，有哪些规律，如何才能进行有效的学习，并揭示学习过程依据心理、生理机制和规律而形成的理论。由于学习过程的复杂性，学

---

① 武丽志，丁新. 学生支持服务：大卫·西沃特的理论与实践[J]. 中国远程教育，2008(1).

② 陈琦，刘儒德. 当代教育心理学[M]. 北京：北京师范大学出版社，2007：110.

者们从不同的角度进行研究,产生了多种学习理论的流派。不同的理论各有特点,相互补充。我们要根据不同的情况基于不同理论对学生进行学习支持。

（一）建构主义学习理论

1. 建构主义学习理论要义

建构主义学习理论是行为主义发展到认知主义以后的进一步发展。建构主义学习理论的主要的代表人物有皮亚杰(J. Piaget)、维果茨基(Vogotsgy)、科恩伯格(O. Kernberg)、斯滕伯格(R. J. Sternberg),等等。其中瑞士著名的心理学家皮亚杰因创立的儿童认知发展理论被看作是建构主义理论的最早提出者。他认为,知识不是通过教师传授得到的,而是学习者在一定的情境中及社会文化背景下,借助他人的帮助,利用必要的学习资料和教师提供的学习资源,通过意义建构的方式获得的。

建构主义认为,学习是学习者主动地建构内部心理表征的过程,知识是个体和外部环境交互作用的结果。建构主义学习理论对学习本质的理解是,任何学科的学习和理解都不像是在白纸上画画,学习总要涉及学习者原有的认知结构,而学习者也总是会根据自己的经验背景,对外部信息进行一个主动的选择加工和处理,来理解和建构新的知识和信息,不是行为主义学习理论认为的被动地接受外界的刺激,而是主动地建构意义。学习过程除了对新信息的意义的建构,还包括对原有经验的改造和重组。在这一过程当中,学生原有的知识经验,因为新知识经验的进入而发生了一个调整和改变。

建构主义学习理论关注的是如何以原有的经验、心理结构和信念为基础来建构知识。学生不是简单被动地接收信息,而是主动地建构知识的意义。学习正是学生以自己原有的知识经验为基础主动建构知识的一个过程。学习也正是在这样一个同化、顺应不断反复的过程中使认知的结构从平衡到不平衡,再达到一个新的平衡的过程。因此,教学不能无视学生已有的经验而另起炉灶,必须把学生现有的知识经验作为新知识的生长点,引导学生从原有知识经验中"生长"出新的知识经验。

2. 理论运用

建构主义理论为学习支持提供了理论依据:学习是一个意义建构的过程,而不是知识传递的过程。它强调学习者在一定的情境下,借助于其他人,包括教师和学习伙伴的帮助,利用必要的学习资源,通过意义建构的方式获取知识。因此,在对学生的学习支持中,教师需要创设、提供一个良好的学习环境来提供指导,以支持和帮助学生建构知识,而不是仅仅传授知识。教师提供学生建构理解所需要的资源,同时又要留给学生广阔的建构空间,通常使用探索法、发现法去构建知识的意义;在构建意义过程中主动去搜集并分析有关的数据与资料。教师要激发学生的学习动力、兴趣等,对学习过程加以引导,教学活动设计中采用协作学习、交互学习方式,通过互动与分享,让学习在教学群体之间的协作下完成。这样,在教师的组织和引领下,教师和学生形成一个学习共同体,通过思维碰撞、观点冲突,一起批判性地探究各种理论、观点和假说,以完成意义上的建构。

(二)人本主义学习理论

1. 人本主义学习理论要义

人本主义学习理论是 20 世纪 60—70 年代盛行于美国的一种教育思想。它以人本主义心理学为理论基础,主要以马斯洛(A. H. Maslow)、罗杰斯(C. R. Rogers)为代表。人本主义是在对以往的学习理论不断批判的过程中得到发展和不断完善的。马斯洛认为,个体成长发展的内在力量是动机,而动机是由多种不同性质的需要组成的,各种需要之间有先后顺序及高低层次之分。一个人只有其潜能得到充分的发挥时,才会感到最大的满足。生命之所以有意义就是为了自我实现。适合的环境能够使人的潜力得以很好的发挥。他认为,学习只能够从内部发生,教师不能强制学生的学习,学习的活动应该由学生自己来选择和决定。教育要把重点放在引导人的潜能的实现上,促进每个人的学习更接近于他的潜能①。罗杰斯指出,能够影响个体行为的知识,只能是他自己发现并加以同化的知识,因此,要注意以"同化"来影响学习过程。他强调情感在教育中的作用,主张创造一种自由的气氛,以利于学生的自我实现。他进一步提出"非指导性教学",即以学生为中心、以情感为基调,教师是促进者,学生自主参与学习的教学模式。学习过程中应该提倡"以人为中心的教学",在强调教师的促进和催化作用的同时,不仅使学生与教师共同参与,而且鼓励学生自己参与评价。

① 单中惠.西方教育思想史[M].太原:山西人民出版社,1996:975.

2. 理论运用

人本主义学习理论为学习支持提供了理论依据：人本主义以真诚、理解为核心，强调人的本性，主张在教育过程中予以学习者深刻的人文关怀，对学习支持有独特的启示作用。学习支持服务应建立在学生的需要、生长的自然模式和个性特征的基础上。教师要以真诚、理解的态度对待学生的热情和学习兴趣，理解和尊重学生，这样让学生身处在一个和谐、融洽、被人关爱和理解的氛围，学生会更好地利用各种条件进行学习，更好地实现自我。

人本主义学习理论重视激发学生高层次的学习动机，充分发挥学习者的潜能，建立良好的师生关系。教学活动不仅显现了知识与能力、过程与方法，它还是一项充满情感的活动。学习支持服务中需要有情感支持，有效地施加正向期待，有效地利用情感动力。教师应该是有情感、有独创精神的人，通过与学生建立起融洽的个人关系，促进学生的成长。教学就是创设一种有利于学生学习潜能发挥的情境，让学生从他自己的角度来感知世界，达到自我实现。教师要树立以学生为中心的学习支持服务质量观，营造关怀氛围，以学生为中心组织学习活动、实施活动，充分发挥学生的学习主动性和积极性，灵活运用多种方式适应学生学习的个别差异，尽力使每个学生达成学习目标。学习支持服务的价值正在于通过师生关系的构建，以教学主体之间的相互关怀促进教学质量的提升。

（三）分布式认知学习理论

1. 分布式认知学习理论要义

随着电视、电话、计算机、网络等电子科技的迅猛发展，人类许多认知活动越来越依赖于这些认知工具，分布式认知的思想也逐渐被人们所认识，受到人们的重视。20 世纪 80 年代，加利福尼亚大学的赫钦斯（Edwin Hutchins）等人，在对传统认知观点批判的基础上，明确提出了分布式认知的概念。他认为，认知的本性是分布式的认知现象，不仅包括个体头脑中所发生的认知活动，还涉及人与人之间以及人与技术工具之间，通过交互实现某一活动的过程。分布式认知研究常常通过对真实情境中实践共同体的分析来解释认知现象，比如飞机驾驶舱、空中交通控制系统、轮船的导航、软件开发组，等等。分布式认知是指认知分布于个体内、个体间以及媒介、环境、文化、社会和时间等要素之中。由此可见，分布式认知跳出了传统的范畴，认为认知不仅仅依赖于认知主体,还涉及其他认知个体、认知对象、认知工具以及认知情境,所以认知存在于学习环境、学习者使用的工具、学习者之间的交互以及所有的学习者之中。

分布式认知学习理论在计算机支持的协同工作和人机交互领域有着广泛的应用。在教学当中如何更好地设计外部信息,使学习者方便有效地利用信息资源,比如参考书、图表、计算机、移动终端和各种电子信息服务,是教学提供者需要考虑的问题。利用外部信息,以帮助学习者形成合适的外部表征,从而解决问题成为当今学习理论研究的一个热点问题。

2. 理论运用

分布式认知学习理论为学习支持提供了理论依据:学习知识的认知过程是以系统为认知单元,教师作为认知系统中的非核心要素,只有与认知系统中的其他要素互相协同配合才能充分发挥作用。分布式学习中的资源分布性,从根本上保证师生的真正平等,使教师走下了神圣的讲坛。教师由知识的垄断者、学习过程的支配者转变为学生学习活动的准备、设计、参与的引导者,支持者和指导者,教师对于学生更多的是作为一种资源而存在,在平等的对话、交流中,实现教与学的相长[①]。因此,教师在学生学习认知过程中应该扮演合作者、引导者,帮助和引导学习者更快地融入学习,融入"学习共同体"。教师在学习共同体中分享经验、答疑解惑、指导帮助,与学生一起探讨问题,及时了解学生的学习动态,协助学生完成学习任务,促进协作学习。

分布式认知理论认为学习者在线上课程学习过程中不单只是个人与学习资源的交互活动,而是由学习者、交互系统和学习资源三个认知主体的共同协作,弥补了过去仅以学习者个体为认知主体的认知系统缺陷,这就启示我们把学习支持服务当作一个系统来研究。科技进步带来的媒体技术和工具的变革深刻影响了教育的发展,网络教学过程中,运用恰当的媒体工具可以使知识的传播更高效,还能够降低学生接受和转化知识的难度。

(四)联通主义学习理论

1. 联通主义学习理论要义

联通主义是新时代计算机技术发展的产物,也是互联网时代下对学习现

---

① 姚巧红,李玉斌. 论分布式学习[J]. 现代远距离教育,2006(4).

象的一种理论描述。联通主义学习理论的核心代表是乔治·西蒙斯(George Siemens),他认为,学习就是形成三个基本网络:内部认知神经网络、概念网络和外部/社会网络间连接的过程①。在联通主义理论之前出现的一些学习理论是在网络技术不发达和学习技术含量不高的情况下创建的,它们都具有一定的局限性,即认为学习是发生在学习者个体的内部,而忽视了个体外部的学习。而联通主义学习理论认为,知识是一个动态变化的过程,它不断更新,不断流通,只有将各个节点联系起来,使其形成知识网络,才能够实现其应有的意义和价值。联通的目的是汇聚分布在网络中的集体智慧,探索未知的问题。学习者面对复杂、未知的问题,获取分布在网络中的相应资源,并与相关的人联通。他们通过深层次的互动,形成解决方案,产生新话题,吸引新的参与者持续地互动②。

联通主义理论认为互联网时代下学习不再是一个人的活动,而是一个连续的知识网络形成的过程,也就是节点和信息源的一个连接。我们每个人都处在一个学习的网络当中,学习就是不断形成和优化学习者的内部和外部的网络。内部和外部的网络包括两方面的含义:一是个人的知识组成了一个自己本身内部的知识网络,利用这样一个知识网络来不断地支持和完善自身的学习;二是学习是在与特定的节点和信息资源之间建立起来的一个连接。学习不仅存在于人的个体内部,还可能存在于工具和设备之中。为了促进持续的学习,我们需要培养和维护这种连接。

学习和知识存在于各种节点之中,保持知识的流通是非常关键的。持续学习的能力和获取知识的通道比知识的学习更重要,发现领域观点、概念之间关系的能力最重要。联通主义学习不仅强调建立与已有节点之间的连接,还强调在学习过程中创造新的节点,并与之建立连接。联通主义是一种适用于当前社会需求和社会变化的学习理论。当今社会知识更新的速度越来越快,单靠记忆知识早已不能满足人们对新知识的学习需求,通过网络存储和传递检索来存储获取知识成为趋势。联通主义提出的这种优化学习者内部、外部网络的方式,使学习者能够保持与时俱进,能够不断地更新自身的知识,从而保持最新的知识状态。

---

① 王志军,陈丽.联通主义学习理论及其最新进展[J].开放教育研究,2014(5).
② 王志军,陈丽.联通主义学习理论及其最新进展[J].开放教育研究,2014(5).

2. 理论运用

联通主义学习理论为学习支持提供了理论依据:联通主义学习中,知识生长的土壤是复杂的信息环境。学生面对庞大繁多的信息,信息的选择与组织尤为重要。因此,在学习支持服务中,教师宜采用引领式教学策略,积极引导学生借助于内外网络,或建立新的连接,或强化已有的知识网络,促进学生的信息组织能力与学习能力的提升。联通主义认为,学习正在从"如何学"和"学什么"转向"从哪里学"和"从何处学",因此,了解从哪里可以找到所需要的知识尤为重要。在信息爆炸的时代,学习者需要具有区分重要信息和非重要信息的能力,同时还应具有保持连接的能力。学习即关联的建立,但关联的建立并非易事,它受制于学习者视野的局限、技能的缺乏以及主体意识的模糊。在远程教学中,教师需要教会学生使用社交软件与学习工具,要使学生意识到建立关联的必要和价值,自觉地了解和掌握用以建立关联的各种社会性软件,学会利用技术工具主动建立关联来聚合知识管理。

三、共同体理论

(一)共同体

共同体是社会学的基本概念,由德国著名社会学家和哲学家斐迪南·滕尼斯(Ferdinand Tnnies)在《共同体与社会》一书中提出。他认为,人类社会是以共同体的形式出现的,共同体存在于建立在自然基础上的群体,如家庭、宗族中;此外也存在于历史上形成的联合体,如村庄、城市中;存在于思想的联合体,如友谊、师徒关系中。从发生角度看,血缘的纽带成为共同体最原始的形态,地域共同体由血缘共同体发展分化而来。地缘的邻近代表着现实生活空间上的亲密关系,而精神共同体则是真正的人和最高形式的共同体,人的结合或关系脱离了可见的空间联系,而发展成为一种心灵生活的亲近①。马克斯·韦伯(Max Weber)认为,在个别场合,平均状况下或者在纯粹模式里,如果而且只要社会行为取向的基础是参与者主观感受到的(感情的或传统的)共

---

① [德]斐迪南·滕尼斯.共同体与社会:纯粹社会学的基本概念[M].林荣远,译.北京:商务印书馆,1999:55-66.

同属于一个整体的感觉,这时的社会关系就应当称为共同体①。在马克斯·韦伯看来,共同体是建立在情感、精神、传统与责任基础上的社会群体。加拿大学者查尔斯·泰勒(Charles Taylor)在《共同体与民主》中提出"没有共同体,就没有民主"。共同体成员的聚集和组织有赖于对组织单位的集体认同,这种认同是成员自觉主动的、有意识的价值认同②。

　　虽然众学者对共同体概念的具体理解存在差异,但在基本观点上具有一致性,即共同体是一个在共同体成员共同愿景的基础上建立起来的联合体。共同体有四个重要特征:① 共同的目的或共同的事业。共同体一个主要功能是支持它的成员发展更多专长以便更有效地实现特定目标。这一目标为这个团体的运行创造了理由,共同体的学习以不同的实践和工具为中心,这些实践和工具允许成员完成他们的特定目的。② 共同的文化历史传统。共同体不是在特定时间应对某种特殊需要而进行的简单聚集,成功的共同体具有共同的文化历史传统,这种传统部分地反映了社会协商的意义,它包括共享的目标、意义和实践。③ 相互依赖的系统。在这种境脉中工作时,个体是更大的事物的一部分并与共同体相互联系,共同体也是一个更大事物(即社会,共同体的意义或价值是通过社会而获得的)的一部分。这有助于为个体和共同体提供一种有共享目标的感觉,也有助于提供身份。④ 再生产循环。当新成员与身旁的同伴和成熟实践的示范者一起进入成熟的实践时,共同体就有了进行再生产的能力。随着时间的推移,这些新手的身上就会表现出共同体的惯例③。

（二）学习共同体

　　从共同体的视角出发,与不同的领域结合会产生不同的共同体,比如经济共同体、政治共同体等。学习共同体(Learning Communities)最早出现在 20世纪 90 年代,进入 21 世纪后逐渐成为学界关注的焦点。杜威(John Dewey)在《民主主义与教育》中把共同体概念引入教育教学情境中,认为社会是由个人之间的互动而产生的思想与感情的共同体,他利用共同体这个概念来关注

---

　　① ［德］马克斯·韦伯.社会学的基本概念[M].胡景北,译.上海:上海人民出版社,2000:60-62.

　　② 查尔斯·泰勒.共同体与民主[J].张荣南,译.现代哲学,2009(6).

　　③ ［美］戴维·H.乔纳森.学习环境的理论基础[M].郑太年,任友群,译.上海:华东师范大学出版社,2002:41.

学习中个人之间的社会互动过程,目的是通过学习者之间的共同学习和榜样的激励,让他们学会使用一系列的符号表现形式、论述形式以及掌握相应的认知过程,理解知识的结构和发展,获得一些有效的认知策略,提升自己再学习的能力。1993年塞吉欧维尼(Thomas J. Sergiovanni)在美国教育研究联合会(AERA)举办的会议上提议将学校从"组织"的隐喻转变为"学习共同体",认为这样的转变有助于激起学校师生及领导层的热情,并使学校的运营上一个新的台阶。此后,教育界人士开始将视野转向"学习共同体"的研究。博耶尔在《基础学校:学习共同体》的报告中指出,学习共同体是一个由教师、学生、管理人员以及其他人员组成的组织,在学习共同体中,成员有清晰的奋斗目标,可以面对面地沟通与互动。

学习共同体是指一个由学习者及其助学者(包括教师、专家、辅导者等)共同构成的团体,成员之间为共同完成一定的学习任务,彼此之间经常在学习过程中进行沟通、交流、分享各种学习资源,因而在成员之间形成了相互影响、相互促进的人际关系。我国学者钟志贤认为,学习共同体是以共同信念和愿景为前提,学习者通过探究、分工、协作等多种交流活动分享各自的见解与信念,以提高对学习内容的深层理解,最终完成真实的学习问题[①]。赵健从社会学的视角认为,共同体概念本身的含义随着时代的发展不断演进,协商、异质、脱域及互嵌成为当代共同体的内在特征,"学习共同体"是支撑以知识建构与意义协商为内涵的学习平台,成为信息时代知识创生的社会基础[②]。

综上所述,学习共同体是指由教师和学生构成的群体,包括教师—教师、学生—学生、教师—学生多向交互的群体。教师向学生提供支持服务,支持服务系统中每个成员参与到学习、合作、评价中,并且从中获得来自他人的支持。学生在协商、合作过程中获得认知、情感、态度等方面的改善并获得学习成果。学习共同体特征是有效的参与、共同的责任及学习活动中的交互合作。构建学习共同体的目的是为学习者提供学习机会,在各个不同的学习者、教师、专家或实践从业者所组建的学习共同体中,通过学习活动,实现代际或同辈之间的异质交互,最终有效促进学习者个体的发展。

(三)理论运用

共同体理论及学习共同体理论为学习支持提供了理论依据:首先,要高度

---

① 钟志贤.知识建构、学习共同体与互动概念的理解[J].电化教育研究,2005(11).

② 赵健.学习共同体[M].上海:华东师范大学出版社,2005:25.

重视学习共同体成员的组织。远程教学中,成员关系具有异质性和多样性,学习共同体应当是一个具有成员队伍成长、发展和再生产能力的群体。这种能力表现在新成员不断加入,把本共同体的文化带到其他共同体中,同时也将其他共同体的文化成分融入本共同体的传统中,从而使共同体组织不断得到维护和保持生命力。

其次,需要精心组织共同体活动。要让学习者感受到学习共同体对自己的价值和意义,鼓励学习者在学习过程中相互求助,根据学习任务及学习者的特点选择一定的组织方式,如采用小组合作学习等。加强校与校之间、部门和个人之间的沟通,建立校外、校内实践共同体,以实现学习支持的最优化。支持更加开放的系统,促使成员加入到丰富多样的网络中,这能为不同的成员身份认同的建构创造条件。

再次,进行学习共同体之间的交互。对远程教育而言,网络能够提供多样化的学习资源、多样化的呈现方式、多渠道的信息加工。可以进行一对一、一对多、多对一、多对多的对话,因而蕴藏着突破教育资源限制、实施因材施教的潜能。在支持服务系统中,教师、学生、资源等各要素之间协调运作。教师要围绕不同认知水平、不同学习风格的学生的信息需求和学习需求确定教学目标及内容,展开教与学的交互活动,鼓励学习者之间的交流和协作,并对学习过程进行监控调节。为支持学习共同体持续的交流协作活动,学校需要为共同体提供有力的交互工具,包括界面友好的沟通工具、协作工具、追踪评价工具等。

四、服务质量理论

(一)服务质量理论要义

"服务"字面上意思是为某人或某些人提供帮助、用处或好处。西尔(Hill)认为,服务指状态的变化,这种状态可以发生在某个人身上,也可以发生在属于某个经济主体的物身上,这种状态的变化是另一个经济主体的劳动成果。里根(Regan)认为,服务是顾客购买产品或服务时所得到的一种无形的满意结果或有形与无形满意结果相结合的活动[1]。服务具有无形性特点,最重要的功能就是向顾客提供问题的解决方案。

"服务质量"概念来自市场营销学。自 20 世纪 80 年代后,学者们对服务

---

① 韦福祥.服务质量评价与管理[M].北京:人民邮电出版社,2005:17-18.

质量进行了有价值的研究。利维(Levitt)认为,服务质量指服务结果能符合所设定的维度。加林(Garrin)认为,服务质量是一种主观感知的质量,而非客观的。格罗鲁斯提出感知服务质量并对其内涵进行科学界定,将服务质量定义为顾客对服务期望与感知服务绩效之间的差异比较①。格罗鲁斯创建的感知服务质量评价方法与差异结构,用来衡量顾客服务经历和服务结果与期望吻合程度的方法至今仍然是服务质量管理研究最为重要的理论基础。1988年帕拉苏拉曼(A. Parasuraman)、泽丝曼尔(Valarie A. Zeithaml)和贝里(Leonard L. Berry)三人合写了"SERVQUAL:一种多变量的顾客感知服务质量方法"一文,他们认为,通过对 SERVQUAL 量表的数据采集和分析,可以测量出顾客感知服务质量水平②。之后,他们将顾客满意和服务质量研究分离开来,认为服务质量与顾客的态度紧密相关,并提出了"服务质量差距"分析模型,即服务质量是由顾客期望与顾客体验之间的差距造成的。

我国学者在借鉴国外服务质量相关研究的基础上,也对"服务质量"做出了解释。何雍庆、苏雪华认为服务质量是一群具有代表性的消费者对于某一服务所认定的长期且呈稳定性的顾客满意水平③。韦福祥认为服务质量是由顾客的认知决定,顾客根据服务产品的整体状况决定其满意程度,服务质量是一种认知期望的差距④。综上概括,服务质量是一种主观感知的质量,是一种互动质量;服务质量是可以测评的。

(二)理论运用

学习支持服务作为服务的一种特殊存在形式,具有服务的普遍属性。学生是院校教育服务的最主要购买者,学生通过购买教育服务的方式,达到提高个人专业知识和实践技能,从而获得更强的个人市场竞争力和更高的投资回报。以服务质量理论作为依据,从学生视角来理解服务质量,认为服务质量是服务对象对服务状况的一种主观认知,它取决于服务对象——学生对服务的预期和对服务的实际感知,以满足服务对象——学生需求为目的。首先,服务

---

① Gronroos C. Service Management and Marketing: A Customer Relationship Management Approach(Second Edition)[M]. Wiley, 2000.

② Parasuraman A, Zeithaml V A, Berry L L. SERVQUAL: A Multiple-Item Scale for Measuring Consumer Perceptions of Service Quality [J]. Journal of Retailing, 1988, 64(1).

③ 何雍庆,苏雪华.浅析教育服务质量[J].教育理论与实践,1995(3).

④ 韦福祥.服务质量评价与管理[M].北京:人民邮电出版社,2005:51.

质量作为顾客(学生)感知的结果,本质上是一种主观感受,这就决定了学习支持服务质量的改进必须以学生为中心,关注广大学生的显性及潜在需求,关注学生对支持服务实际感知的评价。其次,树立服务意识。服务意识意味着服务提供者切实意识到自身是"服务者"而非"管理者"的定位,尊重学生的意见,改善服务态度,改进服务办法,提升服务水平。最后,支持服务涉及内容广泛,改进支持服务质量不仅仅是学校教师的职责,更需要全校上下系统联动,协作配合,形成提升支持服务质量的合力。

五、全面质量管理理论

(一) 全面质量管理理论要义

全面质量管理的引入是为了更有效地提高和保证产品质量和服务质量。全面质量管理的概念和理论起源于美国。20 世纪 50 年代,美国学者菲根堡姆(A. V. Feigenbaum)首先提出了"全面质量管理"(Total Quality Management,TQM)的概念,并在其著作《全面质量控制》中概述了全面质量管理的理论与方法。他认为,全面质量管理是为了能够在最经济的水平上,在充分满足用户需求的条件下进行市场研究、设计、生产和服务,把企业内各部门形成质量、维持质量和提高质量的活动融为一体的一种有效体系①。1951年,朱兰(J. M. Juran)在其《质量控制手册》中对质量概念进行了界定,质量是一种适用性,是指使产品在使用期间能满足使用者的需求,并在此基础上提出了全面质量管理的质量螺旋模型。全面质量管理=质量控制+质量保证+持续监测和评价。温斯特·勃汉姆(West Burnham)提出全面质量管理的基本要素包括:焦点(内部和外部客户)、定义(满足客户要求)、范围(机构的每个方面)、责任(每个人)、标准(第一次就做对)、方法(预防而不是检测)、测量(零缺陷)、文化(持续改进)。

由此看来,全面质量管理理论从以事后把关为主转变为以预防和改进为主;从"管结果"转变为"管因素",即关注影响质量的各种因素,抓主要矛盾;从以分工为主转变为以协调为主。概而言之,全面质量管理是指一个企业或一个组织的全体成员以产品质量为核心,基于专业技术、管理技术、数理统计技术,对影响产品质量的全过程和各种因素进行全面而系统的管理、控制、监测

---

① [日]小野滋.企业的全面质量管理[M].孙良康,梁宝俭,译.北京:企业管理出版社,1988:26.

和评价,从而达到使产品满足用户需求的目的。全面质量管理特点有:① 全员性。即全面质量管理不仅仅是某一个人或者某一个部门的工作,需要整个生产流程全员参与,共同分担质量管理的责任。② 全面性。产品的全面质量管理需要考虑内部和外部两个方面,内部方面要求对影响产品质量的要素进行全面考虑,完整把握质量管理活动;而外部方面主要要求在考虑质量管理的同时还需要将其与成本效益、用户服务等多方面因素综合考量,不能一味地为了质量而忽视其他因素。③ 全过程性。全面质量管理以预防为主,其质量管理延伸到产品生产活动的整个流程,为了保证产品的质量必须对产品的全过程进行有效的质量管理和控制。④ 全方法性。用户对产品和服务的质量要求越来越高,需要管理者将影响质量的诸多因素加以考虑,采用科学的方法对产品质量进行有效的管理,这就需要广泛地应用新的科学技术和管理方法,不断地完善相关的实践活动。可以充分利用 BS 5750/ISO 9000 系列标准,为企业或组织有效地进行全面质量管理提供保证。

(二)理论运用

20 世纪 80 年代中期起,TQM 被逐渐引入高校。虽然称谓不尽一致,但内容和实质都是一样的,即教育者和教育的服务对象通过质量保障联系起来,使顾客(学生)对教育者所提供的教育服务质量感到有可靠保证,从而建立一种信任关系。教育者可通过质量保障赢得国内外教育"顾客",使学校获得最大发展。戴明(W. Edward Deming)在《戴明论质量管理》一书中提出,学校组织在运用全面质量管理理论时,不能仅仅强调学生的分等鉴定,而应致力于所有学生的不断提高。在重新审视当前的评估方式时,学校教育者要意识到,只注重输赢、充满竞争的环境对学生的成功无益。而那些评价标准之外的学习成果,如评估自己和别人学习质量的能力、学习能力等深刻影响着学生的成功。在美国许多高校的全面质量计划中,已经包含了评估策略:过程、职责、展示以及学生进步的庆祝仪式等①。源于工商界的 TQM 以顾客为中心和全员参与质量的持续改进确实显示出巨大的质量成效。美国学者艾莉斯(Elis)在《大学教学质量保障》一书中认为,高教领域可以运用工商界质量保障基本思想和方法,可以将 BS 5750 标准的基本思想和保障程序运用于大学教学质量

① 夏季亭,帅相志,宋伯宁. 普通高校本科评估成效与改革取向[M].北京:科学出版社,2012:49.

保障[①]。

　　质量保障的机制建立需要内外部利益相关者协同保证。政府、社会、高校、学生、教师、行政管理人员都是高等教育质量保障的主体。学生是大学数量最多的利益相关者,学生的质量是大学办学质量的关键。学生积极进取的学习态度、科学的学习方法、自主学习能力是保障人才培养质量的前提[②]。需要强调的是,学校可以借鉴 TQM 管理模式及其思想内涵进行质量保障,但要避免将人与物等量齐观,把对人的质量保障等同于对物的质量保障,避免忽视人才培养与产品加工的区别,避免将具有思想的学生与无生命的"材料"等同。在使用全面质量管理理论时,将学校教育作为服务行为,学校学习支持服务的提供者则包括学校管理者、教师、图书馆、实验室等人员,直接"顾客"是学生。要注意的是:第一,学校教育提供的支持服务是无形的、不易测量的。支持服务的态度、规范、技术水平、舒适性等质量环节要由顾客(学生)来评价,难以用检测设备精确度量。第二,支持服务不能储存,是一次性提供的过程。如果顾客(学生)抱怨服务质量不好,往往无法"退货"。如果顾客(学生)不及时利用学习支持和服务,就白白浪费。第三,在学校提供支持服务过程中,服务在于服务者与顾客之间的交互行为,顾客(学生)只有亲身参与服务过程,才能达到顾客(学生)满意的服务目标。可见,支持服务始终都与学生直接联系,通常,学生的合作会起重要的作用。

　　学生与一般的顾客不同,当学生从学校接受服务(知识)时,也被期望付出艰苦和复杂的努力以便通过竞争性的项目,如毕业设计、毕业论文及考试等。学生是课程材料传授的顾客,也是学校设施的内部顾客。但就教学过程而言,学生的特殊性表现明显,他是被不断评价的顾客,产品的质量提升(产生的学习成果)与自身的努力息息相关。运用全面质量管理理论,可以辩证地看待学生同时作为顾客和产品的特殊性,学生在教师和管理者的帮助下生成的学习成果。学校质量管理需要做的是通过教学和管理服务,促进学生在教学中的主动参与,从而提供丰富的学习成果作为质量证据,来证明院校持续不断地通过全员参与努力提升学习支持服务质量。

　　学校课程、教学和管理的目标都是为了促进学生的有效学习,形成学生丰富的学习成果质量证据。因此,质量的衡量标准仍然是学生的学习成果,而不

　　① 陈玉琨,代蕊华. 高等教育质量保障体系概念[M]. 北京:北京师范大学出版社,2004:24.

　　② 徐爱萍. 基于主体协同的高等教育质量保障机制构建[J]. 江苏高教,2013(3).

是简单的学生对服务的满意度。也就是说,学生对服务的满意与否并不能完全表征学校的教育教学质量。在学习支持服务保障中运用全面质量管理理论,把学校课程、教学和管理作为服务,把学生作为学校最主要的服务对象来理解,将全面质量管理理论引入到学习支持服务活动中,以提高学习支持服务质量为中心,将学习支持服务质量的提高内化到学校管理的全员、全过程,有利于学校建立"以学生为中心,以学生发展为本"的质量保障体系。提高学生的学习支持服务质量是学校的一个系统工程,是学校多部门多组织的协调联动工程,是学校全员、所有部门应尽的责任和义务。

第二节　概念界定

一、远程教育与开放教育

(一)远程教育涵义

远程教育也被称为远距离教育。学者们普遍认为,远程教育概念形成源于函授教育。函授教育起源于 19 世纪英国。20 世纪,随着视听技术和多媒体的发展,函授教学向多种媒体教学形式转变。1969 年,英国开放大学成立,使得开放学习、远程教育概念兴起。

远程教育的定义由多曼第一个提出。多曼(Dohmen)在《远程教育研究和活动的新领域》一文中认为,远距离教育是一种有系统组织的自学形式,在这种形式中学生的咨询、学习材料的准备,以及学生成绩的保证和监督都是由一个教师小组进行的。这个小组的每一个成员都具有高度的责任感。通过媒体手段有可能消除距离,媒体手段可以覆盖很长的距离①。穆尔(Moore)在 1973 年发表的《独立学习理论初探》中给出的远程教育定义为:远程教学可以定义成教学方法大全。在这个教学方法家庭中,教学行为与学习行为是分开实施的,也包括有学生在场进行接触的情况。学生和教师之间的交流必须通

---

① 德斯蒙德·基更. 远距离教育基础[M]. 丁新,译. 北京:中央广播电视大学出版社,1996:34.

过印刷的、电子的、机械的或其他手段来促进①。霍姆伯格在1977年发表的《远程教育文献与评述》中给出的远程教育定义为:在远程教育中,学生和教师并不出现在同一教室或同一地点,因而学生并不处于教师连续的、直接的教学指导之下,但是学生仍然从教育组织的计划、指导和教学辅导中受益②。

1986年,国际上比较权威的远程教育专家德斯蒙德·基更(Desmond Keegan)对远程教育的定义使我们对"远程教育"有了更为具体的认识:① 在整个学习过程期间,教师和学生处于准永久性分离状态(以此与常规面授教育相区别);② 教育组织在材料计划、准备和学生支持服务准备两方面的影响(以此与个别学习和自教计划相区别);③ 技术媒体——印刷媒体、视听媒体或计算机媒体的使用——把教师与学生联系起来并成为课程内容的载体;④ 提供双向通信,使学生可以主动对话并从对话中受益(以此与教育技术的其他应用相区别);⑤ 在整个学习过程期间,准永久性地不设学习集体,结果人们通常不在集体中而是作为个人在自学,为了教学和社会两方面的目的,有可能召开必要的会议③。基更的论述突出了远程教育与传统的面授教育的区别。

远程教育有广义与狭义之分。广义的远程教育是对各类教育、培训和学习(包括各类学校或其他社会组织实施的以及社会情境中发生的)中远程教学和远程学习活动的总称。狭义的远程教育指教师和学生在时空上相对分离,学生自学为主、教师助学为辅,教与学的行为通过各种信息通信技术和媒体资源实现联系、交互和整合的各类学校或社会机构组织的教育的总称④。

从远程教育的发展来看,技术的更新和社会发展的需求是远程教育发展的动力。现代远程教育是随着现代信息技术的发展而产生的一种新型远程教学形式,它以计算机通信技术和网络技术为依托,采用远程实时多点双向交互式多媒体现代化教学手段,实现跨越时间和空间的教育传递过程。远程教育在文化传递上具有跨越性、普及性、整合性及非均衡性特点⑤。

---

① 德斯蒙德·基更.远距离教育基础[M].丁新,译.北京:中央广播电视大学出版社,1996:35.

② 德斯蒙德·基更.远距离教育基础[M].丁新,译.北京:中央广播电视大学出版社,1996:36.

③ 德斯蒙德·基更.远距离教育基础[M].丁新,译.北京:中央广播电视大学出版社,1996:42.

④ 丁兴富.远程教育学[M].北京:北京师范大学出版社,2009:21.

⑤ 章玳.论远程教育的文化选择[J].扬州大学学报(高教研究版),2010(6).

（二）开放教育内涵

在开放教育研究领域，学者们关于开放教育理解不一，故有必要先厘清"开放"概念内涵。"开放"在《辞海》中为"展开、不关闭"之意。约翰·丹尼尔在亚洲开放大学协会（AAOU）第 18 届年会上的主题报告中指出，"开放"一词的精确解释各个国家各不相同。"开放"可能指入学的开放；也可能是指教育学意义上的开放，即将学生作为智力上平等的主体对待；有的地方则可能指给予学生特别的灵活性，让学生设计自己的智力发展途径①。现代社会，"开放"已成为一种先进的理念、思想。"开放"概念的两个核心理念是平等主义和共享。平等主义意味着平等参与的权利（获取、使用和协作）。共享所根植的理念是扩大曾被限制的获取范围。开放动机往往来自共享意愿。它可以是为共同利益做出贡献的意愿，也可以是参愿②。开放教育涵盖了以下三个层面：

（1）开放教育是思想观念。开放教育（Open Education）思想直接缘于 18 世纪法国启蒙运动思想家、哲学家卢梭创立的自然主义的教育理论。他提出教育应该顺应人的天性发展，培养自然人。自然教育最终培养目标是"自然人"，而自然人是独立自主、平等自由的。真正意义上的开放教育应该是一种教育的观念，一种教育的思想，一种教育的态度，一种教育的政策。开放教育以崇尚自由、顺应自然为理念，以社会化教育、终身教育为宗旨，这是最为关键的。

（2）开放教育是实践方法和教育形式。我国台湾学者陈伯璋、卢美贵认为，开放教育就其字面意义而言，意味着开放的课程与教材、开放的学习方式、开放的学习空间、开放的辅导制度、开放的人际关系……③。开放教育概念术语流行起自 20 世纪 60 年代。英国政府在 20 世纪 60 年代中期将建设的"放送大学"的校改名为"开放大学"的决策，使得"开放学习"和"开放教育"的概念和术语在世界上更加普遍流行起来。

1969 年，英国开放大学举行开学典礼，标志着世界上第一所开放大学的诞生。英国开放大学的首任校长克劳瑟爵士在其就职庆典上，为开放大学赋予了四项含义：开放教育对象，开放教学时空，开放教学方法，开放教育观念。

---

① 约翰·丹尼尔. 从三角形到五边形：21 世纪的开放大学——在亚洲开放大学协会第 18 届年会上的主题报告[J]. 丁兴富，译. 开放教育研究，2004(6).

② [南非]尼尔·布彻，萨拉·胡森. 后传统在线高等教育质量指南（中文版）[M]. 刘占荣，等译. 北京：中央广播电视大学出版社，德稻教育，2013：2

③ 陈伯璋，卢美贵. 开放教育[M]. 台北：师大书苑，1991：6.

对于传统教育而言,开放教育从这四个方面打破了传统教育的封闭状态,使教育走出世纪的樊篱。在这以后的数十年间,美国、加拿大、澳大利亚以及中国的台湾、香港及内地陆续涌现出一所所名称不同、开放程度不等、侧重点不一、规模范畴不尽一致的开放大学,成为开放教育思想的一次大规模的实践。

循着英国开放大学之路,中国广播电视大学进行了大规模的开放教育实践,在打破入学限制、改革学习方式、提高学习支持服务质量等方面都进行了诸多有益的尝试,同时也使得"开放教育"这一概念在中国教育界日益深得人心。经过多年的探索实践,实现了预期目标,形成了中央广播电视大学开放教育人才培养模式的基本框架。开放教育已经成为推进远程教育和继续教育发展的一种重要形式。

（3）开放教育是理念,也是形式上的挑战。"开放"主要表现对不同思想乃至异质思维的包容,"开放教育"体现了时代的要求。"开放"已经成为源于各种机构和个人的飞速增长的学习材料、相关平台和实践的显著标志。开放学习的概念曾经主要用来指入学要求,但现在它已经演变成"开放"理念的一道彩虹,直接挑战传统校园的中心地位、所有权、有限访问、学术特权以及教育等级制度①。所以,开放教育不仅意味着对教育对象的开放,更重要的是在教育观念与教学方法上的开放,以及在教育资源和运行机制上的开放。

开放教育被正式认可是在 2007 的《开普敦开放教育宣言》中。宣言明确地提出,个人和机构可以免费获取教育。开放性可以对教育中的三个要素产生影响:教育者、教育资源和教育政策②。涉及开放数据、开放出版、开放图书馆、开放教育资源、慕课等的开放教育,绝非是开放大学或远程开放学习项目的独家领地,或主要是它们在独领风骚。数字革命的挑战正在重塑教学方式③。随着现代信息技术的快速发展,"无所不连"移动互联网已突破了传统课堂的面对面教学。教育教学活动已不可能孤立存在于真空中,网络和生活、学习的结合将越来越紧密。2012 年,MOOCs 打出"开放"的旗帜,发展迅速,显示了开放教育挑战传统教育,成为未来教育的发展趋势。构建开放的教育

---

① [南非]尼尔·布彻,萨拉·胡森.后传统在线高等教育质量指南（中文版）[M].刘占荣,等译.北京:中央广播电视大学出版社,德稻教育,2013:22.

② 朱美娜,赵云建.慕课和开放教育:角色、教育实践、个性化学习和可能的发展趋势——访印第安纳大学教育技术专家柯蒂斯·邦克教授及其著作团队[J].中国电化教育,2017(5).

③ 安妮·盖斯凯尔.数字时代远程开放教育:英国篇[J].中国远程教育,2019(5).

资源、在线课程模式并实现信息技术与教育教学的融合也是开放大学与普通高校共同追求的目标。

开放教育对远程教育的启示和意义是：崇尚自然教育思想、解除入学资格限制、打破学习时空樊篱、围绕学生自学运转、运用多种信息媒体及借助社会力量办学。远程教育如果能够吸收开放教育的这些先进思想使之变为现实，那么"远程开放教育"就不再仅仅限于一个口号①。

基于以上分析，笔者认为，开放教育是相对于封闭教育而言的，以学习者为中心，顺应学习者的自然天性，从各方面减少或消除学习者的学习障碍，给予学习者最大的学习空间、最自由的学习时间的理念及形式。开放教育通常被称为远程开放教育。本研究中开放教育/远程开放教育主要指广播电视大学/开放大学高等教育形式。

二、学生支持服务与学习支持服务

学生支持服务是远程教育中的特有概念，国外远程教育界多用"学生支持服务"，传入我国后，学界对其有多种译法，如学习支持服务、学习支助服务、教学支持服务等。虽然名词术语有所区别，但就支持服务的内容来说，它们是基本相同的，面向学生的学习支持服务是专门为方便学习者的学习而开展的各类支持活动，从学习者的角度谈学习、谈服务，更符合远程开放教育以学习者为中心的理念。

（一）国外对学生支持服务（Learner Support Services）的理解

1978 年英国开放大学校本部地区中心办公室主任大卫·西沃特（David Sewart）认为学生支持服务是一种学习者可以充分利用机构教学服务设施的组织形式，具有交互作用，且能激发学习者的学习动力。英国开放大学艾伦·泰特（Alan Tait）指出，学生支持服务就是面向学生的学习支持，是进行的导学、咨询、学习中心的组织；通过电视或收音机进行互动教学以及其他活动。这些活动都有一个关键的概念元素，那就是支持学生的学习，不论他们是单独学习还是小组学习。为学生提供学习支持最主要是降低学生的辍学率②。索普（Thorpe）指出，学生支持是在学习发生前、学习过程中以及学习完成后，能

---

① 谢新观. 远程教育概论［M］. 北京：中央广播电视大学出版社，2000：66－67.
② 艾伦·泰特. 开放和远程教育中学生学习支持之理念与模式［J］. 陈垄，译. 中国远程教育，2004（4）.

够对已知学习者或学习小组的需求做反应的所有元素的总和①。在理解学生支持的定义时,学生群体的界定、人际交互和提供支持的时机构成学生支持的主要因素。关于学生支持服务的外延,奥蒙德·辛普森(Ormond Simpson)将学习支持服务分为学术支持与非学术支持两大类。学术支持是在教学过程中对学生在认知、智力和知识等方面提供支持;非学术支持主要是在学生学习时的情感和组织方面提供支持②。鲁姆勒尔(Greville Rumble)将学习支持服务分为"补偿性服务"与"综合性服务"两类。补偿性服务是为了帮助学生克服学习困难而设计的,补偿性服务只发生在学生需要的时候,因此是被动提供的;而现代远程教育中的学生支持是"综合性服务",综合性服务是整合或者嵌入在课程实施过程中的服务,不管具体学生是否需要③。

(二) 国内对学习支持服务(Learning Support Services)的理解

我国学者丁兴富将学习支持服务界定为:师生之间或者学生之间的人际面授交流活动和基于信息通信技术媒体的双向交流;远程学生在远程学习时接受到的各种信息的、资源的、人员的和设施的支助服务的总和④。此后学者多从概念的外延进行说明。如,张伟远将学习支持服务细化为课程选择的支持服务,学习时间管理的支持服务,学习动机激励的支持服务,网上交流与合作的支持服务,网上学习方式的支持服务,作业和考试的支持服务六个方面⑤。陈丽根据学习支持服务主要解决的问题类型的不同,指出学校不仅向学生提供学术方面的支持,还要向学生提供情感、组织管理和专业素养等全方位的支持。她将学生支持服务分为管理性质的支持、学术性质的支持、情感方面的支持三个方面⑥。周蔚提出,学习支持服务包括资源服务、学习过程服务、技术设施支持和管理服务四个子系统⑦。冯丽樱从实践和理论两个方面对学习支持服务的内涵进行了较为深入的梳理后指出:"学习支持服务是以学习者为中心而建设的满足学习者产生有效学习需求的环境。其宗旨是克服学

① 陈丽. 远程教育学基础[M]. 北京:高等教育出版社,2004:120.
② [英]奥蒙德·辛普森. 远程教育学生支持服务的理论与实践[M]. 刘永权,译. 北京:中央广播电视大学出版社,2013:16.
③ 陈丽. 现代远程教育中学生支持的发展方向[J]. 开放教育研究,2005(11).
④ 丁兴富. 论远程教育中的学生学习支助服务(上)[J]. 中国电化教育,2002(3).
⑤ 张伟远. 网上教学的原理与方法[M]. 北京:人民教育出版社,2009:128-151.
⑥ 陈丽. 现代远程教育中学生支持的发展方向[J]. 开放教育研究,2005(11).
⑦ 周蔚. 现代远程教育的学习支持服务[M]. 北京:中央广播电视大学出版社,2005:9.

习过程中的障碍。学习支持服务的内涵应包含能够克服学习者自主学习障碍的所有手段办法措施设备等。"①

对学习支持服务的理解离不开国内外开放大学在学习支持服务实践方面的探索。例如,英国开放大学为解决学生学习中的各种问题而提供的帮助活动既包括直接地或间接地向学生提供的有关学习方面的选课指导、辅导及咨询人员配备、学习活动安排、作业评定、财政支助等行政管理服务,以及各种教学信息、学习辅助材料、教学设施等服务,也包括辅导教师与学生之间的交流活动。1995年,我国中央广播电视大学注册视听生试点开始。中央广播电视大学提出,不以固定建制组班教学,强调学生独立自主学习,要求注重对学生学习的支持服务。自此各级各类电大系统及高校网络院校对学习支持服务进行了理论与实践的探讨,"学习支持服务"概念在中国得以普遍传播。以学生的学习为中心,为学生提供完善的支持服务的理念已成为远程教育界的共识。综上所述,笔者认为,从广义上说,学习支持服务是指远程教育院校通过构建以学生为中心的学习环境,向学生提供学习资源,使其完成学业,提高道德、职业素养及终身学习能力等全方位的支持活动。从狭义上说,学习支持服务是远程教育院校为确保学生的学习行为真实有效发生,对学生学习过程提供的教学交互及相关支持的活动措施。

三、质量与远程教育质量

(一) 质量

从语义学角度看,《现代汉语词典》解释"质量"为"产品或工作的优劣程度"。从哲学角度看,"质量"是一对矛盾的范畴。质是指事物在性质上区别于其他事物的内在规定性;量则是指事物存在的规模、运动的速度、发展的程度等表现为不同数量的规定性。一方面,任何质都是具有一定量的质,没有量就没有质;另一方面,质又制约着量,不同质的事物具有不同的量和量的界限。因此,对不同质的判断和对不同量的把握,是认识事物的基本前提。从管理学角度看,美国著名的质量管理专家朱兰(J. M. Juran)博士从顾客的角度出发,提出了产品质量就是产品的适用性(fitness for use)②,即产品在使用时能成功地满足用户需要的程度。用户对产品的基本要求就是适用,适用性恰如其

① 冯丽樱. 谈对远程教育学习支持服务内涵的认识[J]. 远程教育杂志,2006(8).
② Juran, J. M. Juran on Planning for Quality[M]. New York:Free Press, 1988.

分地表达了质量的内涵。国际标准化组织(ISO)在 ISO 8402‑1994《质量管理和质量保证术语》中把质量定义为:反映实体满足明确或隐含需要能力的特性总和。ISO 9000:2000 中对质量的定义是:一组固有特性满足要求的程度,这个定义更能直接表述质量的属性。美国高等教育认证委员会(CHEA)对质量的定义是"适切于目的"(fitness for purpose)。不同利益相关者对于质量存在着不同认识。英国高等教育质量保证机构(QAA)高度重视学生的学习成果,从学生视角出发,将质量定义为"描述向学生提供的学习机会如何帮助他们实现其目标的一种方式,确保为学生提供适当和有效的教学、支持、评估和学习机会",这为本研究学习支持服务质量保障提供了研究视角。

(二) 远程教育质量

由于人们对质量有着多种不同的理解,加上远程教育本身的复杂性,对远程教育质量的概念是众说纷纭,没有统一的界定。英国开放大学总结他们过去的办学成功经验,提出远程教育关键四要素,即:① 由专门教师小组提供高质量的多媒体学习材料;② 由受过专门培训的辅导教师为每一名学生提供良好的学习支持服务;③ 完善的后勤服务与管理;④ 教学与科研相结合[①]。有学者指出,远程教育质量是指现代远程教育所具有的,满足个人、群体、社会明显或隐含需求能力的特性的总和。这些特性往往通过受教育者、教育者和社会发展所要求的目标、标准、成就水平等形式表现出来[②]。还有一些学者认为可以从教育质量、高等教育质量出发来认识远程教育质量。有学者认为,远程教育是教育的属概念,所以其教育质量的相关规范,在一定程度上可用于对远程教育质量的规范。还有部分学者将远程教育质量与普通高等教育质量的定义视为一体,认为评价两者的标准也可以保持高度一致,仅仅是在评价具体细则时需要有针对性的方法。由于不同国家与文化等因素对远程教育质量的影响不同,因此在不同国家、文化背景下,远程教育质量有着复杂的内涵,不可能完全统一,呈现出多元化的特点。丁新认为远程教育质量涵盖需求满足层次、培养目标层次、质量标准层次、动态变化层次。以往人们对远程教育的理解,只单纯局限于某一方面,只有综合不同层次的理解,剖析远程教育质量内涵,

---

① 安均富.专家访谈:如何看待远程教育的教学质量问题[J].中国远程教育,2002(4).
② 朱立明,刘俊强.对现代远程教育质量观及质量保证的探讨[J].现代远距离教育,2005(3).

把握远程教育质量的外延,才能对远程教育的质量有一个更为全面深刻的理解①。远程教育质量是远程教育系统满足学习者个体和社会需求的程度②。远程教育质量可以包括以下几方面特点:第一,远程教育质量是远程教育体系所引起的质量问题,与普通教育质量有一定的共性;第二,远程教育质量是内与外、质和量的统一,它具有内适质量和个适质量两方面特征;第三,远程教育质量是一个动态的发展性概念③。总结以上学者们对远程教育质量的认识,笔者认为,远程教育质量和普通高等教育质量呈现部分共同特征,但是,还是要寻求它们的内在不同并加以分析。远程教育质量是内部机制和外部输出的协调,是质和量的统一。内部机制上,远程教育质量具有联系各项教学活动的纽带特性,在组织机构内部的全过程均有所体现,尤其体现在学习支持服务活动上。外部输出上,远程教育末端体现的主体是学生。"质"上要符合国家教育的标准,也要体现学生对教育的满意度;"量"上要满足国家和社会的目标。远程教育质量是指远程教育院校在遵循教育客观规律基础上,充分利用信息教育技术,培养学生、创新科研和提供社会服务的充分程度。

四、质量保障与学习支持服务质量保障

(一) 质量保障

"质量保障"和"质量保证"对应的是同一个英文词汇,即"Quality Assurance"。从当前的大量文献来看,国内学界基本是等同对待这两个词的。史秋衡等人在其著作《高等教育大众化阶段质量保障与评价体系研究》一书中指出,"质量保证"和"质量保障"实际上是一对同源概念。一般来讲,"质量保障"应用于教育领域,其思想来源是工业领域的质量保证。质量保障是当前国内教育质量管理研究中比较常用的概念。质量保障是质量管理的一种方式。国际标准化组织认为:"质量保障必须要提供充分的证据,用以证明组织有足够的能力满足相应的质量要求。质量保障是指为使人们确信某一产品、过程或服务的质量所必需的全部有计划、有组织的活动。这种活动的标志或结果

---

① 丁新,马红亮.构建全面多元的远程教育质量观[J].中国远程教育,2003(19):72-76.

② 祝智庭.网络远程教育的服务质量管理——走向标准化的思路[EB/OL].http://www.cmr.com.cn/distance/netdepart/3-1,2007-10-17.

③ 陈斌.现代远程教育质量评价研究[M].北京:世界图书出版公司,2011:13-14.

就是提供证据①。西方学者 Loules Morley 在其著作《高等教育质量和权力》中认为："质量保障是作为一个生产程序的规范工具被引入高教领域，而不是一个检查产品本身质量的工具。"我国学者对高等教育质量保障进行了阐述。陈玉琨提出："高等教育质量保障是根据预先制定的一系列质量标准与工作流程，要求高校全体员工发挥每个人的最大潜力与自觉性，认真地实施并不断改进教育教学计划，从而达到或超过预定的教育质量目标，一步一步地达到学校总体目标的过程。"②高等教育质量保障是指"高等教育质量保障的相关主体，通过运用质量管理、质量监督、质量控制等手段，进行的高等教育质量的持续促进活动。"③1991 年英国高等教育改革白皮书《高等教育：一个新框架》对高等教育质量保障的定义包括三方面：其一是质量控制，指为了维持和提高教育质量，高等教育机构内部所实施的管理过程；其二是质量审核，指为督促高等教育机构设立适当的质量控制体系，相关机构所进行的外部检查；其三是质量评估，指相关部门对高等教育机构教学质量所做的外部评价④。

在对"远程教育质量保障"理解方面，美国高等教育政策研究所（IHEP）基于远程教育的特点进行研究，发布了《远程教育中的质量保证》研究报告。报告提出，在远程教育领域，所谓质量保证就是由专门的远程教育机构制定相应的课程任务与目标，并运用多种手段与方式对教育课程内容、教学策略、学习资源、学习支持服务等进行检查，最后依据课程目标对教育结果进行评价，主要看它们在改善学习环境、保证学生学业成绩等方面的表现⑤。

根据以上关于质量保障、高等教育质量保障及远程教育质量保障定义的相关论述，本研究认为远程教育质量保障是指政府、院校和其他相关主体根据预定的远程教育质量标准，发挥机构所有成员的力量，严格按照一定流程，认真实施并不断改进远程教育教学计划，最终达到预定质量目标，并不断提升质量的过程与措施。

（二）学习支持服务质量保障

学习支持服务是远程教育的属概念，所以远程教育质量保障的相关规范，

————————

　　①　田恩舜.高等教育质量保证模式研究[M].青岛：中国海洋大学出版社,2007:26.

　　②　陈玉琨,等.高等教育质量保障体系概论[M].北京：北京师范大学出版社,2004:105.

　　③　余小波.高等教育质量保障活动中三个基本概念的辨析[J].长沙理工大学学报（社会科学版）,2005(3).

　　④　朱镜人.英国高等教育质量理论研究述评[J].比较教育研究,2003(6).

　　⑤　孔得伟,等.我国远程教育质量保证体系建设策略思考[J].现代远距离教育,2005(1).

在一定程度上可用于学习支持服务质量保障的规范。美国高等教育政策研究所(IHEP)制定的指导美国远程教育的纲领性指南——《在线教育质量:远程互联网教育成功的标准》,从对组织机构的支持、课程开发、教与学、课程结构、对学习者的支持、对教师的支持、评价与评估等七个方面提出了在线教育质量标准,特别将学习支持服务作为内部质量保证的重要因素。2005 年英国开放与远程学习质量委员会(ODLQC)明确了学生支持服务质量的评估标准。相比之下,我国本土化的研究明显不足,对"学习支持服务质量"概念没有明确的界定。如果说人才培养是大学的根本任务,大学的质量主要是指它的人才培养质量。人才培养的质量高低可以从社会、机构、学习者三个角度来判断,那么,笔者认为,学习支持服务质量就是指支持服务水平高低和效果优劣的程度。衡量它的标准不仅指办学条件、培养过程和环节的标准要求,也包括学生的质量和规格,学生和社会对学习与教育的满意度。

本研究提出"学习支持服务质量保障"的概念,体现了基于学生发展的质量观,有利于远程教育建构"以学生为中心,以学生发展为本"的质量保障体系。开放大学是我国远程教育事业发展新阶段的成果,是推动各类教育融合及其相关制度创新的重要力量。开放大学学习支持服务质量保障重点应体现在以下几个方面:① 线上线下的一体化设计,将学生支持、教学和考核融合为一个有机整体,体现"互联网+大学"的本质特征。通过有质量的学习支持服务,给学生带来更加优质的学习体验。② 开放大学共同体共商、共建、共管、共享、共赢,实现"五各",即各在其位、各尽其责、各展所长、各具特色、各得其所,为学习者提供切实有效的支持服务。③ 按照现代大学治理理念和模式,合理处理好各相关方的权利、责任、义务关系,充分体现开放大学有权、负责、尽义务的学习支持服务质量。

本章小结

为深刻理解学习支持服务质量保障的概念及探索学习支持服务质量保障的路径,本章首先明晰研究的理论基础。与学习支持服务的相关理论有:远程教育理论,包括"有指导的教学会话""独立学习"及"持续关注"理论;学习理论,包括建构主义学习理论、人本主义学习理论、分布式认知学习理论、联通主义学习理论,以及共同体理论、服务质量理论及全面质量管理理论。

本章还梳理了学者对远程教育与开放教育、学生支持服务与学习支持服务、质量与远程教育质量、质量保障及远程教育质量保障的不同观点,澄清了对本研究所涉及的基本概念的一些认识;提出学习支持服务质量保障的基本思想,即突出"以学生为中心,以学生发展为本"的质量保障思想,作为后续的研究基础。

　　远程教育是随着现代信息技术的发展而产生的一种新型远程教学形式。研究认为,开放教育是远程教育的一元模式,也称远程开放教育。作为远程教育的关键要素,面向学生的学习支持服务是专门为方便学生学习而开展的各类支持活动,从学生的角度谈学习、谈服务,更符合远程教育以学习者为中心的理念。随着社会的发展,学习支持服务内涵也发生了变化。从广义上说,学习支持服务是指远程教育院校通过构建以学生为中心的学习环境,向学生提供学习资源,使其完成学业,提高道德、职业素养及终身学习能力等全方位的支持活动。从狭义上说,学习支持服务是远程教育院校为确保学生的学习行为真实有效发生,对学生学习过程提供的教学交互及相关支持的活动措施。质量是远程教育的生命线。远程教育质量是指远程教育院校在遵循教育客观规律基础上,充分利用信息教育技术,培养学生、创新科研和提供社会服务的充分程度。远程教育质量保障是指政府、院校和其他相关主体根据预定的远程教育质量标准,发挥机构所有成员的力量,严格按照一定流程,认真实施并不断改进远程教育教学计划,最终达到预定质量目标,并不断提升质量的过程与措施。学习支持服务是远程教育的属概念,所以远程教育质量保障的相关规范,在一定程度上可用于对学习支持服务质量保障。学习支持服务质量是指支持服务水平高低和效果优劣的程度,衡量它的标准不仅指办学条件、培养过程和环节的标准要求,也包括学生的质量和规格,学生和社会对学习与教育的满意度。本研究提出"学习支持服务质量保障"的概念,体现了基于学生发展的质量观,有利于远程教育建立"以学生为中心,以学生发展为本"的质量保障体系。

第三章 学习支持服务发展阶段及质量影响因素

远程教育院校办学目标是面向不同类型的群体开放高等教育,增加人们接受高等教育的机会,推动高等教育的民主化进程。远程教育院校提供的教育必须是有价值的、高水平的,甚至在学习支持服务方面要比传统教育的质量更高[①]。如何理解学习支持服务质量?什么样的支持服务是有质量的?影响学习支持服务质量的因素有哪些?本章回顾了我国学习支持服务发展的几个阶段,分析了学习支持服务质量观及质量变化的原因,揭示了学习支持服务质量影响因素。

第一节 学习支持服务发展阶段

考察学习支持服务质量离不开远程教育发展历程。作为远程教育的重要构成因素,学习支持服务伴随着远程教育实践的产生,伴随着远程教育实践的发展而发展。

一、学习支持服务发展阶段

根据远程教育发展历程,结合远程教育政策形势,笔者将学习支持服务分为五个不同发展阶段。

1."符合规定性"阶段(1979年—1989年)

远程教育是社会发展、科技进步和经济建设发展到一定阶段,教育改革发

---

① 张少刚.远程教育发展理论与实践探究[M].北京:中央广播电视大学出版社,2015:103.

展的必然事物,包括函授教育、广播电视教育和网络教育等①。比较完备的远程教育发源于函授教育。函授教育时期的学习支持服务是远程教育学习支持服务的初级阶段②。服务形式主要以通信辅导为主加上少量的面授辅导,学习者以自学教材为主,基本上被动接受服务,技术手段比较落后。1969 年,英国开放大学成立。其成功运作为各国远程教育学习支持服务提供了宝贵的经验。英国开放大学成立运行时订立的标准包括:学习课程的内容有一定的深度和广度;在一定的时间内,事务在一定的水平上能得到妥善的处理;评价学生学业成就有稳定的标准。虽然这个标准只涉及课程、学习支持服务和学生评价三方面的内容,但却清晰地反映了早期英国开放大学对其远程教育服务质量的关注③。我国学习支持服务质量观的形成是在 20 世纪 70 年代末。20世纪 70 年代末,"文化大革命"结束,我国经济社会发展重新走上正轨,改革开放推动社会主义现代化建设全面铺开。1978 年 2 月 3 日,教育部、中央广播事业局向邓小平、方毅送交了《关于筹办电视大学的报告》,很快报告被批准。1979 年 1 月,中央广播电视大学在北京成立,除西藏、台湾外的省级广播电视大学也纷纷成立,一个覆盖全国的广播电视大学系统初步建立。随着全国广播电视大学系统的建立,我国远程高等教育进入新的发展时期。在这期间,我国高等函授教育、广播电视教育经过短暂的恢复发展,开始走向繁荣。1979—1989 年为学历补偿教育阶段。当时在学对象主要是在职职工、学校教师和城市青年,是被"文化大革命"耽误的青年人,整个学生群体优秀,学生求知欲望迫切。教学支持方面,主要采用广播电视、广播进行面授教学,授课教师为全国知名的专家学者。1979 年 2 月 6 日,中央广播电视大学和全国 28 个省、自治区、直辖市广播电视大学同时开学,王任重副总理出席开学典礼并讲话。华罗庚教授通过中央电视台给全国电大学生讲授第一节课。此阶段,广播电视大学遵循普通高校办学模式,在教学标准方面,教育部统一制定教学计划与教学要求;授课教师是本领域、本学科一流名师、专家;采取国家统一文化考试,学习支持服务目标及活动符合国家高等教育质量的统一标准。

2. "符合需要性"阶段(1990 年—1999 年)

从 20 世纪 90 年代开始,高等教育质量观发生了变化,转向重视人才社会

---

① 丁新. 国际远程教育研究[M]. 北京:高等教育出版社,2008:43.
② 丁兴富. 远程教育学[M]. 北京:北京师范大学出版社,2010:298 - 301.
③ 陈斌. 远程教育质量保障的史与思[J]. 中国电化教育,2011(3).

价值的教育质量观。重视人才社会价值的教育质量观强调人才满足社会发展的需要。1992年邓小平同志发表了加快改革开放的讲话,指出进一步推进改革开放对我国现代化进程意义重大,这给广播电视大学带来了新的发展机遇。20世纪90年代末,教育部陆续批准67所普通高校建立网络教育学院,启动中国现代远程教育试点工程,一些普通高校加入双重院校的行列。此阶段,广播电视大学利用网络开展远程教育,招生人数持续增加。学习者范围扩大,学习对象更为多元化,主要为普通高中、职业高中及相当学历的在职人员及社会青年。广播电视大学探索了多种形式、多途径的办学,以业余学习为主。教学手段上运用录音、录像、光盘、多媒体和网络教学。在质量保障上,中央广播电视大学60%以上专业学分的课程,由中央电大教学指导委员会、课程建设评审组、课程组、评估办公室等四个不同质量保证组织和部门进行审核和监控。全国各级电大统一考试时间、统一评分标准。中央广播电视大学进行人才培养模式改革和开放教育试点,招生规模、办学规模迅速扩大。1999年实行"宽进严出"的注册学习方式,只要参加入学水平测试即可注册入学。1999年6月,《中共中央国务院关于深化教育改革全面推进素质教育的决定》(以下简称《决定》)出台。《决定》再次强调我国应大力发展现代远程教育以及其他形式的继续教育,以此来满足人们日益增长的多层次、多形式教育需求,逐步完善终身教育体系。此阶段远程教育以服务社会、为社会培养各类合格人才为核心。专职教师与兼职教育合力为学生提供学习支持,学习支持服务主要是满足社会发展的需要。

3．"符合多样性"阶段(2000年—2011年)

随着远程教育的快速发展,网络学习资源建设备受关注。教育部提出要大力推动现代远程教育资源建设,确保资源建设质量。2000年教育部为了加强网络课程建设,颁布了《关于实施新世纪网络课程建设工程的通知》(教高〔2000〕29号)。同年,教育部批准了北京大学、北京师范大学等26所高校开展远程教育试点工作。2003年,教育部启动精品课程建设,以静态数字化学习资源为媒介,提供在线课程资源。广播电视大学也步入跨越式发展阶段,除了办学规模、招生人数突飞猛进之外,还注重基础设施建设,引进、开发先进的教学设备与技术,开发高质量的课程学习资源,促进和提高学生自主学习,不断向现代远程教育方向迈进。

2002年后,针对远程教育发展过程中的问题,教育部加强了远程教育办学质量的监控,正式发文开展年报年检,在《2002年度现代远程教育试点学校网络教育学院自查要点》中,将网络教育学院的办学定位、招生、考试、教学、资源、校外学习中心、学习支持服务等纳入检查范围,引导远程教育试点高校自查自检,加强内部质量监控。2006年,中央广播电视大学提出了多种媒体教学资源建设、教学过程控制、支持服务、教学管理、系统运作五要素为重点的质量保证体系,特别强调保证教学条件尤其是专业办学条件,提升教学质量,实现工作重心向提升教学质量、打造品牌、提升综合办学实力的转变。此阶段我国远程教育办学形成多元化态势。学习者需要更丰富的学习资源,更灵活的学习方式,相应地,学习支持服务符合"以满足学生需要为基础、以促进学生发展"多样性要求。

4. "注重内涵性"阶段(2012年—2018年)

2012年对中国远程教育而言是不同寻常的一年。随着2012年MOOC元年的到来,一些世界名校陆续推出大规模在线开放课程(MOOCs),在线教育市场在中国也进入高速发展时期。2013年1月,香港中文大学加入Coursera平台。5月,北京大学、清华大学、香港大学、香港科技大学等6所大学宣布加盟edX,9月,北大首批MOOC课程开课。2013年10月,清华大学发布了中国大陆第一个由高校主导的中文MOOC平台——学堂在线,这个学习平台发布清华大学及其他国内外优质MOOC课程。2014年5月,网易云课堂与"爱课程网"合作推出的"中国大学MOOC"项目正式上线,首批来自中国16所高校的56门课程使国内优质的开放教育课程资源得以传播。

2012年7月31日,国家开放大学、北京开放大学、上海开放大学在人民大会堂正式揭牌成立。随后,江苏开放大学、云南开放大学和广东开放大学也相继成立,"5+1"开放大学开始转型发展。开放大学在转型发展之际就面临竞争与挑战。随着教育与技术的深度融合,国家开放大学与省级开放大学相继开发基于自主学习的新平台。开放大学分级办学、分级管理,集中部署、系统运作,采用云计算技术,将学习平台、学生空间、教师空间等应用集中部署于云计算中心,所有数据存储于云计算中心,满足大量课程、百万级用户及高并发的需要,搭建国家开放大学"云平台",同时,支持系统师生利用电脑、手机、平板等多种终端通过网络访问。此阶段,学习支持服务聚焦提升师资水平,注重学校的内在品质和潜力挖掘,资源配置效率更高。

5. "探索高质量"阶段(2019年—　　)

高质量发展是2017年中国共产党第十九次全国代表大会首次提出的新

表述,表明中国经济由高速增长阶段转向高质量发展阶段。高质量发展是"十四五"乃至更长时期我国经济社会发展的主题。与之相适应,实现高质量发展、建设高质量教育体系,成为当前教育事业的紧迫任务。远程教育、网络教育,同样要紧紧围绕这个主题。教育部办公厅发布《关于服务全民终身学习促进现代远程教育试点高校网络教育高质量发展有关工作的通知》(教职成厅〔2019〕8号),指出,现代远程教育试点高校网络高等学历教育(以下简称网络教育)快速发展的同时要针对出现的问题,严把入口关,加强招生管理工作;严把过程关,规范人才培养环节;严把出口关,做好毕业管理工作;高校要将办学治校主体责任落到实处;教育行政部门要加强综合监管指导[①]。从2019年开始,开放大学打响了质量保卫战。2020年8月15日,教育部党组审议通过了《国家开放大学综合改革方案》,标志广播电视大学转型和开放大学发展进入了高质量发展新阶段。站在新时代,开放大学在改革推进过程中要牢牢把握提高教学质量这一核心[②]。

教育部发布的数据显示,我国接受高等教育的人口已达到2.4亿,新增劳动力平均受教育年限达13.8年。我国已建成世界最大规模的高等教育体系,在学总人数超过4 430万人,高等教育毛入学率从2012年的30%,提高至2021年的57.8%,实现了历史性跨越,高等教育进入世界公认的普及化阶段[③]。在中国高等教育大众化背景下,40余年来,国家开放大学(包括各地广播电视大学)累计招生2 142万人,毕业1 562万人。占全国受过高等教育或拥有各类专业技能人才总量的9%,占恢复高考以来我国大学毕业生总量的13%[④]。在高等教育普及化阶段,开放大学学历补偿的任务已经基本完成,面向未来是知识补充[⑤]。如今,开放大学建设进入新阶段,面临在线教育的挑战,开放大学要高质量发展,就要坚持学历教育与非学历教育并重,着眼于落实好立德树人的根本任务,形成集聚联动的优质学习资源,沟通衔接各级各类教育的机制平台,构建全方位、立体化的信息技术支持的泛在学习环境,以学

① 教育部. 教育部办公厅关于服务全民终身学习促进现代远程教育试点高校网络教育高质量发展有关工作的通知[EB/OL]. [2019 - 12 - 10]. http://www. moe. gov. cn/srcsite/A07/moe_743/201912/t20191216_412262. html.

② 荆德刚. 高质量发展背景下开放大学的愿景和路径[J]. 在线学习,2021(11).

③ 教育部. 我国接受高等教育人口达2.4亿[EB/OL]. [2022 - 05 - 21]. http://www. gov. cn/xinwen/2022 - 05/21/content_5691565. htm.

④ 曹国永. 发展在线教育服务人才培养[J]. 中国高等教育,2021(3/4).

⑤ 荆德刚. 高质量发展背景下开放大学的愿景和路径[J]. 在线学习,2021(11).

习支持服务质量提高促进人才培养质量提高。把握好外部"输血"与内部"造血"的平衡,提高师资队伍的整体素质和水平,保障育人质量、办学质量、科研质量。

由上述五个阶段看,学习支持服务发展逐渐摆脱了以地理为中心的局限,转向以课程、学科专业为中心提供支持,由单一辅导教师为学生提供支持转向由教师团队成员分工协作分布式为学生提供学习支持,由单一媒体形式的支持服务转向利用新技术多种媒体形式的支持服务。这些变化适应了时代的变革和社会的发展,较好地满足了广大学习者的学习需求。

二、学习支持服务质量观转变的原因

质量不是一种静态的,而是一种动态的、不断变化的卓越追求。学习支持服务发展的不同阶段,体现了质量处于不断变化的状态,体现了质量观的变化。质量观是对质量的认识看法,也指质量定位。质量观是质量内涵的外在表现,随着远程教育的不断发展,学习支持服务内容更加丰富,学习支持服务形式进一步完善,究其原因,主要在以下三个方面。

1. 质量意识变化

随着人们对质量的认知不断深入,质量保障措施不断创新,质量如今有了新的含义。远程教育承担了学习型社会建设的重大历史使命。远程教育早期从关注学校的办学质量转变到关注需求方(学习者)的质量;由内部质量控制转向关注中国整个高等教育乃至终身教育的质量链;从只关注内适性质量到同时关注内、外适性质量。主要表现在:一是质量竞争意识加强。竞争的基础之一是质量,远程高等教育强调公平、公正、公开,优胜劣汰,支持服务质量已成了远程教育竞争的焦点。二是质量参与意识强化。在高质量发展理念下,远程教育院校,特别是开放大学高层管理者日益重视学习支持服务质量,带动了学校全体教职员工由被动参与到主动参与到学校的质量监控与质量管理中。

2. 质量标准变化

普通高等教育的质量标准和保障框架是早期远程教育的主要参照对象。20世纪90年代世界发达国家的一些组织机构鉴于传统质量概念不能适应远程学习的发展特征,开始陆续开发出适用于远程教育的质量框架和指标体系。远程教育的质量标准主要集中在课程的开发与传送(与教学过程相关)、对教师和学生的支持(与支助服务相关)以及评估与评价方面,这不仅体现了远程教育的两大要素——课程教材的开发和学生支持的重要性,同时突出了远程学习中学习者的中心地位①。著名的英国开放大学采用的是欧洲远程教育大学协会的卓越标准。卓越标准由 6 个质量维度、35 个质量标杆、若干观测指标等三级体系构成。其中,一级质量维度包括战略管理、专业设计、课程设计、课程传送、员工支持、学生支持。我国教育部在 2000 年成立了现代远程教育技术标准化委员会,该委员会逐步制定出一系列符合我国国情的网络教育技术标准体系。质量标准要保持一定的稳定性,同时应根据情况变化进行适时的调整与修订。比如,国家开放大学质量标准由 1.0 版变成 2.0 版。2.0 版质量框架包括 12 个一级指标和 40 个二级指标,服务过程质量标准分为教学教务管理、学习环境、学习资源、学习支持服务和教学条件保障五个部分,强化了学习支持服务质量指标。学生个性化学习支持服务的质量环节主要有学生报名指导、入学考试摸底、自主选课、教材发行、面授辅导、线上小组活动、网络作业、期末考试、教学实践、毕业答辩、结业和毕业等指导、督促学生学习过程等,因此,学习支持服务质量指标包括目标与定位、学习技能培养和支持、辅导、咨询、对特殊学生的支持、毕业生追踪②。目前,开放大学学历教育已到了创优提质阶段③,相应地要出台新的教学质量标准及学习支持服务质量标准。

3. 质量控制方法及手段变化

从远程教育发展历程看,早期远程教育是教学者与学习者被动适应质量要求,如今,各远程教育院校主动满足学习者的个性化需求,在质量控制方法及手段上发生了巨大变化。与函授教育相比,现代远程教育教学媒介更加多样化,信息传播速度更快,并且能够实现信息的存储与反复播放。在印刷材料的基础上增加了音频和视频传播手段。一些学习视频在具备了直观形象性的同时也带有学习监控的特性,有利于对学生学习的及时干预。教学监控手段日益加强,学生学习评价系统变革加快,在互联网技术日新月异的当下,教育与技术的深度融合,利用人工智能技术、大数据分析,了解学习者的学习需求,监控教与学的过程,发现影响学习者学习动机、学习状态的关键节点,明确各

---

① 韩晓燕,张彦通.远程教育质量保证研究综述[J].远程教育杂志,2004(5).

② 郭青春.国际远程开放教育质量标准比较研究[M].北京:中央广播电视大学出版社,2014:156-157.

③ 荆德刚.高质量发展背景下开放大学的愿景和路径[J].在线学习,2021(11).

个节点上主要的干预措施已提上议事日程。

三、树立以"学生学习为中心"的质量观

对于远程教育的质量观,学者们多有探讨。研究者普遍认为,现代远程教育的质量观基本有两种:一种是一元质量观,即同一性的质量观,认为远程教育的质量应该向传统高校教育质量看齐,用同样的标准来衡量二者的质量;另一种是多元质量观,即多样化的质量观,认为远程教育作为特殊的教育形式,应该有不同于传统高校教育的质量特性。陈丽等提出了远程教育六大质量观①:① 从学生角度出发,只要学习者进步了,就是具有好的质量,即增值性质量观;② 从培养目标出发,只要学习者达到了预期的目标,就是有质量的教学,即目标性质量观;③ 从社会效益出发,只要培养出的学生符合社会和市场的需求标准,就说明教育质量过关,即市场化质量观;④ 从服务过程出发,过程达到标准是质量的体现,即标准性质量观;⑤ 远程教育需要跟传统教育区分,生源不同,培养目标也不同,其质量标准也需区别对待,即分立性质量观;⑥ 传统教育和远程教育只是形式上的不同,但是作为高等教育的组成部分其目的都是一致的,所以应采取同一性质量观。这六大质量观对我们树立学习支持服务质量观具有借鉴意义。学习支持服务是远程教育的关键因素,学习支持服务质量观同远程教育质量观紧密相联,但是又有自身的特点。新时代是信息技术变革的时代,是教育内容体系结构变革的时代,是教育结构和形式变革的时代。笔者认为,基于远程教育的质量观,新时代下学习支持服务质量观有如下特点:

1. 以生为本质量观

在教育发展的历史进程中,形成了知识本位、社会本位和学生本位的三种主要的教育价值观。长期以来,大多数教育质量评价行为反映的主要是社会本位的教育价值取向。从强化理念出发,远程教育中学习支持服务质量观的提出更为关注对学生"学"的评价考量。树立以生为本的质量观,就要提供优质的学习支持服务。优质的学习支持服务,一定是使学生满意的支持服务。在学习支持服务目标上,学校要依据学习者的需求设定学习目标。以"关心学习者的需要、学习者的利益、学习者的发展"为原则,在远程教育中尊重学习者

---

① 陈丽,沈欣忆,等."互联网＋"时代的远程教育质量观定位[J].中国电化教育,2018(1).

的权利和尊严,把学习者的根本利益作为一切学习实践活动的出发点和归宿。远程学习应该是自由的,而不是被迫的;是自主的,而不是被动的;是能选择的,而不是给定的。远程学习必须面对现实的成人,完善课程体系,改变教学模式和创新教学方法,满足学习者个性化的需求。确立以生为本的质量观要以学生的学习成果而不是教师的教学效果作为评价教学质量的重点。改变学生在质量保障中的角色,即从被动的研究对象到主动的参与者,使教师成为和学生一起进行学习评价的伙伴。

2. 多元化质量观

教育的对象是每个具体的学生,每个学生的进步和发展是当代教育质量观的核心内涵。远程教育努力使每一个学生都在原有的潜能和基础上实现最大的发展和提高,这是学校教育的根本追求。从学习者的个性及学习需求出发,要确立多元化的质量观,即每一位学生不求一样的发展,但都要尊重差异和弘扬个性的发展,服务内容应多样化、个性化。成人学习者随着年龄的增长,社会关系的范围相应扩大,且变得复杂,除了师生关系,他们还置身于同事、邻里、亲戚、朋友等关系之中。随着文化程度的提高和生活内容的丰富,他们进而置身于社会生产关系、政治关系、法律关系及伦理关系之中,且这些社会关系是各式各样、千差万别的。教师在远程教育教学中给予学习者学习选择权的基础上,要充分考虑到他们学习需求的多样化及个性化,发挥其主体性、能动性和创造性。因此,通过多元评价促进学生的个性化发展,这样的学习支持服务就是有质量的。

3. 增值性质量观

1985 年,泰勒(Terry Taylor)、迈克柯兰(Charles McClain)最早提出了增值评价法。增值评价法关注学生学习前与学习后的学习进步或发展的增值。美国高等教育著名评估专家奥斯汀(Astin)认为,这个增值是在一个教育过程开始时的"初始学生质量"与教育过程结束时的"当前学生质量"之间的差值,即学生质量的增值(value added)。学生的价值增值,体现在学生学习之后的各方面的改变和进步,学生学习和发展的变化越大,那么学校对学生发展的影响也就越大,因而学校的质量就越高[①]。增值性质量观是从学生学习成果出

---

① Astin A W. Achieving Educational Excellence: A Critical Assessment of Priorities and Practices in Higher Education[M]. San Francisco: Jossey-Bass, 1985: 23.

发,只要学生获得一定的学习增值,学习支持服务就是有质量的。2020 年 10 月,中共中央、国务院印发了《深化新时代教育评价改革总体方案》(以下简称《方案》),《方案》指出教育评价事关新时代教育改革发展方向和高质量教育体系建设,并提出了"改进结果评价,强化过程评价,探索增值评价,健全综合评价"的总体方向,为深化我国未来教育评价改革指明了方向,意味着探索与完善增值性学生评价将成为未来教育评价发展的重点任务与基本取向。增值性评价围绕学生,能有效地引导学校把全部资源与精力投入学生培养中,倾心关注教育全过程和学生个性发展全过程。我国远程教育正处在实现高质量发展的阶段,如何利用评价提高学习支持服务质量,促进远程教育高质量发展,提高开放大学的影响力与竞争力,增值性评价以全新的评价理念和评价方式为我们提供了新的破解思路。

4. 可持续发展质量观

可持续发展是人类社会发展的必然要求,更是人的成长、人的终身发展的内在需要。在衡量学校教学质量及学习支持服务目标是否达成时,学生的学习和发展处于核心地位。要根据学生的发展来调整学校的发展目标。高校教学质量首先是学生发展质量即学生在整个学习历程中所学的东西,即所知、所能做的及其态度。学生在认知、技能、态度等方面的收益是衡量高等教育质量的核心标准[①]。教育质量保障作为高等教育的永恒主题,其根本旨归是促进学生自由而全面的发展。从学生的可持续发展能力看,如果学校能够最大限度地促进学生的学习与发展,学习支持服务就是有质量的。学习支持服务本身具有长效性特点,可持续发展质量观坚持能力为重,注重学生的可持续发展能力。坚持可持续发展质量观需要坚持为社会可持续发展与为人的可持续发展服务的两个基本点,要在思想品德、知识建构、能力培养、行为养成等几个层面开展可持续发展教育。可持续发展教育是培养高尚人文精神和生活方式的教育,体现了创新人才培养模式的知行统一的宗旨。评价学生不仅限于学业成绩,同时需要涉及学生的情感、态度、价值观等各个方面。可持续发展的质量观以发展的眼光看待质量问题,强调质量的渐进,只要不断发展,就是质量。

---

① 陈玉琨.高等教育质量保障体系概论[M].北京:北京师范大学出版社,2004:59.

第二节　学习支持服务质量问题分析

经过 40 多年的探索,远程教育办学和实践经验的不断积累,特别是广播电视大学/开放大学的实践,对远程教育的发展做出了重大贡献。从本研究对远程开放教育调查情况来看,在学习支持服务实践中取得了一定的成绩,但是问题也不少。

一、学习支持服务存在的突出问题

1. 学习者趋易避难,追求学习目标达成的短、平、快

从人口学特征看,远程教育学习者是一个构成丰富、关系复杂的群体。他们在年龄、社会处境、学习风格、自身学习条件、个人学习成长经历、心理特点等方面都存在较大差异,因此,支持服务要满足每个学习者要求有一定难度。学习者在社会中具有较多的社会属性,扮演着多种角色,而且是带着一定生活经验与工作经验参与学习,他们投入学习的时间与精力都有限,因此,在出现工学矛盾(冲突)的情况下,有些成人学习者往往对学习进度掌握得不好,对教师依赖也比较强。特别是在学习功利化的影响下,不少成人学习者趋易避难,企盼省略学习过程,追求学习目标达成的短、平、快。而且,经验虽然为成人学习者的自我认同提供依据,但也可能形成学习偏见,导致成人学习者更大的个体差异,造成学习支持难以见效。

2. 教师服务意识不强,学习支持服务的供给能力不平衡

对远程教育而言,教师是文化知识的传递者,也是为学生提供支持服务的服务者。但是,一些教师缺少先进的理念与服务意识,或者理论与认识出现了偏差,不能将先进的理念融入学习支持中。尽管现阶段很多远程教育院校已组建了教师教学团队,但是,教学团队缺乏整体规划,团队成员的教学、科研的自觉性和创造性欠缺,学习支持服务的供给能力不平衡,主要表现为:部分团队成员参与网上实时教学活动次数少,在线互动时间少,线下也几乎没有面对

面的交流①。学习者的远程学习并没有真的发生。即使发生了，也只是表面的学习，而没有深层次的学习②。远程学习重在交流互动，但是，参与互动交流的学生常常因为不能及时得到教师的回复而感到气馁，这致使互动交流平台没有学习和交流的氛围，无法发挥应有的作用。互动交流平台流于形式，师生难以形成良性发展的学习共同体。教师导学、助学能力欠缺，一些教师依然停留在对知识层面的讲解上，导学、助学作用的发挥明显不足。另外，远程教学设计缺乏互动性、趣味性，绝大多数是文字的电子版，缺乏新意和个性化，无法吸引学习者的注意力、激发学习者的学习兴趣，更谈不上调动学习者自主学习的主动性和积极性③。可见，教师的远程服务意识与服务能力有待于进一步提高。

3. 学校缺少支持服务质量标准，质量监控运行机制不畅

质量标准是全面质量管理的基础。因此，要提高质量，必须建立质量标准。一些远程教育院校尚未建立和健全学习支持服务质量标准，对学校而言，学习支持服务系统与学习者需求之间还存在很大的差距。学习者渴望的是个性化、自适应的学习支持服务系统，能够实现自动推荐学习方法、主动推送学习内容、诊断学习问题、评价学习成绩等功能，为他们提供一个构造精细的、网状的、动态的、开放的学习环境，而这正是当下远程教育学习支持服务系统最为欠缺的。质量监控目的是通过一系列的措施达到规定的质量要求。就学校内部质量监控而言，包括课程、教学、学生学习和发展、教师发展等受控对象，质量监控的运行机制不畅，就难以针对学生多元化与个性化的学习需求，形成有支持的"自主学习模式"。由于缺乏质量意识，质量监控工作落实不到位，也难以进行更为有效、精准的学习支持。信息技术与学习内容的高度融合，使学习者需要更多的学习工具、媒体技术的支持，所有这些都呼唤着学校出台新的学习支持服务质量标准，建立健全以学生学习为本的质量监控机制。

---

①　崔新有.国家开放大学学习支持服务解决方案——基于国家开放大学江苏分部的实践与探索[M].北京:国家开放大学出版社,2018:77.

②　王秀凤.基于需求管理的远程学习支持服务优化策略[J].中国电化教育,2019(2).

③　王英.影响学习支持服务有效性的因素分析及对策[J].广播电视大学学报(哲学社会科学版),2013(3).

二、影响学习支持服务质量的因素分析

(一)学习者因素

1. 学习动力不足

远程教育学生多为未能进入普通高校的学习者,学习基础较差,自主学习能力欠缺,绝大多数学习者获取文凭的功利性和现实性较强,学习动力相对不足。对一些学习者而言,对线上学习不重视,能混则混,学习行为动机仍然需要教师的引导与激发。尽管许多学习者入学之初已经参加远程教育的入门学习,但是从心理上完全接受和适应这种教育形式尚需时日。而且相当多的学习者在专业选择方面也存在某种盲目性,对远程学习困难估计不足,没有做好心理上的充分准备。成人学习动机的理论表明,成人学习者的学习动机有一定的复杂性和特殊性,其结构并非单一,而是由各种不同动力因素构成的一个相对完整的系统。成人学习目的和学习动机有着不同于其他学习者的特点,是因为大多数学习者都有着固定的工作,从事着不同的职业,他们对学习的目的和愿望不仅仅是为获取知识和提升自己的专业素养,他们的学习动机与个人的基本情况、社会需求、职业的需要、心理上的成就感以及获取文凭后对工作和生活的改变等密切相关,这些因素都决定了他们多样化的学习需求,这些需求又导致了多样化的学习动机。没有学习动机,就没有学习。当学习动机很弱时学习就会减少[①]。

2. 自主学习能力、信息技术能力不强

不可否认,远程教育的学习者大部分具有较强的独立思维能力。但是,有相当数量的学习者自主学习能力欠缺,同时计算机操作不熟悉,网上学习技能缺乏,没有真正掌握远程学习方法,对学习资源的选择能力和学习自控能力明显不足,从而导致浏览网上课程、参与网上讨论、完成网上考试、提交网上作业等方面的障碍。因此,网络环境下有效的学习支持服务的价值首先表现为对学习者信息技术能力、自主学习能力的引领与培养,其中信息技术能力是自主学习能力养成的基础和前提。

---

① [美]Raymond J. Wlodkowski. 增强成年人的学习动机——一部全面的成年学生教学指南[M]. 张玉莲,郑一淳,等译. 北京:中国农业出版社,2013:3.

（二）教师因素

1. 学术水平与专业素养参差不一

普通高校有着浓厚的学术氛围，教师的学术水平与专业素养普遍较高。而长期以来，广播电视大学被视为教学管理机构，教师主要职责是教学管理，辅导教师常常陷于琐碎事务，忽视自身的专业发展。开放教育多样化，多层次的发展致使一些教师身兼数职，没有基本的时间和精力而疲于应付。目前，开放大学体系有 9.1 万名专任教师，3.4 万名兼职教师①。虽然专职教师与兼职教师人数庞大，但是，师生比很不理想，要对学生进行个性化的学习支持并不容易。面对新技术带来的挑战，一些教师在教育理念上仍固守旧念，害怕改革创新，改革动力不足，创新能力不够。特别是一些基层教师没有机会进修学习，学科水平与教学实施能力也难以提高。

2. 缺乏先进的管理理念，管理水平不高

目前，远程教育缺乏一整套完整的科学的管理机制，在教学管理实施过程中，还有许多重要环节沿用了以往传统教学管理的模式，教学、教务和技术这三者还没有有机进行整合，无法体现出网络化的特点，针对学习者的支持服务体系也不健全②。广播电视大学/开放大学在办学实践中，一些分部采用了"一体两翼，一院双职"的管理模式，即开放教育同中高等职业教育两种办学模式办学现象。截至 2015 年，国家开放大学办学组织体系内 44 所开放大学分部中，共有 27 所分部拥有普通中高等职业技术学院③，但这一模式的实践效果却不尽如人意。管理者对中高职教育与开放教育如何融合的实践路径并不清楚。主要因为管理人员缺乏先进的管理理念，尤其是一些管理者对开放大学的定位及转型升级的理念认识不清楚，措施不到位，导致学习支持服务低效。随着教育与技术的深度融合，针对管理中出现的新问题、新情况，管理者

---

① 荆德刚. 超越远程教育：世界开放大学校长谈疫后发展趋势［M］. 北京：国家开放大学出版社，2021：7.

② 李文辉. 高等学校远程教育存在问题及策略分析［J］. 湖北经济学院学报（人文社会科学版），2011(2).

③ 王文婷，狄勇. "一体两翼"型中心城市开放大学办学组织体系建设路径研究［J］. 南京广播电视大学学报，2017(2).

的服务水平有待提升,既有的管理模式也亟待改变。

(三) 学校因素

1. 信息技术迭代更新慢,基础设施落后

现代信息技术与教育的深度融合是远程教育的安身立命之本。虽然远程教育一直利用先进的传播手段开展教学,但随着信息技术的迅猛发展和在线学习平台的纷纷涌现,远程教育显得技术落后、迭代较慢,教学过程缺乏高技术含量,教学资源更新速度与学习者学习需求之间存在失衡现象。教育市场竞争日益激烈,教学资源与设备等层面却难以跟随扩招的步伐,导致教师数量与学习者数量之间存在失衡现象,信息化散、慢、乱现象突出①。例如,开放大学实施"两级统筹、四级办学",全体系有 45 个分部,3 600 余个学习中心,但总部与分部两级功能交叉、分工不明确。早期的广播电视大学办学系统的凝聚力强,且子系统与母系统的办学宗旨和目标相一致。但是,现在的开放大学建设中,子系统与母系统的办学宗旨和目标相分离所带来的办学系统功能弱化的现象日益显现,学习支持服务不平衡日趋突出。总部、各分校、各学院与学习中心发展不均衡,造成教育教学质量的很大差异。按照开放大学的新标准衡量,一些学习中心的图书资料设备、实验设备、师资等资源严重缺乏,或配置层次较低,严重影响了开放大学学习支持服务的成效。

2. 质量标准与质量监控不能与时俱进

我国高校继续教育尚未建立全国统一的质量标准和质量保证体系,也未纳入高等教育本科教学质量评估及高校整体办学评估指标中。由于没有统一的质量标准,远程教育院校往往各自为政,办学质量参差不齐②。在开放大学体系内,随着信息技术与教育教学内容的深度融合,学习资源形式和种类在不断地发生变化,现有的学习资源建设标准滞后于现实需求。一些省域开放大学无论理论课程、实践课程,还是技能课程,资源建设的数量与种类基本都是

---

① 荆德刚. 超越远程教育:世界开放大学校长谈疫后发展趋势[M]. 北京:国家开放大学出版社,2021:8.

② 赵宏,陈丽,王小凯. 现代远程教育政策发展脉络及问题分析[J]. 中国远程教育,2021(8).

一个标准①。对于云计算、人工智能、5G 等数字技术,增强现实(AR)、虚拟现实(VR)等新技术呈现的学习资源还缺少相应的建设标准。

质量是远程教育的生命线。学习支持服务质量标准是学习支持服务工作的纲领和行动指南,学习支持服务质量标准应符合新时代开放大学的使命与任务的要求。质量监控是规范学习支持服务行为的重要举措。由于开放大学体制机制原因,对质量监控力度不够,或质量监控不具效力,有时甚至导致"上有政策下有对策"的结果。质量监控在于持续监测、验证和分析,要彻底改变将学习支持服务质量监控等同于教学检查、等同于对教师教学行为的监控、等同于对学生的考试通过率的监控的做法,做到质量监控的智能化、系统性与全员性。

第三节　学习支持服务质量影响因素调查分析

通过以上对学习支持服务实践中存在问题的分析,我们有必要进一步概括学习支持服务质量的影响因素。本节以省域开放大学学习支持服务为研究对象,运用文献微分析法、德尔菲法及问卷调查法进一步识别学习支持服务质量的构成要素与关键维度,得出影响学习支持服务的要素为人力、技术、资源、导学组织、管理、文化(情感)六个方面,构建了理论模型,为提高远程教育院校学习支持服务质量提供借鉴。

一、基于文献微分析法的学习支持服务要素

如前所述,"学生支持服务"又被称为"学习支持服务""学习支助服务""教学支持服务"等,虽然名词术语有所区别,但就支持服务的内容来说,它们是基本相同的。国外学者多用学生支持,因为用"学生支持"或"学习者支持",可以提醒我们工作的目的就是支持学生。学生的核心活动是学习。因此,远程教育院校应该通过声誉,特别是通过建立在质量和学生支持方面的声誉,集中体现他们的价值②。学习支持服务由众多要素构成,具体究竟由哪些要素构成,

---

① 崔新有.国家开放大学学习支持服务解决方案——基于国家开放大学江苏分部的实践与探索[M].北京:国家开放大学出版社,2018:77.
② 魏志慧,希建华.远程教育和网络化学习中的学生支持——访国际远程教育知名专家艾伦·泰特教授[J].开放教育研究,2005(4).

国内外学者从不同角度进行了探讨。在此,我们选取了国内外 8 名学者的相关文献进行微分析,初步析出学生支持服务的要素。微分析是一种开放编码方式,目的是将资料拆分开,提出观念,让研究者深入资料中,将注意力集中到那些看起来相关但其意义仍然模糊的资料上,以思考各种可能的意义①。微分析着眼于从"维度"入手,最可能是在项目的一开始使用②。我们以类属—属性—维度三级编码作为理论模型的基本框架,如表 3-1 所示。

表 3-1 学习支持服务文献微分析属性—维度

类属	样本	数据(表述)	维度	属性
学习支持服务	n1 大卫·西沃特 David Sewart	包括但不限于在学习中心的集体教学;在学习中心或其他地方的个别辅导;年度住宿学校;学习或自助小组;社会活动;在学习中心的咨询答疑;辅导教师和顾问人员的通信指导;与辅导教师和顾问人员进行电话交流;集体电话辅导;广播辅导;通过录音带进行"通信交流";计算机媒介的通信;对学生有更多的持续关心	组织→学习中心 人员→辅导教师/顾问人员 学习过程→集体/个别/学习小组/社会活动 交互媒介→电话/广播/录音带/计算机 情感→持续关心	• 管理支持 • 人员支持 • 学习过程支持 • 资源支持 • 技术(设施)支持 • 情感支持
	n2 艾伦·泰特 Alan Tait	通过面授、函授、电话和万维网而进行的导学、咨询、学习中心的组织;通过电视或收音机进行互动教学以及其他活动 必须把准备教学材料的着眼点从提供内容转移到设计学习路径上,使学生在寻找和评价学习资料来源以及创建学习资源方面负起更大责任	组织→学习中心 导学→面授/函授/咨询 交互媒介→电话、网络/电视/收音机/万维网 资源→设计学习路径	• 管理支持 • 学习过程支持 • 资源支持 • 技术(设施)支持

---

① 林小英.分析归纳法和连续比较法:质性研究的路径探析[J].北京大学教育评论,2015(1).

② [美]朱丽叶·M.科宾,安塞尔姆·L.施特劳斯.质性研究的基础——形成扎根理论的程序和方法[M].朱光明,译.重庆:重庆大学出版社,2015:63.

(续表)

类属	样本	数据(表述)	维度	属性
学习支持服务	n3 奥蒙德·辛普森 Ormond Simpson	所有的活动已远远不止课程材料的开发和传送,只要能够帮助学生进步,使他们在学习上最终能取得成功的活动,包括认知支持、组织支持及情感支持	资源→课程材料/传送 认知 组织 情感	• 资源支持 • 认知支持 • 组织支持 • 情感支持
	n4 纳雷特·罗宾逊 Bernadette Robinson	怎样使学生很好地完成学业,包括怎样理解学习材料、怎样获得一个好成绩;如果学生有诸如课程注册或者参加考试等类似的需要联系学校才能解决的问题,学校就需要一些解决问题的方法;学生的个人问题也需要帮助,比如学生有可能在经济上遇到困难,影响到了他的学习,还有可能会遇到影响学习的健康问题等	学习过程→理解学习内容/学习方法 管理→课程注册/参加考试/解决问题 个人帮助→/经济帮助/健康帮助 ……	• 学习过程支持 • 管理支持 • 情感支持
	n5 丁兴富	师生之间或者学生之间的人际面授交流活动和基于信息通信技术媒体的双向交流;远程学生在远程学习时接受的各种信息的、资源的、人员的和设施的支助服务的总和	交互→师生/生生/人机 信息 资源 人员 设施	• 学习过程支持 • 信息支持 • 资源支持 • 人员支持 • 技术(设施)支持
	n6 丁新	学习资料、教师指导、辅助讲座、学习方法课程都是学习支持服务的重要内容,从中国学生的实际看,通过心理咨询,减轻学习压力等支持服务	资源→学习资料 教学辅导→内容/方法 情感→心理咨询/减轻压力	• 资源支持 • 学习过程支持 • 情感支持
	n7 陈丽	学生支持的内容框架包括:文字媒体、音像课件及直播课堂、网络、面授辅导、学习小组、电话答疑及语音信箱。建设"以学生为中心"的学习环境,向学生提供情感、组织管理和专业素养等全方位的支持	资源→文字/课件/直播 教学辅导→在线/面授 交互媒介→电话/信箱/ 情感 组织管理	• 资源支持 • 学习过程支持 • 情感支持 • 组织管理支持

（续表）

类属	样本	数据（表述）	维度	属性
学习支持服务	n8 周蔚	为远程学习者解决学习困难和问题,提高远程学习有效性而提供的各种类型的帮助活动,包括资源服务、技术设施支持、学习过程服务和行政管理服务等	活动→解决困难/问题帮助 资源 技术设施 学习过程 行政管理	• 学习过程支持 • 资源支持 • 技术设施支持 • 行政管理支持

学习支持服务构成要素几乎是无限的[①],而且,每个学者不同时期的论述也有不同的侧重点。在此只撷取权威学者在某一阶段对"学习支持服务"典型性、代表性且有着较为清晰的内涵与外延的表述进行分析。"学习支持服务"是类属,表中第5列为属性,第4列为维度。从文献中寻找出概念类属,提取关键词并命名,最终提炼出8个开放式编码,分别是人员支持、学习过程支持、资源支持、管理支持、技术设施支持、认知支持、组织支持、情感支持,由此初步确定学习支持服务构成要素模型,如图3-1所示。

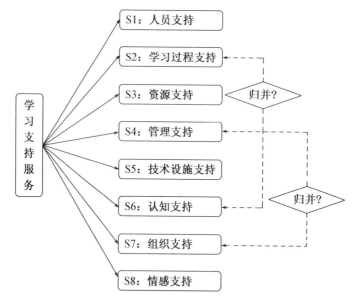

图3-1　基于文献微分析法的学习支持服务构成要素初步模型

① 艾伦·泰特. 开放和远程教育中学生学习支持之理念与模式[J]. 陈垄,译. 中国远程教育,2003(15).

二、基于德尔菲法的学习支持服务要素识别

1. 研究方法

为获得对学习支持服务要素的相对权威的认识,采用德尔菲法,征询专家关于学习支持服务构成要素的预测意见,以确保问卷量表中题项的完整性和表述的清晰性。第一轮通过传送邮件邀请 20 名远程教学与管理的专家依据自己的专业知识和丰富的经验对学习支持服务要素因子独立自由地做出自己的判断;第二轮以咨询权重为主,对学习支持服务要素因子进行修改或增删。经过两轮意见征询和修正,使专家的预测意见趋于集中,获得对学习支持服务要素的理解与认识,整理并优化出学习支持服务要素因子与维度。

2. 研究假设

结合第一部分对学习支持服务要素的编码及 20 位专家的意见,初步制订本次研究问卷的初始测量题项。将"学习过程支持""人员支持"分别以"导学支持""人力支持"命名。将"信息支持"具体维度归并到"导学支持"或"技术支持"二类中,将"设施"归并到"技术支持"中。专家们一致认为,学校文化氛围很重要,文化氛围也是一种情感支持,故将文化与情感因素相联,以"文化(情感)支持"命名,最终得到导学支持、技术(设施)支持、资源支持、人力支持、管理支持及文化(情感)支持 6 个因子,得出 H1—H6 研究假设,即人力、技术、资源、导学、管理、文化分别是支持服务构成要素的一个重要维度。

3. 调查统计分析

基于以上构成要素的假设,课题组将初步研究结果反馈给专家,再搜集各位专家的反馈信息,针对每个维度的具体测量题项进行判定。由于提供学习支持服务角色的多样性,课题组扩大了专家人数。对专家(包括课程负责人、课程辅导教师、管理者)共 50 人进行问卷调查。其中,单一管理者 14 人,单一课程负责人 10 人,单一课程辅导教师 2 人,既是管理者又是课程负责人 3 人,既是管理者又是课程辅导教师 21 人。课题组分别发放调查问卷 50 份,收回有效问卷 50 份,有效率为 100.00%。专家的积极系数为 100%,专家权威程度平均值大于 0.70,说明本次调查的专家权威程度较高,结果可取。将题项分为不重要、不太重要、一般、重要、非常重要五个等级(以 0.2,0.4,0.6,0.8,

1.0 分别赋值),用 SPSS 26.0 进行统计分析,运用加权平均数对因子的重要性进行判别,当 Mi>4 时,表明该因子有非常重要的作用;当 3.6<Mi<4,表明该因子有重要的作用;当 Mi<3.6 时,表明该因子的重要程度较小(其中 Mi 表示专家对第 i 个因子的评分等级)。再一次结合专家的指导意见,发现初始问卷设计中所存在的一些问题,修正了部分测量题项,如,将"及时回复学生学习问题及其他问题""提供文本、多媒体学习资源"分别改为"辅导教师能够及时解决学习过程中的困难和疑问""学习过程中提供文本、多媒体等多种类型的学习资源";删除重要程度较小的因子(均值偏小,离散度大),如删除"提供可供选择的修读年限"(均值 3.54,标准差 1.192),"有校训、人文标志等"(均值 3.54,标准差 1.088),"有学生心理工作机构或专职人员"(均值 3.48,标准差 1.030),最终归并成 6 类 24 项:① 人力支持(工作态度、专业能力、辅导能力、问题解决、团队协作);② 技术支持(移动学习、技术培训、技术问题);③ 资源支持(类型多样、科学准确、数字化资源、支撑自评);④ 导学支持(选课指导、师生交互、面授辅导、学业提醒、教学反馈、个性化辅导);⑤ 管理支持(制度保障、考试预约、实践督导、经济扶助);⑥ 文化(情感)支持(校园文化、情感支持)。

三、学习支持服务要素因子验证

由于德尔菲法所得到的调查结果取决于专家对调查对象的主观看法,因此不可避免地会受到专家认识上的制约,所以有必要通过较大规模的调查进一步检验因子的可行性和有效性。调查问卷分为两部分:第一部分为基本信息,第二部分为学习支持服务因子重要性判定。使用李克特 5 级量表测量对学习支持服务因子及维度的重要性是否的看法,分别用数字 1～5 表示非常不重要、不重要、一般、重要、非常重要。共发放问卷 316 份,回收问卷 316 份,对其中的无效问卷进行剔除,最终获得有效问卷 272 份,有效问卷率为86.08%。

1. 样本基本信息

调查样本分布情况,如表 3-2 所示。

表 3-2 样本分布情况

类别	内容	数量	数量总计	百分比	百分比总计
性别	男	125	272	45.96%	100%
	女	147		54.04%	
所在机构	省校	18	272	6.62%	100%
	各市开放大学	124		45.59%	
	学习中心(县教学点)	130		47.79%	
角色	课程负责人(单一角色)	19	272	6.99%	100%
	课程辅导教师(单一角色)	162		59.56%	
	课程负责人兼辅导教师	52		19.12%	
	课程辅导教师兼管理者	39		14.34%	
从事辅导工作的年限	3 年以下(含 3 年)	43	272	15.81%	100%
	3~5 年(含 5 年)	46		16.91%	
	5~10 年(含 10 年)	75		27.57%	
	10 年以上	108		39.71%	

从表 3-2 提供学习支持服务的人员构成看,女性占比为 54.04%,多于男性;学习中心人数占比最多,为 47.79%,各市开放大学次之,为 45.59%,省校为 6.62%;从提供学习支持服务角色看,最多的是课程辅导教师,占比 59.56%,课程负责人兼辅导教师占比 19.12%,课程辅导教师兼管理者占比 14.34%,课程负责人(单一角色)占比 6.99%;从事辅导工作年限 10 年以上最多,占比为 39.71%,最少的是 3 年以下(含 3 年),占比 15.81%。

2. 变量的平均值与标准差

运用 SPSS 26.0 对 272 份有效问卷所获得数据最大值、最小值、均值、标准差进行统计分析,如表 3-3 所示。

表 3-3 描述性统计

一级因子	二级因子	样本数	最小值	最大值	均值	标准差
A—人力支持	A1—工作态度		1	5	4.59	.824
	A2—专业能力		1	5	4.45	.858
	A3—辅导能力		1	5	4.15	1.059
	A4—问题解决		1	5	4.61	.779
	A5—团队协作		1	5	4.31	.968
B—技术支持	B1—移动学习		1	5	4.43	.923
	B2—技术培训		1	5	4.53	.867
	B3—技术问题		1	5	4.46	.892
C—资源支持	C1—类型多样		1	5	4.50	.842
	C2—科学准确		1	5	4.43	.882
	C3—数字化资源		1	5	4.24	.978
	C4—支撑自评	272	1	5	4.36	.906
D—导学支持	D1—选课指导		1	5	4.40	.955
	D2—师生交互		1	5	4.42	.901
	D3—面授辅导		1	5	4.29	1.013
	D4—学业提醒		1	5	4.60	.805
	D5—教学反馈		1	5	4.47	.888
	D6—个性化辅导		1	5	4.41	.933
E—管理支持	E1—制度保障		1	5	4.45	.959
	E2—考试预约		1	5	4.25	.993
	E3—实践督导		1	5	4.43	.946
	E4—经济扶助		1	5	3.91	1.234
F—文化（情感）支持	F1—校园文化		1	5	3.91	1.210
	F2—情感支持		1	5	4.38	.877

在本研究中,测量题项的均值越高,说明对于学习支持服务要素构成越重要。所有题项平均值均大于3.6,这说明各测量题项对学习支持服务构成有重要影响。从"A－人力支持"一级因子看,"A4－问题解决"项得分最高,均值为4.61,标准差为0.779,这说明"为学生解决学习问题"是非常重要的因素,被调查者达成比较一致的看法。"A3－辅导能力"项得分最低,均值为4.15,被调查者意见离散性大(标准差1.059)。在"B－技术支持"一级因子中,"B2－技术培训"项得分最高,均值为4.53。在"C－资源支持"一级因子中,得分最高的是"C1－类型多样",均值为4.50,最低的是"C3－数字化资源"(均值4.24),说明被调查者对电子图书馆认可度相对较低。在"D－导学支持"一级因子中,最高项为"D4－学业提醒"(均值4.60),最低项为"D3－面授辅导"(均值4.29)。在"E－管理支持"一级因子中,"E1－制度保障"得分最高,均值为4.45,得分最低的是"E4－经济扶助"(均值3.91,标准差1.234),由此可见,被调查者对该因子的认可度相对较低,从离散系数看,存在较大分歧。在"F－文化(情感)支持"一级因子中,"F1－校园文化"均值为3.91,被调查者存在较大分歧(标准差1.210)。从实际情况看,对于远程教育院校,需不需要有校园文化一直存有争议。有教师认为,对学生支持服务的承担者来说,最主要任务还是在于帮助学习者完成学业,不需要"虚"的东西。这点从因子中得分最高的"A4－问题解决"项(均值4.61)可以印证。

3. 信度与效度分析

采用SPSS 26.0软件对问卷进行信度检验。Cronbach's α系数为0.967,6个一级因子组成信度分别为0.902、0.871、0.914、0.919、0.744、0.702,表示测验或量表的内部一致性良好,问卷信度较高。

效度是指量表能够准确测出想要测量的变量的程度。按照KMO检验方法,KMO值越大,表示越适合进行因子分析。结果显示,样本的KMO系数为0.952,样本分布的球形卡方检验值为5 995.045,自由度为276,显著性水平为0.000,这说明量表的效度结构良好,数据适合做因子分析。

4. 因子提取验证与理论模型

进一步运用主成分分析法,基于24个测量题项所构成原有变量的相关系数矩阵提取因子,累计方差贡献率为69.40%。所有测量题项的负载值均大于0.5,符合因子分析的要求。清晰得到具体的因子分析结果,可以提取6个因子,即人力支持(5个题项)、技术支持(3个题项)、资源支持(4个题项)、导学支持(6个题项)、管理支持(4个题项)及文化(情感)支持(2个题项)。根据验证性因子分析结果可得出学习支持服务构成要素分为6个维度,这6个维度累计方差解释比例>65%能代表原有的变量信息。6个维度对于学习支持服务构成的重要程度按照方差解释比例依次递减,即导学支持>资源支持>人力支持>技术支持>管理支持>文化(情感)支持。结合专家对学习支持服务各因素重要程度排序(第一位是导学支持,第二位是资源支持,第三位是人力支持,第四位是技术支持,第五位是管理支持,第六位是文化(情感)支持)调整顺序,最终得到学习支持服务要素理论模型如图3-2所示。

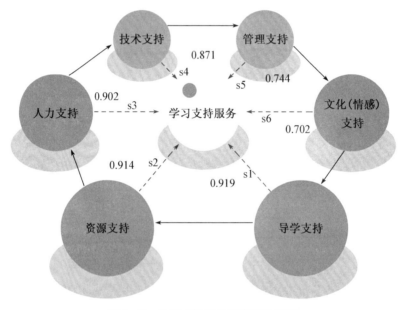

图3-2 学习支持服务要素理论模型

图3-2表明,学习支持服务要素包括:① 导学支持。导学支持是院校教师为学生学习提供的各种信息咨询和辅导答疑。在远程教学中,没有教师的有效指导与帮助,学生学习就失去了支撑,所以重要性最为突出,研究结果表明,导学支持是学习支持服务最为核心的要素。② 资源支持。资源支持是为学生提供的各种课程材料、学习材料,这对远程学习支持服务质量影响较大。"互联网+"时代,学习材料已不限于印刷教材、音像教材、多媒体课件,智能化、数字化的学习资源会使教与学更为科学、合理且有针对性,因此其重要性不言而喻。③ 人力支持。人力支持是围绕学生学习所涉及的人员帮助,包括院校教师、教学管理人员、技术人员及其他社会成员对学生遇到的各种学术与

非学术问题提供的帮助与服务,也是影响学习支持服务质量的关键因素。"互联网＋"时代,远程学习的人力支持出现新形态,即以师资团队协作形式呈现,在线教育环境下,不同人员组成团队共同提供教育服务将成为常态①,所以,建立学习共同体非常有必要。④ 技术支持。技术支持是指远程教育得以开展的各种技术和设施。互联网时代,人工智能、大数据技术的使用使得技术在远程学习中地位逐渐提高。但是,任何时候教师都不能被技术取代,教师与学生的有效互动会使学生学习更有成效。相较于前三类支持,技术并不是影响学习支持服务质量最重要的因素。⑤ 管理支持。管理支持是指院校对学生学习行为的监控、评估,对学生的管理与服务。远程学习管理支持可有效促进学生学习,是影响学习支持服务质量的重要因素。⑥ 文化(情感)支持。文化(情感)支持是针对远程学习缺乏交流而提供的。创设良好的校园文化氛围,会使学生有归属感,而帮助学生解决各种心理或情感方面的问题,可以消除其孤独感,增强学生学习自信心。这类支持重要性感知分不高,有待重视。

四、结论与期望

利用文献微分析法及德尔菲法获取学习支持服务要素因子与维度,再通过调查对学习支持服务要素及维度进行验证分析,主要得出如下结论:

1. 学习支持服务构成要素是一个复杂多维概念

基于省域开放大学视角,将学习支持服务构成要素划分为 6 个维度,即导学支持、资源支持、人力支持、技术支持、管理支持及文化(情感)支持。其中,导学支持包括 6 个因子指标,资源支持包括 4 个因子指标,人力支持包括 5 个因子指标,技术支持包括 3 个因子指标,管理支持包括 4 个因子指标,文化(情感)支持包括 2 个因子指标。根据因素方差解释量法,学习支持服务的 6 个构成维度一共解释了总量表的 69.40%,具有一定的效度,因此,构建了学习支持服务要素概念模型。在远程教育教学与管理中应当注重这 6 个因子对于学习支持服务质量的影响。

2. 通过对比测量题项的平均值发现,总体均值相差不大,说明各因素都比较重要

"辅导教师能够及时解决学习过程中的困难和疑问"(4.61)、"及时提醒或

---

① 余胜泉.大规模在线教育后将呈现教育新生态[N].光明日报,2020 - 05 - 12.

督促学生完成作业"(4.60)项平均值很高,"学校提供学生奖学金、助学金机制,分期付款、贷款等助学服务"(MD=3.91)、"学校定期组织校园活动,开展校园文化建设"(3.91)平均值最低,这说明远程教育教学中,教师能够帮助学生解决实际的学习问题及不断督促学生完成作业很重要,这与实际情况相符。"经济资助"要素不太重要,这是因为成人学生多为在职求学,远程学习学费并不高。而对于隐性层面的校园文化要素,一些教师与管理者认识可能还不到位,还缺乏对学习支持服务的完整深刻的感受和认知。

从省域开放大学教师及管理者视角,对学习支持服务要素进行识别,对远程学习支持服务质量保障具有一定的指导意义和参考价值。但是,由于学习支持服务是面向学生的支持与服务,因此,作为最重要的利益相关方,学生最有发言权。从学生视角考虑学习支持服务质量影响因素很有必要。此外,各个远程教育院校提供的学习支持服务本身的力度、广度和深度也有所差异。虽然,问卷的设计和量表的开发基于文献阅读和实践探索,仍难以避免存在一定的主观性,需要在后期研究中继续进行修正和完善。

本章小结

学习支持服务质量保障的前提是要厘清质量观。质量观是指人们对质量的看法。本章基于远程教育发展历程,结合远程教育政策形势,将学习支持服务发展分为五个阶段:① "符合规定性"阶段;② "符合需要性"阶段;③ "符合多样性"阶段;④ "注重内涵性"阶段;⑤ "探索高质量"阶段。由五个阶段发展得出学习支持服务质量观转变原因在于质量意识变化、质量标准变化、质量控制方法、手段变化等多种因素。新时代要树立以生为本质量观。在学习支持服务目标上,学校要依据学习者的需求设定学习目标。在远程教育中尊重学习者的权利和尊严,把学习者的根本利益作为一切学习实践活动的出发点和归宿。树立多元化质量观。远程教育努力使每一个学生都在原有的潜能和基础上实现最大的发展和提高,尊重差异和弘扬个性的发展,服务内容的多样化、个性化。树立增值性质量观。学生的价值增值,体现在学生学习之后的各方面的改变和进步。从学生学习成果出发,只要学生获得一定的学习增值,学习支持服务就是有质量的。树立可持续发展质量观。应坚持能力为重,注重学生后续学习与终身学习需要的可持续发展能力,如果学校能够最大限度地促进学生的学习与发展,学习支持服务就是有质量的。

　　经过 40 多年的探索,远程开放教育在学习支持服务方面取得了一定的成绩,但是也存在一些问题,主要表现在:学习者趋易避难,追求学习目标达成的短、平、快;教师服务意识不强,学习支持服务的供给能力不平衡;学校缺少支持服务质量标准,质量监控运行机制不畅等。从学生、教师、学校三个方面分析了原因:学习者缺乏引导,学习动力不足;自主学习能力、信息技术能力不强。教师由于体制机制原因,学术水平与专业素养参差不一;管理意识及服务水平欠缺。学校的信息技术迭代更新慢,基础设施落后;质量标准与质量监控跟不上发展等。面对远程教育学习支持服务的问题,本章最后以省域开放大学学习支持服务为研究对象,运用文献微分析法、德尔菲法及问卷调查法进一步识别学习支持服务质量的构成要素与关键维度,得出影响学习支持服务质量的要素为人力、技术、资源、导学、管理、文化(情感)六个方面,通过量化与质性研究构建了理论模型,为后续研究奠定基础。

第四章 学习支持服务质量保障国际视野

1969年英国建立了第一所开放大学之后,世界各国掀起开办远程开放教育的热潮,许多国家都仿效其运作模式,建立本国或地区的远程开放大学。据不完全统计,世界目前有百余所独立设置的开放大学①。有50多所用开放大学命名的学校,而具有开放大学性质的学校和机构多达1400多个②。在不同教育文化的背景下,世界各国的开放大学形成了各自特色的学习支持服务模式。显然,每一类型院校的成功无不说明其学习支持服务模式的有效性,而这种有效性是以体系的完备性和必要的质量保障为基本条件的。因此,探索世界不同的学习支持服务质量保障的异同,对于提高远程教育质量及"办好开放大学"有着重要的借鉴意义。

第一节 英国开放大学学习支持服务质量保障

英国开放大学于1969年6月获英国皇家特许令批准创办以来,积极开展远程开放教育实践,开展大学本科、研究生层次教育,可以独立授予学士、硕士、博士等学位,成为远程教育人才培养的典范。

一、人才培养及质量保障目标

英国开放大学将自身定义为"为全民提供高质量的远程教育"的大学,视质量为办学的核心;将使命定为四个开放,即人的开放、思想的开放、地点的开放、方法的开放,以期"为希望实现自我价值的全体民众提供高质量的大学教

---

① 李亚婉.世界开放大学现状分析与趋向研究[M].北京:中央广播电视大学出版社,2011:15.

② 金丽霞.世界若干开放大学的共性特征以及基本经验[J].江苏广播电视大学学报,2011(5).

育,进而促进教育机会公平和社会公平"。在《2022—2027 年英国开放大学战略规划》中,英国开放大学将自身领先的原因认定为"致力于创造性地开展高质量的灵活学习以及卓越的研究"①,将为学生提供优质的学习支持服务作为一切工作的核心。"为了确保每个学生都能取得他们所追求的成功,将在课程设计、教学和对学生的支持方面发挥卓越的品质"。在《学生宪章》中明确提出:① 尊重每一位学生;② 以对学生的启发和激励为发展核心;③ 与学生共同承担学习的责任;④ 与学生共同维护英国开放大学使命,推广开放大学价值观②。由此可见,学生在英国开放大学的中心地位。

二、质量保障中的学习支持服务

1. 专业化和高水平的师资队伍为教学服务

英国开放大学拥有专业化和高水平的师资队伍。开放大学教职员工由专职和兼职人员组成,专职人员包括核心学术人员、学术辅助人员、责任教师和其他支持人员四类。核心学术人员负责课程开发、科研和部分教学工作;学术辅助人员主要负责与教学和科研相关的管理工作;责任教师由学校本部的核心学术人员兼任,除日常工作外,还负责地区学习中心的学术事务;其他支持人员负责财务、后勤、技术支持、非学术事务管理等外围工作。专职教师中有60%的人具有博士学位。截至 2016 年,英国开放大学共有 1 100 名全职学术教职员工、6 500 名辅导教师和 3 500 名辅助人员③。全职学术教职员工和兼职辅导教师的职责有所不同:前者以课程开发、研究和教学为主,其中许多人是世界一流的学者;后者包括教育指导教师和课程指导教师,分别负责学生第一学年的学习指导与第 2 学年的学业指导,拥有丰富的辅导专业经验。专职教师能够做到把最新的科研成果反映到所开发的课程之中,用科研引导教学,而辅导教师直接面对学生,提供面授教学、网上支持服务。英国开放大学有严格的教师配备标准,一名辅导教师最多可辅导 25 名学生,以此保证教学和支

---

① The Open University Strategy. https://www. open. ac. uk/about/main/sites/www. open. ac. uk. about. main/files/files/learn-and-live-ou-strategy-2022-2027. pdf.

② 张佳妮,江颖. 学习支持服务如何使远程教育更有吸引力:英国开放大学 MILLS 对我国远程教育的启示[J]. 外国教育研究,2019(6).

③ The Open University in Facts and Figures[EB/OL]. [2014 - 10 - 20]. http://www. open. ac. uk/about/main/strategy/facts-and-figures.

持服务的质量。

2. 提供全过程和全方位的学习支持服务

英国开放大学以完善的支持服务保障整个教与学过程。完善的支持服务充分体现了以学习者为本的办学理念。例如,对于入门的学生,在课程学习前有细致入微的学习存活指导(Survival Guide),辅导教师通过发邮件、打电话介绍自己并告知怎样教这门课,学生会获得什么样的资格证书,还为学生提供支持服务的专题内容,邮寄或发送给学生纸质或电子的课程学习材料"教材包"。在学习过程中,由辅导教师(AL)进行学术支持服务,由学生支持小组(SSTs)进行非学术支持服务。英国开放大学的学习支持服务团队遍布各学习中心,整合所有的服务,符合当地独特的文化背景。英国开放大学对于特别人群进行个性化的支持服务。例如,对于"学困生",教师会给予特别的关注,辅导教师会确认他们认为在入门课程中处于失败边缘的学生,并在一定的资金支持下对这些学生提供额外的帮助,进行一至两个小时的补课。重视对残障学生的支持,有针对性地发放课件材料,如对失明的学生,使用音频材料;对听力有障碍的会请手语翻译等。英国开放大学还为学习者提供短期住校学习的支持服务条件,学习者可以住在学习中心参加部分课程的面授学习、现场交流等学习活动。这种线上线下相结合的支持服务成为英国开放大学远程开放教育的典型特征。

3. 为学习者提供制作精良的高质量的多媒体学习资源

英国开放大学通过课程组机制精心设计和制作高质量的多媒体学习资源。为确保课程教学质量,英国开放大学组成了强大的课程开发与设计团队,投入了大量的时间和人力。英国开放大学制定了一套严格的教材编写、审查规程。由学科专家、课程设计人员、媒体制作人员和评估专家组成课程组。课程内容涵盖基础、专业、综合等若干个层次,并辅以庞大的辅导教师团队,通过电子邮件系统或学习平台进行知识学习的过程交流。课程组还为学习者提供了丰富的图书资源,包括各类期刊、专业书籍、产权专利等,这些线下资源作为线上学习的补充能够更好地为特殊群体进行学习支持服务,比如为偏远地区无法到达学习中心的学生提供可用的图书信息,为听力障碍学习者提供特殊电话服务等。英国开放大学推出 Future Learn、Open Learn 等数字平台,平台上不但有英国开放大学制作的课程,也有其他合作方提供的内容;不仅将高质量课程内容嵌到平台中,还将社交网站内嵌到平台,可以实现师生、生生的有效互动①,创新了学习者参与的模式,增进了学习者之间的沟通互动。

三、质量监管与评价

英国开放大学制定的《开放大学质量与标准指南》为内部质量保障的结构化和程序化安排提供了指导。英国开放大学在质量目标上要求自己的课程教学质量要与普通高校相同,甚至高于英国的其他普通高校。学校内部设立课程评估委员会,开展经常性的评估和检查。对教材、教学水平、支持服务能力、考试命题质量及专职教师等都有严格的检查评估制度。例如,教育技术研究所通过技术手段对教学质量、媒体利用情况、课程教材使用情况、学生学习情况、学习保有率进行评估和监控,对学生毕业、结业情况等进行年度调查。

英国开放大学突出管理层的监管责任,通过监管委员会、理事会把握学校课程建设方向。监管委员会负责学校整个学校发展方向,理事会负责教学类研究、学术类研究发展。英国开放大学有 8 个学院,学院院长全面负责学院管理、课程建设工作;课程项目主任监管课程方案、学生的保有率等;学院委员会委员负责课程监督;课程主持教师对辅导教师辅导学习情况进行监管,监管有三方面目的:一是确保学校的愿景与运营管理之间相契合;二是确保社会的办学宗旨,即社会使命能落实;三是对学校制定的策略及成效进行监管②。

英国开放大学为了对学生学习保有率进行监测,开发了一个"课程通过率模型"(Course Pass Rates Model),用来对预测通过率和实际通过率进行比较,使用的统计指标称为"z-score",用来测量显著性差异。该模型可以用来评估课程,看它们哪些方面做得特别好(一个很高的正 z-score 得分)或者特别不好(一个很高的负 z-score 得分)。举例来说,有门课程的预测通过率为 59%,而实际通过率是 53%,会得到 z-score 的分值为 -2.95,与其他课程相比,这个得分很不理想,意味着该门课程需要进一步评估,以发现为什么特别不好③。通过对学生学习进度及时监测记录,英国开放大学不但从技术层面实现了对学生的支持,而且,更好地贯彻了"对学生持续关注"的理念。

---

① 章玳. 英国开放大学课程建设新发展及启示[J]. 河北广播电视大学学报,2015(6).

② 章玳. 英国开放大学课程建设新发展及启示[J]. 河北广播电视大学学报,2015(6).

③ [英]奥蒙德·辛普森. 远程教育学生支持服务的理论与实践[M]. 刘永权,译. 北京:中央广播电视大学出版社,2013:184.

英国开放大学为保证质量,使学习支持服务工作更为有效,成立了专门的学习支持服务部,通过总部以及覆盖全国的区域办公室和学习中心运行。英国开放大学的学习支持服务采取纵横结合的管理模式。纵向上,总部与区域中心以垂直管理的模式沟通,分工明确,职责分明;横向上,区域学习中心与总部相关教学、科研和管理部门保持密切联系,沟通渠道畅通,信息反馈及时①。

校务委员会(Council)和学术评议会(Senate)为学校两大最高权力机构,实现了决策和运行的分离。在这两大机构之下建有多个委员会负责具体事务。比如学术评议会就下设学术质量和治理委员会(The Academic Quality and Governance Committee),负责管控学术质量和标准,对接校外评估,确保学术和教学质量。委员会的治理范式充分体现了英国高等教育从传统的学术团体自治到利益相关群体参与治理的转变。扩大学生参与、保证入学公平的公平入学办公室(OFFA)不仅评估了英国开放大学所提供的高等教育是否达到了英国高等教育的质量标准,满足了学生、家长和其他社会利益相关者的需求,而且对其不足提出了改进建议并为其制定了今后的行动规划,以督促和帮助学校进一步提升教学质量及学习支持服务质量,塑造良好的社会口碑。

四、外部质量保障机构发挥作用

英国开放大学和英国其他高校一样每5年接受一次英国高等教育质量保证署(QAA)的评估。QAA成立于1997年,是独立于政府的中介性机构,总部设在英格兰的格罗斯特,负责为高等教育教学质量提供保障服务。《英国高等教育质量准则》(简称《准则》)由QAA与部分高等教育院校于1997年制定并发布,以保证高等教育学术标准,确保学习机会均等,推进英国高等教育持续提升为旨归。《准则》中关于学习支持服务标准包含2项指标和42条具体标准,关注的核心问题包括:每个学生获得公正、平等的对待,学生参与设计自己的学习体验,与学习相关的各项政策、信息和流程要明确、透明。此后,QAA还对质量标准进行了扩展,发布了《网络教育保障指南》,以便更好地保障网络教育质量。

校外评审是保证英国开放大学办学质量的特有内容之一。同行评审确保了开放大学与其他大学间质量标准的可比性与相近性,有助于学分转换与互

---

① 赵丽丽,李薇.英国开放大学学习支持服务的经验研究与启示[J].成人教育,2022(3).

认。英国开放大学在课程设计、教学评估、学生评价与证书授予等环节均有校外评审员(External Assessor)的参与。

英国全国学生满意度调查(NSS)是英国高等教育质量保障体系中的重要组成部分。NSS重点考察学生对于大学教学质量和支持服务水平的评价,是QAA对院校进行外部评审时的重要参考,同时也是各个大学考察自己教学质量的风向标。NSS所使用的"大学生满意度量表"调查表中每个一级指标中包含3～4个二级指标,共23个项目和1个开放式问题。NSS为英国高等教育机构提供了从学习者的角度评价教育质量的途径。作为收集质量信息的主要工具,NSS坚持学习者在质量评价与保障中的主体地位,从学习者角度考察衡量各高校课程教学质量与支持服务质量。

第二节　加拿大阿萨巴斯卡大学学习支持服务质量保障

加拿大阿萨巴斯卡大学成立于1970年,是加拿大阿尔伯特省公立的研究型综合大学,是世界最成功的单一模式的远程开放大学之一,是加拿大远程教育的引领者。

一、人才培养及质量保障目标

作为一所省公立大学,阿萨巴斯卡大学被赋予的使命是"为全世界成人接受高等教育与获得成功消除一切障碍并提升教育机会之平等。"[1]该使命决定了阿萨巴斯卡大学的价值理念是服务学生,特别是服务那些在经济、文化等方面处于相对弱势的学生,使这些学生通过接受高等教育在社会上获得成功。阿萨巴斯卡大学在教学、研究和学术成就上保持一流水平,并为社会公众服务。实现上述目标的关键措施和方法是:① 实行开放入学政策,年满18岁的加拿大居民入学机会均等;② 设计制定的教学计划尽量满足和适应各类对象(包括处境不利的社会成员)的不同需要;③ 应用专门的发送技术和教学方法使学生可以随时随地学习。阿萨巴斯卡大学作为一所公立大学在向所有人提供高质量学习机会方面起到了重要作用。阿萨巴斯卡大学致力于促进教育机

---

① 丁兴富.加拿大远距离教育阿萨巴斯卡大学远距离教育的实施[J].外国教育动态,1991(1).

会的平等化,为成人学生的大学教育扫除障碍,在远程教育领域取得了卓越的成就。

二、质量保障中的学习支持服务

阿萨巴斯卡大学为学生建立良好的学习环境,在服务学生方面尽量满足不同学生的需求,帮助他们逐步自觉地承担起自己的学习责任,以适应社会的多种变化,同时在执行管理章程方面则是一丝不苟,两方面相结合既帮助学生克服各种困难进行有效的学习,又保证了学习的严肃性和学习考核的高标准。

1. 个性化学习指导

从学生报名伊始,个性化学习指导贯穿学生学习整个过程。阿萨巴斯卡大学承诺为每一个注册学生进行"学习前的评估与识别"(Prior Learning Assessment and Recognition,PLAR),并将其作为学校发展战略中的核心要素。在对学习者进行"学习前的评估与识别"后,阿萨巴斯卡大学还根据评估与识别结果,为学习者量身制定课程服务与个性化培养方案,并进行分组学习。阿萨巴斯卡大学还对处于社会弱势的学生提供各种学习机会,帮助他们消除学习障碍,使他们成为更好的自己。

2. 强有力的教师团队提供周到细致的学习支持

阿萨巴斯卡大学规定全职和半职教师必须具有博士学位,辅导教师必须具有硕士学位。学校制定严格的教师选聘制度。所有的教师,包括全职、半职教师和兼职教师,都必须经过严格的选拔。教师不仅要有丰富的教学经历,还要能够熟练运用现代化的教育技术手段为学生提供全方位的支持服务。学习支持服务内容包括:告知学生关于注册和制度的信息;为有困难的学生提供学习指导和专业相关的建议;为学生提供学习咨询服务,例如如何平衡工学矛盾,等等。

3. 以独特的三大呼叫中心提供咨询服务

在信息咨询服务方面,阿萨巴斯卡大学主要是通过三个独特的呼叫中心来加强远程学习者的支持服务,这是阿萨巴斯卡大学学习支持服务的一大特色。这三个呼叫中心主要包括信息中心、处理服务帮助系统、商学院呼叫中心①。呼叫中心通过电话、电子邮件、语音信箱等多种方式为客户服务,呼叫中心在引导学习者成功完成自己的学业方面起着重要的作用。信息中心(Information Centre)的服务工作者是所有问题咨询的首个联络对象,给学习者提供快速、高效、前线的服务。回答如入学程序、课程的选择和传递方式、学习资助、考试、导师信息、会议的组织信息等基本的信息。阿萨巴斯卡大学还开发了一个名为"ASK AU"的自动信息系统,学习者能够在不打搅工作人员的情况下获取问题的答案。处理服务帮助系统依靠计算机服务帮助平台(Computing Services Help Desk),帮助学习者和教职人员获取使用阿萨巴斯卡大学的计算机资源的相关信息,主要是提供技术方面的支持服务。商学院呼叫中心(Business Call Centre)是阿萨巴斯卡大学商学院为学习者提供服务的核心方式,学习者可以通过电话、传真或电子邮件等方式与呼叫中心取得联系,一些与课程学习相关的问题可以转接到特定的学术专家。

三、质量监管与评价

1. 满足学习者"开放"的要求,创新性实施考试评价

阿萨巴斯卡大学设立了一些有别于其他传统大学的机构,各自发挥独特的作用。"前期教育认证中心"帮助评价学生在工作中的经历可否获得初级课程的学分,以便把学生领进门。"机构研究中心"研究、汇总学校教学数据,如各门课学生的及格率、各地学生的注册率及其他大学的学生来校选课的统计数据。早在乔治·西蒙斯创建"慕课"之前,阿萨巴斯卡大学就开展了多年的挑战性考试(Challenge Exam),以最大限度地满足学习者"开放"的要求。所谓挑战性考试,就是学习者在课程学习前可以申请进行挑战性考试,如果考试通过,那么就不需要修读该课程而直接获得学分——这种开放的理念深得学习者的认可。

2. 实行岗位目标责任制,建立质量管理制度

阿萨巴斯卡大学实行岗位目标责任制,每项工作和环节不仅有清晰的流程和规范,同时还设专人检查和督促。这些细节体现在从学生报名时的学业

---

① 孙淑艳,菅光宾.呼叫中心在远程教育中的应用——以阿萨巴斯卡大学和中央广播电视大学为例[J].开放教育研究,2005(1).

咨询、学习流程咨询到入学后的个别化学习指导、考试组织与评卷等环节。在项目的设立与审查、课程的开发与审查、学习支持服务、师资队伍的专业发展和信息技术服务等五个环节嵌入了质量管理制度。阿萨巴斯卡大学建立了统一的学生服务标准,并在各个学院设立学生服务管理员监督执行,开启对所有课程的纠察(Deboning)工作。所谓纠察,就是去掉课程中的商业化内容,并将其用于开放教育资源,通过随时更新资源来提升其质量,帮助教师找到优质资源,身体力行地推动开放教育资源的发展①。

3. 注重质量评价标准,进行专业评审

阿萨巴斯卡大学确保专业一直能够满足省和国家两个层面的质量标准、机构的学生服务质量标准,并能够反映出机构的使命。专业评审是对专业的结构与实施过程的评审,有助于识别在学术方面和管理方面专业的可完善之处以及创新点,以已有的文件制度,学生、工作人员以及其他外部利益相关者各自的反馈为基础②。阿萨巴斯卡大学专业评审的周期为 5 到 7 年。对于护理、医药或工程等专业,评审过程尽量与专业认证评审过程一致,因为这些专业对应的职业需要经过常规的认证评审。负责学术事务的副校长也能够执行专业评审。专业评审的年度计划由校务委员会下属的学术标准小组委员会负责审核批准,坚持"持续改进",为机构的内部运行提供质量保证。为实现此目标,多个团队基于"为学生提高服务的质量"这一愿景而共同努力。

4. 以学生为中心,确立内部管理绩效考核指标

阿萨巴斯卡大学专门成立了学生服务委员会,参与学校的决策过程,重点关注学生体验以及新提案对学习支持服务的影响,最终目标是满足学生学习需求,保证学习效果。学校还成立了专门的远程开放学习研究所,致力于研究和评估教学系统、学生服务和学习体验。学校非常重视教学方式革新后的质量保证,远程开放学习研究所全力研究统一的标准来评估任何一种教学平台和服务系统的有效性,以比较不同系统的优劣,保证其满足学生的学习需求,并为未来发展提供有益借鉴。另外,学校确定了内部管理绩效考核指标体系,

① 陈丽,谢洵,王晓霞.开放远程教育内部质量保证案例集[M].北京:北京师范大学出版社,2017:10.

② 陈丽,谢洵,王晓霞.开放远程教育内部质量保证案例集[M].北京:北京师范大学出版社,2017:11.

主要侧重于学生服务的质量和及时性，以及评估课程、专业、授课与服务的相关政策和流程。跨校的教育评估委员会也会对其在线教学活动进行监督，以保证学生的学习效果。

四、外部质量保障发挥作用

加拿大是由 13 个省和地区组成的联邦制国家，并没有集权的高等教育机构。加拿大教育部长委员会（The Council of Ministers of Education，Canada）承担着协调各省和地区相关事务的责任，于 2007 年批准了可以解决学生流动性和学位等值的质量保证框架。有关质量保证框架的文件也成为各省质量保证立法的依据，所有大学都须遵守相关的要求。阿萨巴斯卡大学每 5 年要接受 1 次来自外部的教学质量检查。

阿尔伯特省在全省范围内建立了"阿尔伯特高校质量监督局"（Campus Alberta Quality Council），负责对省内各个大学的学位项目申请进行评估并上报高教厅长评估意见。这个局由教育专家构成，高教厅长任命，有独立的预算，其运行机制既独立于各个高校又独立于高教厅。所以，阿萨巴斯卡大学的各个学位项目都是经独立评审通过的。对于提供远程教育的院校机构，质量监督局在颁布了全日制高等教育质量评估标准的基础上，又针对远程教育项目制定了额外的规范和标准。所有在阿尔伯特省的大学都可以举办远程教育项目，但都必须符合全日制大学的评价标准和远程教育的特殊规范。阿尔伯特省通过建立健全高等教育质量保证体系方法，对所有远程教育项目从技术与更新、网络小组合作学习、课程开发与评估、学习者支持等方面提出了明确的要求，为远程教育机构提供了证明其质量和办学水平的基准。

阿萨巴斯卡大学主动申请外部认证。阿萨巴斯卡大学评估了六个区域认证机构的认证制度，最终认为澳大利亚中部州际高等教育委员会为国际机构提供了更优的认证制度，且拥有经验丰富的远程教育同行团队。澳大利亚中部州际高等教育委员会认证的步骤包括基本资质评估、机构提交申请、机构自评、同行进校评估，最后是中部州际高等教育委员会审查。阿萨巴斯卡大学每年须提交年度报告。阿萨巴斯卡大学自愿接受认证，其最具价值的成果在于：有机会建立质量、学生保持率和学生成功之间的内在联系，并在大学内部建立了一种有组织的对话机制①。

---

① 南希·帕克. 利用外部认证驱动内部质量改进的典型案例——阿萨巴斯卡大学的认证经验[J]. 林世员，译. 开放学习研究，2016(8).

第三节　澳大利亚南昆士兰大学
学习支持服务质量保障

澳大利亚开办远程教育的大学主要有 14 所,其中南昆士兰大学(University of Southern Queensland,USQ)是佼佼者。澳大利亚南昆士兰大学始建于 1967 年,1977 年开设了远程教育课程,由此该校从一所普通院校转变为一所双元模式的院校。1998 年 USQ 被国际开放与远程教育协会(ICDE)授予"世界最佳双重模式大学"荣誉称号,并成为世界上首个通过质量体系标准认证的远程教育组织。

一、人才培养及质量保障目标

澳大利亚南昆士兰大学的使命是成为国际远程教育的先驱[1]。南昆士兰大学明确树立教育服务的理念,为所有人提供开放灵活的学习途径,使学习者可以接受和负担高质量的大学教育。一开始就要求注册入学的远程学习者与校内学习者具有同样的入学要求与学习质量标准,享受与校内面授学习者同等质量的教育。南昆士兰大学秉承发展、丰富和服务当地和全球的理念,为学习者提供灵活的、适合学的优质高等教育机会,与在校学生获得同样的证书[2]。从组织管理到学生服务体系,从课程设计开发到评估,每个环节都确保教育质量。

二、质量保障中的学习支持服务

南昆士兰大学的学习支持服务模式别具特色,是通过学校一个教学辅助机构——学习与教学支持服务中心(Learning and Teaching Support Unit,简称 LTSU)来完成的。该机构主要有两个职责:一是与学院教师合作,通过改进教学活动、加强课程评价以及丰富课程资源,提高教师教学能力;二是通过多种形式支持和服务学习者,促进学习者学习技能的提高,从而达到学习支持

---

[1]　[澳]詹姆斯·泰勒. 远程教育双元模式的范例——澳大利亚南昆士兰大学的成功经验[J]. 中国远程教育,2002(4).

[2]　祝怀新,孙敬娜. 澳大利亚南昆士兰大学远程教育探析[J]. 中国远程教育,2006(11).

的目的。LTSU 把培养教师的教学设计能力、职业发展能力，提高学习者的学习能力作为提高学习支持服务效率的重要环节。

1. 为学习者提供丰富多样的媒体资源与先进的自动化教学系统

澳大利亚南昆士兰大学除了提供印刷品、录音、录像带、电讯会议、CD-ROM 多媒体展示、网络教材，还提供视频辅导，为地区中心的学习者提供直接支持服务。学习者可自愿参加辅导课，所有费用由远程教育中心提供。学习者可随时与学习中心取得联系，中心负责建立学习支持服务网络，组织视频会议、暑期学校，提供有效的学习者联系系统。更具创新性的是南昆士兰大学第五代远程教育技术支持下的自动化教学系统。该自动化教学系统包括自动回复系统和通过校园端口处理行政事务、使用资源的系统，这两种系统在很大程度上节约了远程教育实施和运转的费用，使机构可变成本接近于零，也提高了学生的学习效率[①]。

2. 注重培养学生的自主学习能力

提升远程学习者的学习能力是保证远程教育质量的有效途径。南昆士兰大学网络学习平台建立了一系列以学生为中心的版块，如 E-mail、讨论板、学生主页、学习小组主页、学生列表、虚拟教室等，组织学生就相关课程主题展开讨论成为课程内容的重要组成部分。通过各种形式的互动交流，学生提高了学习能力。LTSU 为注册学习者提供学习技能、学科以及课程方面的培训帮助学习者发展学习技能。南昆士兰大学三个校区设立学习中心，提供范围广泛的课程学习材料以及相关信息帮助。学习中心的网络资源主要包括学校概观部分、有效学习部分、学术论文写作部分、语法与书写部分、阅读与研究部分、数学与科学部分、讲座与指导部分，同时提供书面与网上相关的学习建议。学生可以在学习中心获得网上、电话以及面授等形式的支持服务与咨询，学生也可以预定面授培训课程。校园学生以及远程学生也可以采用实时网上会议的形式进行网上培训，学习同样课程的学生可以参加导师指导的学习小组项目，但是学习中心不提供专业课程的支持服务。学术学习技能主要包括问题分析、研究策略、阅读策略、参考资料、作业形式、表达书写方式、句子与段落结构、考试准备、口头表达、编辑策略等。

---

① 祝怀新，孙敬娜.澳大利亚南昆士兰大学远程高等教育探析[J].中国远程教育，2006(11).

3. 提升教师教学设计能力及职业发展能力

LTSU 认为无论采取何种学习模式(面授、远程学习或者混合式学习),使用现代教育技术、选择教学策略时,教学设计都是基础性能力。教师对学习者的支持服务要具有针对性,要能够通过教学设计帮助学习者积极地参与和构建自己的学习过程,从而提高学习者的学习能力。为提高教师的职业发展能力,LTSU 每年通过现场活动和网络形式,开展系列提高学习和教学能力的课程项目,帮助新入职的教师参加教学体验并实施个人学习计划。通过学者论坛、优秀教学范例展示以及教学课程设计指南课程等,为教师个人学术发展、职业发展提供指导和建议。教师职业能力的提升增强了学习支持服务的有效性。

三、质量监管与评价

南昆士兰大学在远程教育方法与技术的设计、开发、实施、评估方面都形成了完善的规范,使得南昆士兰大学的学习中心成为世界上第一个通过 ISO 9001 质量体系标准认证的远程教育组织①。

南昆士兰大学将远程教育与校内面授教育的资源充分地融为一体,统一评价标准。一方面,学校对远程教育的学习者和校内学习者执行相同的教学计划和课程体系,学习者接受同样教师的教学和辅导,完成相同的作业,通过统一的考试,取得同样的学分并获得统一的学位;另一方面,学校只将质量高、有竞争力的课程选择出来进行远程开放教学,以确保远程教育的质量,而且学校欢迎接受远程教育的学习者来到校内接受面授教育。有些全日制注册的学习者也因为青睐远程学习支持系统的灵活便利,而去选择一些远程课程,在校学习和远程学习之间不再壁垒分明。正是由于双重模式能够根据需要不断改善教学结构与管理模式,澳大利亚的远程教育才能够确保提供和校内教学同等质量的教育。

南昆士兰大学校内教育质量保证机构每年组织教学质量调查、访谈与评估工作。校长任命组建一个工作小组,通过广泛征求各方面的意见,提出初步的草案,提交副校长审阅并提出修改意见,然后邀请全校教职工展开讨论,最后提交学校管理委员会审定,为学校制定切实可行的战略发展规划、教育质量

---

① 张少刚. 远程教育发展的理论与实践探究[M]. 北京:中央广播电视大学出版社, 2015:25.

保证与改进计划、教学质量保障程序。学校开展课程目标评估、监督和课程评价、学生评价反馈等活动,并进行经常性的自我鉴定,以确保教学、管理、评价等方面的质量。

南昆士兰大学实施学生评教,促使教师改进教学方法,并以此作为教师改进教学、科研乃至综合能力的主要手段。强化质量自评制度,以自评促进质量的提高。针对评估中发现的问题和大学质量监督局在审计过程中提出的建议进行整改,提出改进方案,完善和提高质量。

四、外部质量保障发挥作用

澳大利亚在 20 世纪 80 年代后期就已开始建立高等教育质量保障机制,经过不断实践和完善,其高等教育质量保障政策已经从管理手段发展成为一种市场化的策略。

(1)"五位一体"的外部质量保证。"五位一体",即由联邦政府、州政府、澳大利亚大学质量委员会、澳大利亚学历资格评定框架、大学五个主体组成一个远程高等教育质量保障体系的有机整体①。各个主体有着严格而明确的分工。联邦政府负责拨款、统计数据、规划质量认证和调研、公开质量调查报告;州政府基于《高等教育审批规程的全国性协议》对高等教育机构进行资格认证;澳大利亚大学质量委员会负责对大学质量的审核;澳大利亚学历资格评定框架负责国内学校注册和规定学历授予标准;大学则对学术标准负责。澳大利亚政府同等对待远程教育与传统学校的教育拨款,只是远程教育学生按学时折算成全日制学生学时,经济上与传统学校享有同样的待遇,消除了南昆士兰大学的后顾之忧,保证了远程教育的平稳发展。

(2)不断更新质量评价标准,推进质量改进。澳大利亚颁布了《2011 年高等教育标准框架》《大学标准手册》,并成立了高等教育质量标准署(TEQSA),负责在全国统一行使高等教育监管职责②。另外,澳大利亚国家培训署(Australian National Training Authority,ANTA)定期发布《澳大利亚灵活学习框架》,以推进教育质量改进,提高学习支持服务成效。

(3)各类远程教育专业组织参与远程教育质量评估,指导和监督远程教

---

① 金帷,杨娟,杨小燕.澳大利亚高等教育质量保障机制的变迁[J].评价与管理,2015(3).

② 刘康宁,李岩,杨雪.新时期澳大利亚高等教育质量保障的变革与启示[J].上海教育评估研究,2012(3).

育。这些专业组织包括开放和远程教育委员会（Open and Distance Learning Association of Australia），澳大利亚开放、远程和数字学习委员会（Australasian Council on Open，Distance and e-Learning），澳大利亚数字学习网络（The e-Learning Network of Australasia），澳大利亚开放和远程学习协会（Open and Distance Learning Association of Australia），澳大利亚交互媒体企业协会（Australian Interactive Media Industry Association）等专业组织。

第四节　韩国国立开放大学学习支持服务质量保障

韩国国立开放大学（KNOU）创建于 1972 年，是韩国唯一的一所国家远程教育大学。该大学已由最初的两年制大专教育院校发展以四年本科为主体，与研究生教育相结合的国立远程教育高等院校，并成为韩国终身教育的重要基地。

一、人才培养及质量保障目标

作为在世界范围内成立较早、发展较为完善的国立开放大学，韩国国立开放大学发展目标和定位明确清晰，致力于为成人学习者提供多方面的学习支持。自建校以来一直坚持严格的办学宗旨，即"给予人民高质量的终身学习教育"，向由于某种原因未能接受高等教育的学习者提供接受高等教育的机会，提高韩国民众的整体教育水平。其"2022 发展愿景"聚焦于以下四个方面：第一，构建专业性的知识体系。韩国国立开放大学力图通过面向未来的高质量的教育、自主的学习经历和各种知识网络的交互来发展实用性知识。同时，学校继续发展有助于形成专业竞争力的课程并努力提供形式多样的远程教育。第二，搭建共享的网络平台。韩国国立开放大学通过对知识的不断探究和实践提升全社会的群体智慧。第三，实现全方位的开放。韩国国立开放大学作为一所远程的高等教育机构，旨在满足多样化的教育需求，包括扩大入学机会和向那些无力承担高等教育费用的弱势群体开放，简化入学程序，以远程教育的形式为学习者提供更多的便利条件。第四，保持生源的多元化。学校为不同年龄、性别、社会背景、宗教信仰、区域、身体条件和生活经历的学生提供个性化的受教育机会。通过多样化的教育体系、课程和教学媒介，韩国国立开放大学的发展始终立足于满足学生多样化的教育需求、释放学生潜能①。

二、质量保障中的学习支持服务

1. 全面周到的学术支持与非学术支持

韩国国立开放大学在全国拥有 13 所道级学院和 35 个学习中心,超过 90％的人为在职学生②。面对众多的成人在职学生,其学习支持服务主要由辅导教师、学长以及学生组织共同完成。根据服务对象的不同,辅导教师分为网络辅导教师、道级学院辅导教师和教学院系辅导教师三种。网络辅导教师主要服务对象为注册学习网络课程的学生;道级学院辅导教师主要服务于通识教育课程或大专业的学生;教学院系辅导教师则主要辅导转学生或新生。辅导教师一般不直接讲课,只提供助学服务,教师的辅导时间和辅导要求有明确的规定。学校通过不同的辅导教师为学生提供了多样、个性、灵活和细致的支持服务,以帮助学生顺利完成学业。韩国国立开放大学还通过学生服务中心(Students Service Center)对学生进行全面周到的非学术支持,包括:① 一条龙服务系统:发行所有种类的证书,供应教学大纲和学报材料,证书的传真和邮寄等。② 咨询服务:雇佣情况,钟点工作,毕业咨询及其他。③ 互联网查询:确认学生课程注册情况,考试成绩查询,确认和修改学生个别信息。④ 一些小册发行,如学校生活介绍等。

2. 重视学生互助解决学习问题

远程学习中,学生之间的互相帮助能够解决学习中的大部分困难和问题。韩国国立开放大学重视学生互助,创造性地设计了"学长指导系统"(Mentoring System),邀请已毕业的学生或高年级学生为新生提供线上或线下的针对性指导,帮助他们更快更好地适应学校生活。学长指导服务提高了支持服务的质量,受到了高年级学生和新生的欢迎③。此外,学校还由学生自发设立了多种学生组织,包括自上而下覆盖各级办学系统的全国学生会体系、

---

①　王雪双. 韩国国立开放大学的现状、特色与发展[J]. 世界教育信息,2015(16).

②　孙鸿飞,季瑞芳. 韩国与中国开放大学学习支持服务的比较研究[J]. 中国远程教育,2018(7).

③　Kinee. KNOU Support Program for Freshmen and Transfer Students in KNOU:Mentoring Program,2011.

道级学院成立的学生社团以及学习小组等,在日常学习和生活中积极开展各类学生活动,有效增强了学生的归属感和凝聚力。韩国国立开放大学这种主体多样化的学习支持服务模式在实践中取得了良好的效果。

3. 不断进行技术与学习平台的更新

韩国国立开放大学采用先进的远程学习媒体,如卫星电视授课、按需学习系统、视频会议系统的电子学习、电子课本等。2013年,学校开发并发布了一款手机应用软件(UKNOU+),由此利用移动设备学习的学生人数开始大幅增加。2018年3月学校开发并推出了"U-KNOU校园"作为新的学习内容平台并运行至今。通过优化适应台式计算机和移动设备的学习环境,提高用户便利性,使学生可采用流水线的方式学习学校所提供的所有课程。平台提供了多样化的内容,学生能够利用搜索功能方便、快捷地找到他们想要的内容。平台还为学习者提供定制化服务,学生既可下载课程信息、评价方式、考试范围和参考文献,也可以离线观看相关内容,提高了学生的学习效率。

三、质量监管与评价

韩国国立开放大学提供优质教育的竞争力主要靠内部质量保障机制完成。韩国国立开放大学的质量保障系统中,质量保障不是某一岗位或职位的特定责任,而是所有相关办公室和学术部门的共同责任①。韩国国立开放大学质量保障机构有学习者支持服务、辅导、网络学习、教材开发、广播节目的开发部等,这些部门通过协作为学习支持服务活动提供保障。韩国国立开放大学聘用课程团队开发教材,每一个课程团队由该校教员、外聘专家、远程教育专家和教材设计者组成,课程团队会参考学生评价的结果来改进教材质量,反馈结果用于改进教学与支持服务。

韩国国立开放大学对教与学有严格的评价标准。如对教师的要求:教师在教学一开始要了解学生的现状,在组织课程作业和内容上也要考虑学生的现状;教师按有关教学目标引导学生一步一步发展,注意统计学生回答问题数和他们的反应;为达到教学目标教师应选择最恰当的教育媒体;教师应注重教学效果,教学过程中注意观察学生的发展和变化等。对学生的要求:学生应有很强的内在学习动机和学习激情,需要投入足够时间学习;学生在学习过程中

---

① 东南亚教育部长组织地区开放学习中心. 东南亚国家开放远程学习质量保障实践[J]. 张建新,译. 现代远程教育研究,2010(4).

遇到问题时,应通过收集有关数据、信息或向教师和同学咨询来解决问题;学生应参加合作学习小组等。

韩国国立开放大学强调教材和教学的质量标准。质量标准包括目标的适宜性和规范性,内容的准确性、包容性和清晰的组织结构。教学设计的质量保障标准包括教学与学习策略的适宜性、使用多媒体的有效性、屏幕界面的恰当性和课程管理的便捷性等。韩国国立开放大学利用信息化手段,以灵活、便利和容易获取的方式为多样化的学习者提供多元的课程资源吸引本国生源和国际生源,扩大了其影响力。

韩国国立开放大学对毕业生严把出口关,确保人才培养质量,毕业生必须通过毕业考试(通过论文答辩或与论文同等水平的其他考核,如出版图书或在本专业相关期刊上发表论文等)且须修满足够的学分。在学分方面,毕业生须修满 140 学分,其中,必须有 30 个以上的人文社会科学学分和 51 个以上本专业学分。想要转入大学三年级的学生需要至少修满当前所在专业 63 个以上的学分①。

四、外部质量保障发挥作用

在韩国,高等教育法律要求传统大学必须通过教育部和人力资源发展部的批准。韩国大学教育理事会根据先前描述的标准和程序来开展大学认证和评价人才培养计划。教育部根据机构认证结果来决定每所大学的管理和经费支持,同时每所大学根据认证结果改进其办学运行系统。韩国国立开放大学作为依据《高等教育法》由教育部批准的唯一一所远程教学大学,韩国大学教育理事会或任何其他外部评价机构都还没有对其开展远程教育质量评估。教育部终身教育司负责监管韩国国立开放大学,而高等教育司负责监管其他 4 年制传统大学,韩国大学教育理事会的活动由高等教育司负责②。2020 年通过韩国《高等教育法》的修正案,国家在灾难时为大学教育质量管理提供了支持。因灾难导致课堂教学困难的情况下,大学利用广播、信息通信媒介等,为提高远程授课及学习支持服务质量提供保障。

---

① 王雪双. 韩国国立开放大学的现状、特色与发展[J]. 世界教育信息,2015(16).

② 东南亚教育部长组织地区开放学习中心. 东南亚国家开放远程学习质量保障实践[J]. 张建新,译. 现代远程教育研究,2010(4).

第五节　思考与启示

综上所述,世界远程教育是可以为一切有能力、有意愿接受高等教育的人提供学习机会和优质的学习支持服务的。学习支持服务是远程教育质量保证的基础。"他山之石,可以攻玉"。在中国远程教育快速发展,开放大学大力发展之际,如何提高学习支持服务水平,保证远程教育质量,世界远程教育典型案例给予我们以下启示。

一、确立同一性质量观,提升远程教育的社会声誉

英国开放大学的教学质量非常高,被认为与英国普通大学等同,是因为英国开放大学教育质量采用和普通高校相同的标准。加拿大阿萨巴斯卡大学这所单一模式的远程开放大学及韩国国立开放大学同样也是采用了和其他高校同样的质量标准。澳大利亚南昆士兰大学的远程教育模式为典型的双重模式,同时承担传统面授教育与现代远程教育,这种双重模式的大学,不管是传统校园学生,还是远程学习学生,他们入学后接受的是相同的教学大纲和教学内容,不同的只是教学模式的区别。此外,他们的考试要求也是遵循同一个标准。对中国远程教育大学及开放大学而言,是采用和普通高校相同的质量标准,还是形成自己的质量标准历来就有争议。我国远程高等教育的办学主体通常是高校下属的二级学院、继续教育学院、网络教育学院,在这些学院接受远程教育的学生和其他学院的全日制在校生是平行发展的,在整个学校环境中,两者形成了鲜明的"两轨",这种区别对待的"两轨"划分了远程教育和传统教育的界线,在一定程度上造成社会对远程教育认可度相对低下[①]。再从中国开放大学看,开放大学既是高等教育的重要组成部分,又有职业教育的新赋能,更是继续教育的主力军,学历教育与非学历教育互动[②]。学者们在坚持多样化质量观立场时大都针对终身学习背景下非学历教育而言,而对学历教育质量或模糊或忽略。笔者认为,如果说非学历教育主要体现多样化的质量观,那么,对远程高等学历教育而言,持同一性质量观则更有助于远程教育教学及

---

①　祝怀新,孙敬娜.澳大利亚南昆士兰大学远程高等教育探析[J].中国远程教育,2006(11).

②　荆德刚.开放大学改革:使命、发展与挑战[J].开放教育研究,2020(8).

支持服务质量的提高,更有利于建设高质量的一流开放大学。同一性质量观指的是远程教育与传统教育在同一资格框架下运行,两者具有同样的学术地位、同样的社会声誉,没有孰优孰劣,学生可以在两类教育之间任意选择,学分可相互转换①。坚持同一性质量观对内可以明确质量要求,形成明晰的质量保障体系,对外则有助于形成社会公信力,有助于提升远程教育的社会地位。目前,我国独立的6所开放大学都有学位授予权,坚持在同一性质量观的指导下开展评估和认证工作,可以在具体的评估指标和过程上有所差异。这样,开放大学在非学历教育上独特创新,学历教育上争创一流,才能赢得广泛的社会声誉。当然,要在现实中和传统高校并肩开展评估和学分认证工作,开放大学还有很长的路要走。

二、坚持服务学生,强化"以学生为中心"的支持服务质量理念

通过以上分析我们可知,世界远程开放大学的学习支持服务模式无不充分体现学习者为中心的设计思想。每一个学习支持服务系统,无论复杂还是简单,奢华还是欠缺,高科技还是原始,都不重要,重要的是这些设计有没有对学习者的充分关注。学习者是学习支持服务系统设计的中心。学习者既是教育服务的消费者,也是大学校园重要的利益相关者,学习者有权也有责任参与到学校教育质量保证体系的建设和实施中。在英国开放大学质量保证体系中,学生通过加入各类组织,如学生会或审查小组等,针对学习支持服务活动反馈学生的意见,提出建议,从而行使其监督权力。QAA制定了较为完备的质量保证体系,在这一质量保证体系中,学习者可参与日常质量监控和定期审查,让学习者加入审查小组,要求学习者提交书面意见并对学习者进行专门培训等,都是"以学生为中心"的服务质量理念的体现。澳大利亚南昆士兰大学十分注重服务意识,其远程教育中心各职能部门都是按服务内容划分的,每一个部门、每一个员工都将工作的重心体现在服务上,这种形式区别于注重管理职能的机构设置,它便于学生得到及时、准确的学习信息和良好的服务与帮助。这启示我们,要真正以学生为中心,不能把"以学生为本"当口号,要将理念落到实处,重大政策措施制订要听取学生的意见,人财物要围绕教改、围绕学生,各部门、各学院要结合业务特点②,切实为学生提供好服务。

---

① 陈丽,沈欣忆,等."互联网+"时代的远程教育质量观定位[J].中国电化教育,2018(1).

② 荆德刚.开放大学改革:使命、发展与挑战[J].开放教育研究,2020(8).

三、提供优质的支持服务，从多方面满足学生不断变化的学习需求

提供优质的学习支持服务应作为开放大学努力追求的目标。英国开放大学提将远程教育定位在"基于支持的开放学习"上，设置了权责分明的三级学习支持体系；阿萨巴斯卡大学开放、灵活，允许多种教学方式同时存在，注重提高教学和服务质量，满足学生不断变化的需求，同时，在学校内部合理分配资源，平衡各种需求，成功实现了从传统的远程教育教学与服务模式向在线教学与服务模式的转变。远程教育专家詹姆斯·泰勒（James Taylor）认为，远程教育（媒体资源）已经经历了五代的发展，它们依次是函授型、多媒体型、远程学习型、灵活学习型和智能灵活学习型。南昆士兰大学第五代远程教育的自动课件制作系统、自动教学咨询系统和自动业务系统使学习与辅导实现了自动化，大大提高了学习支持服务的有效性。韩国国立开放大学在移动学习资源开发和学习平台建设方面处于领先地位。我们要考虑教育背景，根据学生不同的能力基础和知识水平，分层级进行教学。提供优质的学习资源，最大限度地发挥移动终端设备的优势，克服其缺点，使数字化学习内容在各种移动终端设备上得以优化呈现，从而使学生能够通过移动设备获得大量的优质课程学习资源和全方位的图书馆服务，真正实现随时随地的学习。相比之下，中国开放大学在智能化学习平台及移动支持学习方面还需要有新的突破。

四、完善教师队伍建设与管理，提升学习支持服务质量

发挥学习支持服务系统中人的作用，要以教师为依靠。英国开放大学、阿萨巴斯卡大学及南昆士兰大学以强化教师教学支持为突破口，尤其强调教学设计能力、教学能力的培养，这启发我们，培养优秀的教师才是学习支持服务建设的关键。教师没有"画龙点睛"之力，学习支持服务终将是无根之木、无源之水。开放大学建设要满足社会对人才培养的需求，必须要重视教师队伍的专业化建设。鉴于开放大学的办学特点，培养开放大学自身教育专家的同时，还要共享一批普通高校一流专家学者和行业企业一线技术专家，形成一支高素质兼职教师队伍，最终形成以专职教师为骨干、兼职教师为主体的师资团队。因此，建立完善的教师从业标准、聘任考核、专业发展、进修培训等制度至关重要。教师团队共同努力，基于"为学生提高支持服务的质量"这一共同愿景联结在一起，开放大学应在相关部门设立面向兼职教师的专门管理岗位，明确为兼职教师服务的职能，出台更加具体的政策，建立与兼职教师沟通与支持的长效机制，为专、兼职教师建立和提供和谐、平等、共享的多种形式学习合作

共同体,并使之成为习惯和常态①。

五、完善过程管理监控体系,建立学习支持服务质量评价机制

英国开放大学、阿萨巴斯卡大学、澳大利亚南昆士兰大学及韩国国立开放大学的教育质量得到传统高校及社会认可,首先在于对质量的有效管理和监控。英国开放大学通过三种途径保证质量:一是教育技术学院做了大量的调查,系统地对学生网上学习行为进行评估及跟踪,并给予学术人员支持;二是设置关卡程序,有质量完善的具体程序与步骤,对每一步课程实施情况进行干预;三是对学生学习体验调查、认证,以提高教学质量。英国开放大学还开发了学习评估 ALOA 和质量管理系统 AQMS,对学生网上行为进行跟踪和分析,对学生的学习效果、课程、教师、教学、支持服务等进行评估,对质量进行监控。我国远程教育要完善过程管理监控体系,特别要以学习者为中心,利用人工智能、区块链、大数据等现代信息技术,对学生的学习进行适时干预,建立学习预警机制,开展针对不同学生学习全过程的纵向评价与学习支持服务全要素的横向评价;严格执行校内评估制度,强化校内各级人员的监管职责,充分发挥其对教学质量的监管作用②。完善我国开放大学质量标准框架,制定学习支持服务质量评价标准,对于推进我国开放大学建设具有重要意义。

六、各利益相关方共同参与质量治理,提升学习支持服务的满意度

开放大学的质量保证体系应该把政府、第三方评估机构、学习者等各方力量纳入进来,共同发挥协调、监督与制衡作用。从英国远程开放教育看,包括英国政府、英格兰高等教育拨款委员会、高等教育质量保障署、英国开放远程学习质量委员会、校外评审员及一些民间评估机构在内的外部力量共同构成了一个相辅相成、有机联系的英国开放大学外部质量保证体系。各监督主体用与其他普通高等院校相同的标准对英国开放大学教育质量进行评估,它们相互合作、相互独立、相互监督。多元化的质量保证主体有效地确保了英国开放大学教育质量的提高。阿萨巴斯卡大学、南昆士兰大学都自愿接受外部认证,促进了学校教学及支持服务质量的持续改进。

英国开放大学、阿萨巴斯卡大学、南昆士兰大学不断地将开放大学的质量

---

① 吴韶华,章玳,王志飞.开放大学兼职教师现状调查——以江苏开放大学为例[J].中国远程教育,2018(5).

② 章玳.基于 OBE 理念的开放教育课程监控与评价研究[J].成人教育,2018(10).

标准与普通高校进行比较,达到了对远程开放教育进行质量监督的目的。中国开放大学要彻底改变只重管理者进行内部治理的局限,吸纳学生、第三方评估机构、认证机构共同参与学校管理评价,有效建立质量、学生保持率和学生成功之间的内在联系。借鉴国外远程开放教育质量保障的成功经验,需不断完善学习支持服务质量保障体系。首先,建立专门质量保障机构,在教学质量标准的基础上,制定学习支持服务质量标准,建立科学、合理、具有可操作性的质量指标体系是保障教育质量的关键,建立体系科学、完备的质量保证机制是学校可持续发展的根本。其次,建立政府、高校、专门机构和社会多元评价相结合的评估机制,积极引入第三方机构及境外质量保障机构参与质量监测与评价,提高学生用人单位、社会对人才培养质量的满意度,实现评价内容从单纯以学业成绩为重点向素质能力综合考核转变,评价主体从以教师为主向学生、教师、学校和社会多元主体转变。再次,有专门的政府与行业质量保证机构对其进行规范与指导,有社会评估机构进行质量把关并提出持续改进建议。

本章小结

世界开放大学在实践中形成了自己独特的办学理念、教学管理体系与学习支持服务模式。分析梳理世界范围远程教育的典范,挖掘其办学经验,对我国开放大学办学理念的沉淀与教学模式的构建,无疑具有巨大的启示与借鉴意义。本章例举了英国开放大学、加拿大阿萨巴斯卡大学、澳大利亚南昆士兰大学及韩国国立开放大学学习支持服务模式的有效性及内外部质量保障路径,可以看出,无论是一元制还是双轨制开放大学,高质量的课程教学及学术是其共同的追求。学生的学习过程从与机构签订合约开始,到完成课程,直至毕业,在此过程中为学生提供支持服务是质量保证体系中非常重要的部分。而质量保证的关键在于:以学生学习为出发点,以学科、教学、学习和评估的卓越学术研究结果为支撑。课程体系、专业体系及其评估和监督由符合资历要求的学术人员负责;课程的展示、管理、考核与评估也由拥有相应学历的工作人员负责,专门的人干专门的事非常重要。技术在远程开放教育中起着至关重要的作用,教育技术服务可以提供全部的行政基础设施和学术基础设施,需要在课程的开发与审查、学习支持服务、师资队伍的专业发展和信息技术服务等多个环节嵌入质量管理制度。

启示与借鉴:确立同一性质量观,提升远程开放教育的社会声誉;坚持服务学生,强化"以学生为中心"的支持服务质量理念;提供优质的支持服务,从多方面满足学生不断变化的学习需求;完善教师队伍建设与管理,提升学习支持服务质量;完善过程管理监控体系,建立学习支持服务质量评价机制;各利益相关方共同参与质量治理,提升学习支持服务的满意度。开放大学要开展科学规范的质量保障顶层设计,采用过程监督、结果监督、自我监督、社会监督、介入监督等多形式的监督考核办法,落实教学与支持服务的每个环节,使开放特征全面体现的同时,又不致出现监控盲点,通过强有力的质量保障措施,推进开放大学高水平发展。

第五章　我国远程教育学习支持服务模式研究

　　学习支持服务是以学生为中心的远程学习顺利进行和有效达标的重要条件。学习支持服务的实践随着远程教育的发展而发展。积极发展"互联网＋教育"要以学生为本,提供学习支持服务,更要逐步完善教与学各环节学习支持服务的细节,优化学习支持服务的模式。

第一节　学习支持服务模式构建

一、学习支持服务模式概念界定

　　"模式"是指为阐述一组相互间有某种关系的现象而使用的一种形式化的结构,它是现实关系的概括与简化,是人类认识事物的一种方式①。模式是较为稳定的方式,来自现实,也高于现实,是对现实的一种理想概括。在教育研究中,研究者们更多提到的是教学模式。美国的乔伊斯(B. Joyce)等最早提出教学模式的概念。他们认为教学模式是构成课程的课业、选择教材、提示教师活动的一种范式或计划②。我国学者何克抗认为,教学模式是指在一定的教育思想、教学理论和学习理论指导下的,在某种环境中展开的教学活动进程的稳定结构形式③。学习支持服务模式同教学模式有着密切联系。远程教育的本质特征是教与学的分离,远程教育体系要跨越时空,努力重建教学相互影响

---

　　① 　[法]布鲁诺·雅罗森.科学哲学[M].张莹,译.北京:北京大学出版社,2000:188.
　　② 　[美]布鲁斯·乔伊斯,玛莎·韦尔,艾米莉·卡尔霍恩.教学模式[M].荆建华,等译.北京:中国轻工业出版社,2002:25.
　　③ 　何克抗.建构主义的教学模式、教学方法与教学设计[J].北京师范大学学报(社会科学版),1997(5):74-81.

的机会,把学习材料和学习活动结合是这一过程的核心①。学习支持服务是师生交互影响的纽带,学习支持服务是架构教与学的桥梁。学习支持服务作为重要的理论及实践活动也形成了一定的模式。学习支持服务模式与教学模式有共通性:从目标上看,都是为学生有效学习而建立、形成的;从功能上看,一个有效的学习支持服务模式与教学模式都能提高学生学习的积极性,让学生真正学有所得;从操作程序与步骤看,二者都具有一套独特的操作程序和步骤;从实现条件看,二者要达到目标,院校都需要创造各种条件。虽然二者之间存在着共通性,但是区别也是比较明显的。由于学习支持服务涉及学术(学业)及非学术(非学业)的支持,所以,学习支持服务模式较教学模式的提供者范围更广,涉及人员更多。教学过程的落实,一种教学模式的形成需要学习支持服务模式的支撑。

国外对学习支持服务模式研究比较深入的是远程教育专家艾伦·泰特。2000年,艾伦·泰特基于英国开放大学长期以来的教育教学实践,从学习支持服务内容角度提出了学习支持服务的 ARCS 模式。ARCS 模式即把情感(Affective)、反思(Reflective)、认知(Cognitive)和管理(Systemic)的支持融为一体,对学习者进行学习支持。之后,艾伦·泰特又从远程教育机构运作方式角度,提出远程教育机构所提供的学习支持服务的运作模式有极简模式、伙伴模式、独享模式、社区模式、企业模式和地区中心模式②。国内研究者多从远程教育院校自身实践的角度对学习支持服务模式加以概括。例如:①"一站双型"学习支持服务模式③。"一站"式服务就是要求服务信息获取直接方便,服务响应迅速便捷,减少中间环节,服务一步到位,服务结果明确落实。"双型"是指对校本部的学生采取"贴近型"服务,对分校学生采取"向导型"服务。通过服务输送的绿色通道,使学生享受到"全员、全天候、全方位、全过程"的学习支持服务。②"5S学习支持服务模式"④。此模式由学习者、支持者、学习支持内容、学习支持策略和学习支持环境五个要素构成,在运行过程中,通过动力机制、协调机制和反馈机制等,不断调整五个要素之间的协同关系,从而

---

① 德斯蒙德·基更.远距离教育基础[M].丁新,译.北京:中央广播电视大学出版社,1996:98.

② 艾伦·泰特.开放和远程教育中学生学习支持之理念与模式[J].陈垄,译.中国远程教育,2003(15).

③ 李文斐,孙彬.开放教育"一站双型"学习支持服务模式的探索与实践[J].广州广播电视大学学报,2008(1).

④ 薛伟.现代远程教育5S学习支持服务模式研究[D].华东师范大学,2009.

保证有质量的学习支持服务。③"直接学习支持服务模式"①。建立直接学习支持服务体系的目的,是为了集中全省电大的师资力量为学生提供全过程、全方位的学习支持服务,减轻市级电大和教学点在教学服务方面的工作任务,减少教学开支,提高教学质量。基本思路:由省校组织教师主要以远程方式为开放教育学生提供导学(引导、辅导、指导)及部分信息性、咨询性、事务性助学等学习支持服务。现有的学习支持模式研究成果时间大都在 MOOCs(大规模开放课程)兴起及我国开放大学成立以前;而且局部实践描述较多、综合提炼及理性演绎较少。"互联网+"时代,学习者的需求及学习支持服务的方式及手段已发生了变化,所以,我们有必要从我国远程教育学习支持服务的实践现状出发,对学习支持服务模式进行再认识。笔者认为,学习支持服务模式是建立在学习支持服务理论基础之上,为实现教学目标,将学习支持服务诸要素以特定的方式结合形成的相对稳定的框架及流程。学习支持服务模式是学习支持服务理论与实践的结合体,以理论为基础,同时又是理论的实现形式。

二、学习支持服务模式构建原则

构建学习支持服务模式需要遵循以下原则②:

1. 契合院校人才培养目标

人才培养是指培养人才的一切教育教学活动,是大学的核心职能,是教育的本质特征。人才培养目标是人才培养的标准,是人才观在高校的集中反映和培养人的价值主张及具体要求,也是人才培养活动得以发生的基本依据和人才培养制度安排的基本原则。培养目标解决的是培养什么样的人的问题③,是大学一切教育活动的出发点和归宿。学习支持服务模式是为实现人才培养目标,将学习支持服务诸要素以特定的方式结合形成相对稳定的结构形式。学习支持服务模式的选择应符合人才培养目标,学习支持服务应助力学校人才培养的一切活动。

---

① 黄建. 开放教育"直接学习支持服务"模式的探索与实践[J]. 中国远程教育,2011(9).

② 赵倩,章玳. 开放大学学习支持服务模式发展思路探析[J]. 湖北广播电视大学学报,2009(5).

③ 张兄武,陆丽,唐忠明. 中国大学本科人才培养目标的历史演进与发展趋势[J]. 现代教育管理,2011(4).

2. 符合教育对象的主体特征

教育本真是引领学生,使其健康成长与发展。教育过程首先是一个精神成长过程,然后才能成为科学获知过程的一部分①。在现代远程教育中,教师成为学生学习的促进者,是学习支持服务的提供者,而学生是学习支持服务的对象,但同时,学生又是学习支持服务活动中的主体,具有主体意识、主体能力和主体人格。因此,为促进学生的主体性发展,学习支持服务模式的选择应充分考虑学生的认知、情感等特征,在学习支持服务活动中,培养和发展学生的主体性。

3. 突出社会的时代属性

教育与社会彼此依存,互为制约。教育的产生、存在与发展是由于社会存在与发展的需要。因此,教育活动要适应一定的社会形态,学习支持服务模式的选择应反映教育与社会的这种关系,应顺应所处社会形态学习者对接受教育形式的需求,突出社会的时代属性。在新时代,应以立德树人思想为核心,以各类新的技术应用为工具,为学生提供个性化的学习支持服务,帮助学生在已有的基础上获得提高,促进其学有成效,从而更好地立足于社会。

第二节　远程教育学习支持服务模式比较分析

如前所述,英国开放大学是世界各国远程教育的典范。综合英国开放大学学习支持服务模式构建的实践经验,一个完整的学习支持服务模式应该有明确的目标、丰富的内容、良好的组织方式及有效的评价机制。如图5-1所示。

经过40余年的发展,中国远程教育呈现出多元发展

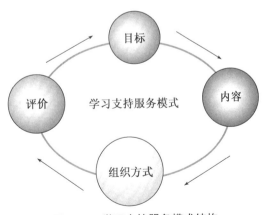

图5-1　学习支持服务模式结构

---

① ［德］雅斯贝尔斯.什么是教育生活[M].邹进,译.北京:生活・读书・新知三联书店,1991:30.

的态势。远程高等教育的模式有三类：一元模式、二元模式和三元模式。一元模式指独立的开放大学；二元模式指普通高校中的远程教育机构；三元模式指在同一教育机构内部，如一个学院或一个系，既有远程教育课程又有面授教育课程①。考察我国远程高等教育形式，选取了广播电视大学/开放大学（一元）、高校网络教育学院（二元）和远程教育公共服务体系（奥鹏远程教育、知金教育及弘成教育），比较其学习支持服务模式如表 5-1 所示。

表 5-1　远程教育学习支持服务模式比较

模式结构	广播电视大学	开放大学	高校网络教育学院	奥鹏远程教育
运作机制下学习支持服务目标	中央电大、省电大、地市级电大、县级电大系统办学。实施"统筹规划、分级办学，分级管理、分工协作"，依靠系统提供支持服务	国开总部、分部、地方学院、学习中心和行业、企业学院共同组成，分级管理。依托省级电大建立分部，由各分部依托地市级电大和县级电大，建立学院和学习中心	一种是依靠自建自用或共建共用的学习中心进行招生、教学过程管理、考试等 一种是依靠社会公共服务体系，由公共服务体系进行统一的学生支持	以连锁经营方式及企业管理和市场运作机制为运营模式。主要通过与高校联合方式提供支持服务
	为每个有愿望、有能力学习的人提供教育机会和服务，学生学有成效，实现人才培养目标	为优质教育资源共享提供平台和社会化服务，努力实现学生和社会满意度的持续提升	使更多的学生获得学习机会。既提高学生整体的综合素质，又培养各行各业的应用性人才	完善公共服务体系，为高校提供学历教育相关的学习支持服务和非学历培训服务
学习支持服务提供方	中央电大、省电大、地市级电大、县级电大管理者、课程主持教师、课程责任教师、课程辅导教师	总部、分部、独立学院、学习中心管理者、课程负责人（主持教师）、课程责任教师、辅导教师团队	网络学院管理者及来自学科型学院的主讲教师、学习中心的管理者、辅导教师等	奥鹏总部中心管理者、加盟高校教师及学习中心管理者等

---

① 张伟远.国际远程教育的现状及发展趋势[A].人人享有优质教育——2004 亚洲开放大学协会第 18 届年会文选[C].上海：上海高教电子音像出版社，2005.

（续表）

模式结构	广播电视大学	开放大学	高校网络教育学院	奥鹏远程教育
学习支持服务组织形式	中央电大总部负责主要制定教学计划、教学大纲、编选教材、提供教学资源，进行教学答疑、教学质量的把关、试卷制作和文凭核发等 省校补充教学资源，进行教学答疑，教学质量监控、学籍管理、考试管理服务等 市校、县教学点提供网络学习环境、资源接受与发放、面授课辅导、网上学习辅导、招生咨询、考试管理服务等	国家开放大学总部制定教学计划、教学大纲、编选教材、提供教学资源，进行课程教学答疑、教学质量的把关、试卷制作和文凭核发等 分部补充教学资源，进行教学答疑、教学质量监控及评价、学籍管理、考试管理服务等 独立学院及学习中心提供网络学习环境、资源接受与发放、面授课辅导、网上学习辅导、招生咨询、考试管理服务等	高校网络教育（继续教育）学院设置教学、管理、技术支持服务、招生、学习支持等机构，形成以高校网院为中心、各地学习中心为节点的网络结构 高校网络教育学院业务主管部门与学习中心通过管理平台共同实现网络化管理，包括报名、注册与选课、教材定购、考试及成绩查询以及管理信息反馈等部分	奥鹏总部中心对学习中心管理、检查和监控 加盟的高校教师主要制定教学计划、教学大纲、编选教材、提供教学资源，教学答疑、试卷制作等 各地学习中心围绕学生提供学习支持服务，包括提供网络学习环境、资源接受与发放、招生咨询、考试管理服务等
学习支持服务内容	教学支持 资源支持 技术支持 管理支持	教学支持 资源支持 技术支持 管理支持 情感支持	教学支持 资源支持 技术支持 管理支持 情感支持	教学支持 资源支持 技术支持 管理支持
学习支持服务评价	系统各级管理部门评价、督导部门评价	体系各级管理部门评价、督导部门和专家评价、第三方评价	管理部门评价和专家评价	管理部门评价

一、运行机制下学习支持服务目标

中国的广播电视大学是一个全国性的大学，包括中央广播电视大学和44所省、市、自治区和计划单列市的广播电视大学。广播电视大学是中央电大、省电大、地市级电大、县级电大系统办学，实施"统筹规划、分级办学，分级管理、分工协作"的系统运行机制，并依靠系统提供学习支持服务。其目标是为每个有愿望、有能力学习的人提供教育机会和服务,学生学有成效,实现人才培养目标。

2012 年 7 月 31 日,国家开放大学、北京开放大学、上海开放大学在人民大会堂正式揭牌成立。随后,江苏开放大学、云南开放大学和广东开放大学也相继成立。国家开放大学形成总部、分部、学院和学习中心以及四大支持联盟框架,即国家开放大学大学支持联盟、国家开放大学行业支持联盟、国家开放大学企业支持联盟和国家开放大学城市支持联盟。另 5 所地方开放大学相对独立、自成体系、各具特色。总的来说,开放大学学生支持服务目标是为每个有愿望、有能力学习的人提供教育机会和服务,为优质教育资源共享提供平台和社会化服务,努力实现学生和社会满意度的持续提升。

自 1999 年以来,教育部批准 67 所普通高校学校开展现代远程教育试点工作,允许试点高校在校内开展网络教学工作的基础上,通过现代通信网络,开展学历教育和非学历教育,形成既办远程教育又有校园内的全日制教育,混合或双重模式的远程学历教育办学主体的普通高校的网络教育学院。普通高校网络教育学院各自在全国寻找合作伙伴,建立各自独立的学习中心网络和学习支持服务体系,目标是使更多的学生获得学习机会。既提高学生整体的综合素质,又培养各行各业的应用性人才。

教育部高等教育司于 2001 年 12 月批准依托电大系统建立现代远程教育支持服务试点项目——奥鹏远程教育中心。奥鹏远程教育中心负责公共服务体系的建设、管理与运行,实行的是两级管理,即奥鹏远程教育中心和设在各地的学习中心。奥鹏远程教育中心是集远程学历教育、行业资格认证、职业培训等相关教育产品为一体的综合性教育服务公司,以连锁经营方式及现代企业管理和市场运作机制为运营模式。按照市场机制运作的远程教育支持服务的特点是,具有公司法人的资质,实行企业化管理服务[①]。其学习支持服务目标是完善公共服务体系,为各类高校提供学历教育相关的学习支持服务和非学历培训服务。基于互联网平台,以灵活、方便的技术手段,为不同年龄、不同职业的人们提供数字化学习机会和全天候一站式学习支持服务。

二、学习支持服务提供方

广播电视大学学习支持服务由中央电大、省电大、地市级电大、县级电大

---

① 杨顺起,陈立勇,平凡.电大学习支持服务体系的机遇与创新[J].开放教育研究,2008(5).

管理者及课程主持教师、课程责任教师和课程辅导教师提供。

开放大学总部、分部、独立学院及学习中心教师(课程负责人、课程责任教师、课程辅导教师)与管理人员组成教学与管理支持团队分级或扁平化为学生提供支持服务。

高校网络教育学院学习支持服务方来自网络或继续教育学院管理者、学科型学院的主讲教师和辅导教师等。

奥鹏远程教育学习支持服务提供方为奥鹏总部中心管理者、加盟高校教师及地方学习中心管理者及教师等。

三、学习支持服务组织形式

中央广播电视大学对省校、市校及县教学点进行管理、检查和监控,主要制定教学计划、教学大纲,编选教材、提供教学资源,进行试卷制作和文凭核发等,广播电视大学采取"自学为主＋面授辅导＋网上学习"学习支持模式。

国家开放大学对分部、独立学院及学习中心提供管理服务、教学服务。国家开放大学制定教学计划、教学大纲,编选教材、提供教学资源,进行教学质量的监控与评价等,采取基于学习网的有支持的开放式学习模式。另5所独立的开放大学同样也有制定教学计划、教学大纲,编选教材、试卷制作和文凭核发的自主权。采取"自学为主＋面授辅导＋网上学习"支持模式或全网学习支持模式。

高校网络教育学院的学习支持服务组织形式有两种:一种是依靠自建自用或共建共用的学习中心进行招生、教学过程管理、考试管理等;一种是依靠社会公共服务体系(如奥鹏远程教育中心),由公共服务体系进行统一的学生支持,采取以自学为主,集中授课为辅,自主学习＋讨论答疑＋教学站辅导教学－管理支持模式。近年来高校网络教育学院逐渐发展为"多媒体课件学习＋纸质材料学习＋网络在线学习＋面授辅导＋考前辅导＋集中考试"相结合的教学－管理支持模式。

奥鹏远程教育中心对各学习中心管理、检查和监控。加盟的高校教师主要制定教学计划、教学大纲,编选教材、提供教学资源,进行课程教学答疑、试卷制作等。各地学习中心主要围绕学生提供学习支持服务,包括提供网络学习环境、资源接受与发放、招生咨询、考试管理服务等,形成"一站式"学习支持服务模式。

四、学习支持服务内容

广播电视大学的学习支持服务内容随其发展不断丰富。1979—1989 年，学习支持服务提供方的授课教师是本领域、本学科一流名师、专家。由教育部统一制定教学计划与教学要求，采取国家统一文化考试，资源支持上主要是通过文本资源及广播、电视给学生帮助与辅导。1990—1998 年，中央广播电视大学明确提出学习与非学习支持服务，提供学习支持服务保障。除了文本教材外，还提供录音录像、光盘、多媒体课件为学生服务，师生交流、沟通更为方便。1999—2012 年，除了文本资源外，还提供视频课、IP 课件、直播课堂、网络精品课、电子图书馆等。2004 年，成立并运行中央广播电视大学远程接待中心(call center)，通过电话、邮件、BBS 等服务形式，为电大学生及社会咨询者提供从报名、录取、注册、选课、学习、作业到考试等过程的信息咨询、投诉受理等学习支持服务。在实行教学计划、教材、考试试卷、考试时间、评分标准"五统一"的教学管理模式下，开发了网上形成性测评系统，在学习支持方面做了很好的探索。通过三级平台互动，充分发挥导学、助学、督学作用。呼叫中心的应用已经成为信息服务、咨询服务的一种重要方式。计算机网络、视频会议系统、移动通信网等现代通信网络应用日益广泛。

开放大学平稳运行后，学习支持服务的深度和广度发生巨大的变化。在资源支持方面，主要提供丰富的、可选择的网上学习资源，有视频课、IP 课件、直播课堂、网络精品课、微课及网络课程等。创建以学生为中心的网络学习环境、开通数字电视频道等。在教学支持方面，落实学习过程，为学生的学习提供快捷方便的咨询和指导；设计和开展多种类型的学习活动，激发和提升学生学习兴趣，增强学习效果。在管理与技术支持方面，国家开放大学开发了moodle平台，2015 年秋季学期全面投入使用，提供从报名、录取、注册、选课、学习、作业到考试等全过程的网络支持服务。国家开放大学应用云计算技术实现了"六网融通"人才培养模式，即以学习者为中心，以提高质量为目标，基于互联网创建集教学、测评、服务、管理为一体的人才培养模式[①]。依托阿里云开通了国家开放大学学习网，推进了网络学习空间建设。远程接待系统与国家开放大学教学平台、形成性考核平台、教务管理系统等有效对接，实现了一站化支持服务。自 2022 年春季学期起，响应国家数字化战略行动，国家开

---

① 杨孝堂，张曼茵. 中国远程高等教育 40 年[M]. 北京：国家开放大学出版社，2019：321.

放大学全面推进"一网一平台","一网一平台"建设是开放大学体系内部一次信息化基础设施的全面升级。在情感支持方面,开放大学注重对学生进行情感上的激励,创设愉快的学习氛围,举办多种学生文化活动,开展学习需求、满意度的调查,完善学生反馈体系。

除了国家开放大学,北京开放大学、上海开放大学、江苏开放大学、广东开放大学及云南开放大学也在积极探索学习支持服务新模式。例如,江苏开放大学基于学习平台采用"双导师制"学习支持服务模式。"双导师制"学习支持服务模式基于课程和远程班级,配备课程导师,为学生课程学习提供"学业性"支持服务;基于地域,配备学务导师,为学生课程学习提供"辅导性"支持服务。为所在地域的学生提供学业进度规划、课程安排、课程目标、形考作业、考核要求、参考范例、考务等方面的指导、咨询、答疑,负责学生的日常联络、属地管理和相关学生事务的组织协调工作等。北京开放大学秉持"学生为本、质量为上"的理念,建构了跨层级、跨区域、跨分校重构资源整合、团队融合、职能配合、任务分责的学习支持服务模式,形成由教学环境网络化、人员组合团队化、资源形态数字化和支持服务个性化 4 个维度支撑的扁平化体系构架,更高程度上满足了学生的学习需要①。

高校网络教育学院学习支持服务内容包括:在资源支持方面,主要以复习资料及电子图书馆中的资料为主。近年来,高校网络教育学院使用了多种媒体结合的方式,如视频流媒体、网络精品课、微课、三分屏课程、MOOC 等,为学习者学习学科内容提供了很大的帮助。在教学支持方面,主要基于计算机网络与卫星数字通信技术进行教学支持。辅导教师通过面授辅导,进行重难点内容的讲解。学生也可以通过教学平台进行在线学习,包括课件浏览、实时和非实时答疑、在线讨论、音视频实时交互、在线自测、在线作业等学习活动。在平台上教师根据课件的章节、知识点来发布相应的作业或综合性的题目。学生可以通过作业批阅系统提交作业,获取作业批改结果。在管理与技术支持方面,高校网络教育学院一般具有名校的品牌效应和较好的软硬件网络设施,其业务主管部门与学习中心通过管理平台共同实现网络化管理,包括报名、注册与选课、教材定购、考试及成绩查询以及管理信息反馈等部分。

奥鹏远程教育中心学习支持服务内容包括提供教材、文本及多媒体复习材料等资源支持,集国内外的远程教育教学和管理经验的基础之上自主开发

---

① 李春英,游思聪.开放大学扁平化教学与管理模式探索——以北京开放大学为例[J].中国远程教育,2018(10).

OEMS平台,提供管理和技术支持。提供7×24小时的呼叫中心服务,具备学习风格测试、专业选择指导、远程学习技能培养等周到的学生支持工具,极大改善了远程学习者的学习体验。

五、学习支持服务质量评价

国内远程教育的外部质量保障制度尚未形成,质量评价主要局限于内部评价。广播电视大学主要是系统内各级管理部门评价、督导部门评价,评价标准、评价机制尚不完善。

开放大学主要是体系各级管理部门评价、督导部门及专家评价。管理部门借鉴国内外远程教育相关的质量标准设计了评估师生在线教学活动的一系列量化指标,督导部门进行调查与访谈,发现教学运行中的学习支持服务的不足,并反馈问题。教学管理部门则根据调研的数据分析结果,发现教学运行及教学管理的薄弱环节或潜在问题,进一步深挖问题来源,实现学习支持服务活动的适当干预和及时调节。值得注意的是,有的省域开放大学已引入第三方评价,如江苏开放大学率先委托第三方专业机构麦可思实施毕业生培养质量评价,对开放教育人才培养及质量评价进行针对性的研究。高校网络教育学院主要有管理部门评价和专家评价,通常是通过实地考察、查阅有关档案资料,听取有关负责人的汇报,登录网院的网络教学平台,了解网上资源、学习支持服务的情况,评价标准与评价机制不完善。奥鹏远程教育中心奥鹏总部中心按照公共服务体系的要求,为在校学生提供了统一的、标准化和专业化的学习支持服务,但在学习支持服务评价方面比较欠缺。

六、概括总结

从以上对远程教育院校(机构)学习支持服务模式的比较分析可以看出,不同的远程教育院校(机构)学习支持服务模式虽有差异,但是面向远程学习者所需要的支持服务是基本相同的。在学习支持服务内容方面,开放大学及高校网络教育学院多元、丰富。开放大学/广播电视大学比较注重教学过程,为学生提供全方位的支持服务。奥鹏远程教育中心注重一体化管理支持,但还缺乏必要的教学过程支持。开放大学/广播电视大学成立了学习支持服务中心机构,促进了学习支持服务工作的开展。在学习支持服务评价方面,广播电视大学做出了很多探索,在学习支持服务保障方面做出了一定的成绩。开放大学已把学习支持服务作为评价远程开放教育质量的标准,但尚未确立指向学习者的学习支持服务评价的中心地位。

近年来，MOOC 已作为公共服务体系（平台）出现在终身学习者的视野，随着 MOOC 的教学改革和人才培养模式改革的理论与实践探索，在线教学与传统面授教育相混合的教学模式逐渐成为普通高校教学改革的新尝试。很多普通高校基于以学为中心的服务理念，构建智能化的支持服务体系，为学习者提供更加丰富的、个性化的学习支持服务。在线学习中强调同伴互助、网络学习社区对学生学习的支持作用。为学生提供详细的快速入门指南和课程学习手册，提供课程中可能用到的软件工具列表，以视频和文本的形式提供以往学生的学习建议、优秀作品，学生通过社交媒体建立学习共同体[①]。MOOC 的支持服务包括平台互动交流、信息化学习工具和第三方软件等。平台互动交流主要通过课程平台为学生的学习、交流提供支持，如 edX，学堂在线平台一般有公告、课件、讨论区、Wiki、扩展学习资料、学习进度等模块；信息化学习工具主要通过平台的拓展及插件为学生提供操作环境等；第三方软件主要为课程学习的社会化提供支持，如微博、微信、邮箱等，便于学生交流，及时获取课程信息和学习信息，也为学生的个人信息管理提供支持服务。但是，目前我国 MOOCs 课程提供的服务类型数量都只在 $1\sim3$ 种之间，且以督学服务为主，甚至超过半数以上的课程，没有提供任何一种导学服务或者助学服务[②]。由此可见，在线教育需要进一步探索学习支持服务模式，发挥高校和公共服务体系各自的优势，更好地为学习者提供优质的支持服务。

第三节 开放大学学习支持服务模式探索[③]

在开放大学"开放、责任、质量、多样化、国际化"核心理念下，学习支持服务目标是一切为了学生，为了一切学生，创新学习支持服务模式，使学生真正成为学习的主体。以江苏开放大学为例，构建了"3＋n"整合式学习支持服务模式。"3"即课程教学团队、教学管理团队、专业管理团队三支团队；"n"即根据学生学习需求组成多个学生学习小组。通过组建三支团队，实现学习支持

---

① 谢幼如，等.在线开放课程与教学创新[M].北京：科学出版社，2020：46.

② 赵宏，孙洪涛，郑勤华，等.中国 MOOCs 学习支持状况调查[J].现代远距离教育，2017(3).

③ 章玳.基于学习共同体的学习支持服务——"3＋n"整合式学习支持服务模式实施路径探究[J].成人教育，2019(5).

服务的团队支持,同时,全面推进小组协作学习,在团队教师引领下,通过各个小组成员之间互帮、互助、协作支持,提高学生学习的有效性。"3＋n"整合式学习支持服务模式如图5－2所示。

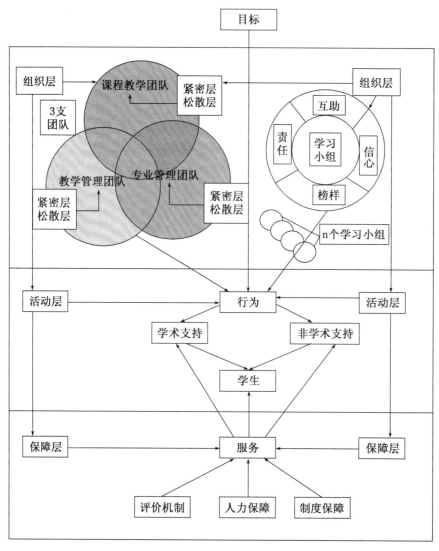

图5－2 "3＋n"整合式学习支持服务模式

一、学习支持服务组织:团队支持与小组学习

1. 团队支持

(1)课程教学团队。课程教学团队是课程组织与实施的基础和保证。以江苏开放大学为例,课程教学团队在首席主持负责下,形成"紧密层"和"松散层"。紧密层由核心教师构成,参与教学运行设计,修订网上教学资源,人员相对稳定;松散层由骨干教师构成,主要职责是做好面授辅导工作,并保证一定数量的学生参与网上教学实践活动。松散层人员由各市县校学习中心辅导教师构成,进出流动性较大;紧密层人数控制在 6 人左右,松散层 10 人左右。通过课程教学团队建设,形成开放教育的团队合作机制,提高教师学习支持服务的整体水平。课程教学团队为学生学习提供直接的支持服务。

(2)教学管理团队。江苏开放大学尝试组建教学管理团队,即整合教务管理、考试管理、学籍管理三支团队,形成开放大学系统的团队合作分享机制。充分发挥系统管理队伍的骨干作用,完善教学管理规章制度,优化学籍管理工作流程,促进业务研讨和教学管理经验交流,改进学籍管理的方法和手段,提高教学管理人员学习支持服务的整体水平。

(3)专业管理团队。专业管理团队是通过专业教师对学生进行间接性辅导的团队。江苏开放大学针对现有的 29 个专业,一是聘请了 19 位本校教师担任专业负责人,共同管理 27 个专业;二是针对 2 个实践性教学要求较强的专业(旅游专业和汽车维修专业),聘请了 2 位从事职教多年的教师担任专业负责人;三是聘请系统外的两位专家担任相关专业的带头人。组建了一支既有理论研究水平、又有实践经验、还有开放教育管理能力的专业管理团队。团队针对在线学习环境不断进行教育教学研究,使学生的学习同教育实践结合,为学生学有所成提供了良好的学习支持服务。

2. 小组学习

教师教学团队提供的学习支持服务通过小组学习的形式能够更加容易地传达到每个学习者。学习小组是重要的学习共同体。在学习共同体中,学习者彼此之间的交互会对其认知活动产生促进作用。小组学习不再以教师为主,而是以学生为主体,合适的学习伙伴及和谐的学习小组对小组中成员的学

习效率产生着决定性的影响①。由课程团队教师组织引导学生组建学习小组,通过组员之间的互帮互助、相互促学、协作学习,可以达到有效学习的目的。江苏开放大学建立了持续探索和推进小组学习的助学机制。每学期根据学生学习需求和学生人数组成 n 个学习小组,促使学生间互相支持。学习小组具有如下功能:① 形成互助。学习小组使小组成员产生归属感,成员在学习过程中互相帮助、共同学习、共同提高,高效地完成学习任务。② 产生激励。开展学习小组活动能够激发学生学习的兴趣。具有不同优势的学生组合在一起,每个成员受到关爱与尊重,学生在小组学习中相互激励,能够消除学生独立学习的孤独感和乏味感,保持学习动力。③ 提供榜样。小组学习中提供榜样,示范榜样的行为,对良好的榜样行为予以积极的强化,会使其他学生习得良好的学习行为。榜样可以由教师来呈现,也可以由学生自我呈现。④ 强化责任。为避免有学生无所事事,充当旁观者,学习小组中,必须使每位学生承担一定的学习任务,学习成功取决于所有组员个人的学习。明确个人承担的学习责任,可以实现学生之间的互相影响,达到自我完善。长期的研究揭示,共同体中学习者对相互关联的感受越强烈,就越会产生强烈的学习责任感。江苏开放大学每学年坚持学生优秀学习小组评选活动。由课程辅导教师指导学生进行申报,经专家评审,评选出最佳学习小组、最活跃学习小组、最具人气学习小组,并给予表现突出的学习小组组长以特别贡献奖等,有效地促进了学生的学习。

近年来,由于受新冠疫情影响,江苏开放大学学习小组活动更多是在线进行,利用学习平台进行小组合作学习需要考量小组学生在线学习的贡献度。在线学习贡献度是指学生参与课程学习的贡献度,如在论坛发表启发性的帖子,上传有较高价值的在线学习资源和在平台为其他学生提供技术性的帮助等。在线学习过程是一个交互的过程,团队教师鼓励学生通过论坛或学习小组等形式,与学习同伴互通有无,交流思想,产生思维碰撞,在协作交流中促进知识的深层次内化和高阶思维能力的发展。教师引领学生积极与学习同伴进行交流,在学习平台上贡献自己的所知、所想和所获,促进知识的生成和共享。为实现共同进步,对有较高贡献的学习者给予分数或者名誉上的奖励。

---

① Astin, A. W. What matters in college: Four critical years revisited[M]. San Francisco: Jossey-Bass, 1993.

二、学习支持服务活动:学术支持与非学术支持

基于学习共同体理论,由师生组成的学习共同体中,教师及管理者由教育教学活动的"管理者"转变成学生学习的"服务者"。为调动学生学习积极性、提高学习效率,江苏开放大学探索了学术性和非学术性的学习支持。

1. 学术支持

江苏开放大学根据课程开设情况,动态配置课程负责人,为保证课程教学的质量,严把"五关"。

(1) 完善教师空间和学生空间。各学习中心按照教务管理系统的学生选课数据,按照模板规范,将教师与新生的选课数据全部导入国家开放大学学习网。各教学点根据管理员操作指南完成学生分班和配置辅导教师工作。要求所有教师和学生进入平台后,首先熟悉平台空间的各项功能。

(2) 教师做好学习支持的准备。分部课程责任教师登录课程,修改课程设置,设定课程模块,补充、完善、整合课程教学资源,设计教学活动等,做好教学准备。各学习中心课程辅导教师登录平台进入课程,熟悉课程的教学设计、课程教学辅导资源、课程教学活动主题,思考如何引导学生有效学习。在线下,各学习中心利用开学典礼和其他有效的方式,对学生开展开放大学学习网的学习培训,让学生了解在学习网上如何有效开展学习。

(3) 了解学习者学习需求。进行有效的学习支持服务前提之一是获取学习者学习需求数据。一是利用平台自带的问卷调查表进行调查;二是分部课程负责人自行设计创建调查问卷进行调查。通过问卷调查来收集学习者年龄分布、学习动机、学习风格、职业状况等数据,帮助学习者实现有效的课程学习。

(4) 提供清晰易学的学习资源。对于网络核心课程,江苏开放大学要求课程负责人在自建区这一阵地做好文章,结合有关规范做好教学活动的补充、导学、助学和评学的设计。自建资源区资源分为三个模块:首先是课程简介。课程简介是整个课程的引领部分,内容包括简单介绍课程的性质、学习要求及必要的支持服务联系方式,也可以包括课程导学、教师介绍等。其次是教学活动。教学活动区是开展日常辅导答疑和网上实时教学活动的区域。根据平台提供的讨论区的功能,设置课程学习问题讨论区、教学点学习问题讨论区、网上实时教学活动讨论区及公共讨论区等。要求主题清晰,便于学生快速查找,进入该区参与学习与交流讨论。再次是作业辅导与期末复习。在这一模块为

学生通过终结性考试提供的期末复习要求及复习迎考的相关资料,包括近三年试卷、综合练习等。对于省开选修课,以"7+1模块"(课程简介、教学活动、教学文件、教学辅导、多媒体资源、作业讲评与自测、期末复习及拓展学习)单元化的布局方式,保持课程版面统一、结构统一、评价统一,最大程度地提高大规模在线教学的辨识度,为学生学习提供方便,不至于因为每门课界面、栏目不同造成混乱。在对规定模式统一要求的同时,也鼓励教师进行教学资源呈现形式的改革和创新,支持教师参与网络核心试点课程的研究和探索,要求教师在研究的基础上,积极采用单元模式呈现课程教学资源,以增加学习支持服务的多元化和趣味性。

(5)充分开展课程讨论活动。为使教学活动顺利开展,课程负责人在课程学习正式开始前都建立了"破冰活动"区,用以活跃学习气氛,拉近师生、生生间的距离。江苏开放大学100%配置相应的课程辅导教师,辅导教师和课程责任教师组成课程教学团队,就各自的工作职责、内容进行分工,保证每一个学生能够顺利进入课程学习、完成形考任务。以团队协同形式开展在线讨论活动。考虑到很多课程学习人数众多,为了在有限的时间内让学生学有所获,通过组织各地方学院及学习中心辅导教师组成团队,事前统一活动主题,并在活动同时开设各地方学院及学习中心分会场,为上线学习的学生答疑解惑。实时教学活动结束后,对讨论活动开展的情况进行有针对性的总结,为未能及时参与的学习者提供参考,调动了学习者参与学习讨论活动的积极性。

2. 非学术支持

管理和服务质量的好坏会直接对学生的学习产生积极或消极的影响。教学管理人员工作水平和质量直接影响管理与服务的质量。江苏开放大学制定了教学管理人员的管理办法,并明确考核评价机制,制定定量和定性考核的相关标准。充分吸收先进的"围学"理念,根据学习网的运行方式,梳理了教学管理流程,对每一个环节把关,为学习者提供了良好的教学管理服务。教学管理工作流程如图5-3所示。

江苏开放大学建立了从输入、过程、输出全流程的严密和科学的监管体系(如图5-3),围绕学习支持服务,着力于以下几个方面:

(1)积极推进课程考核改革,规范考试管理工作流程,严抓考风考纪。进行开放教育学生学习成果的考核改革是远程教学改革的重点之一。在精心组织实施国开统设课程考核改革工作的同时,制定了非统设课程考核改革方案,积极探索建立以能力为核心的学习评价模式,科学设计评价主体、评价内容、

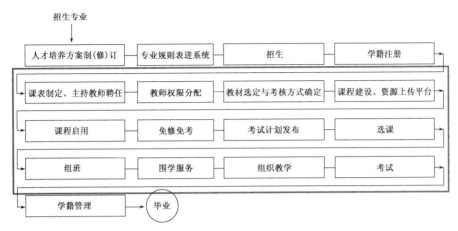

图 5 - 3　教学管理工作流程图

评价方式,实现学习与评价一体化。根据"六网融通"模式要求及学习网特点,对学生学习内容、学习过程、网上学习行为等提出了明确的考核要求,尤其是对学生网上学习行为的评定提供了规范、量化的考核依据,量化指标具体,考核标准明晰。

(2) 技术支持为学习共同体的构建打下了良好基础。江苏开放大学不断加强校园信息化和数字化资源建设,升级改造网络设施,建成了集教学、演示功能于一体的学习广场。校园网主干带宽达到 10 G,出口带宽 1 200 M,形成了遍布全省的高速、便捷的远程教育网络。更新改造了基于"云计算技术"、服务全省办学系统的数据中心,数据中心可提供约 400 台服务器的运算能力、约 100 T 的存储能力。升级改造了校园无线网,实现校园无线信号无盲区覆盖。配置了"多媒体实时讨论系统"。完成了数字图书馆的运行维护工作,更新电子期刊约 8 000 种,新增期刊索引约 80 G。建成全省多个云教室并投入使用,构建"泛在学习"环境,合作研制了"移动学习系统",应用虚拟仿真技术构建数字化网上实验教学环境,开发实训模块 47 个。有的学习中心还开发了掌上学院(手机版 iOS 系统),有步骤有计划地推进数字化校园建设,建设了微格教室,并初步形成了一站式自助学习支持服务中心。

(3) 情感支持在学习共同体中起着至关重要的作用。江苏开放大学配备专门的心理辅导教师,适时对学有困难的学生进行心理疏导,提供帮助。采取各种措施,增加学生间的交流机会,如开展学习竞赛、班级主题活动、学习小组活动等,使学生相互督促、相互鼓励,形成良好的学习氛围。为加强系统凝聚力,每年开展优秀学生和优秀学习小组评选活动,积极鼓励学生开展自主学习,提升学习能力。

三、学习支持服务评价及保障措施

1. 制定学习支持服务评价标准

学习支持服务评价是对学习支持服务中一系列内容及学习活动的设计、组织、开展的过程和结果与实际教与学过程中的教学目标、学生需求是否相符,或者相符程度的高低进行的一种价值判断。学习支持服务评价标准是保障制度建设的重要内容。基于英国开放远程学习委员会的评估指标,结合学习支持服务工作的实践,学校制定了学习支持服务评价指标。学习支持服务评价的一级指标有人力支持、技术支持、资源支持、学习过程支持、管理支持、文化(情感)支持 6 个,二级指标 15 个。学习支持服务评价标准为展开学习支持服务活动提供了依据。

2. 围绕学习者进行学习支持服务评价

学生是课程活动的对象,学校教学质量的高低主要体现在学生身上。学生对学习支持服务的评价,可以为院校提升学习支持服务质量提供反馈信息,有利于学习支持服务模式的不断完善。江苏开放大学兼顾了外在评价和内在评价,特别针对学习者,从学习者的满意度、感知度、成功率及毕业论文通过率等方面进行评价。

(1)学习者满意度、感知度。远程教育院校的存续需要学生良好的满意度与感知度。"学习者满意度"主要了解"为学生提供了怎样的学习支持服务",而"学习者感知度"主要了解"学生需要什么样的支持服务",对他们而言是否最为合适有效。江苏开放大学持续在网上开展学生满意度抽样调查,结果表明,学生对教学过程的学习体验满意度很高。教学整体满意度、教学辅导满意度、教学资源满意度、教学支持服务满意度等几个主要调查项分别达到 97.14%、98.13%、93.95%、98.33%。

(2)在线学习参与度。在线学习参与度是指学习者在在线学习过程中对各种在线学习活动的参与程度,如平台登录次数、平台在线时长、论坛发帖次数和对学习材料的点击率等可以量化的相关数据。

(3)课程合格率。学习者的作业表现和测试成绩是评价学习者的一项指标,在线学习的作业和测试是检验学习者知识掌握程度的依据。课程合格率正常体现为学生毕业率,课程合格率与满意度之间存在着正相关性。江苏开放大学学生上网学习行为及课程的合格率呈上升趋势。

（4）毕业论文（学位）通过率。完成毕业论文的写作，是完成学业的标志性指标，是提高学生实践能力、促进学以致用的重要环节。教师对学生毕业论文的指导是对学生进行支持服务的重要教学活动。可以说毕业论文（学位）通过率是开放教育教学质量的直接反映。在团队教师的支持下，江苏开放大学各专业学生毕业论文（学位）通过率较高。

（5）自主学习能力及终身学习能力提升。近年来，培养学生能力已成为世界各国各级教育的主流倾向，对学生的测试或评价已从关注学科知识的掌握转向关注学生的能力发展。边实践、边探索，江苏开放大学注重对学生自主学习能力、终身学习能力和职业能力、具体职业情境中的综合能力的培养，现已初显成效。

3. 学习支持服务保障措施

江苏开放大学探索制定了一整套学习支持服务规章制度、工作流程和操作手册，规范了教学支持和管理支持工作；通过集中与分片、专项与综合内容相结合的形式组织培训，保障了学生学习支持服务的工作成效。

（1）加强各类团队建设。明确教师、管理人员及技术人员职责，制定团队支持服务的标准。充分发挥办学系统师资优势，加快推进体系内教师整合，打造强有力的课程教学团队、教学管理团队及专业管理团队等，形成专兼结合的、系统的教师团队建设新格局。

（2）加强教学规范化建设与管理。积极探索教育教学规律，加强教学规范化建设与管理，切实提高教学质量，推进网络核心课程试点工作。适应开放大学转型发展，全面推进网络核心课程的试点工作，探索基于网络核心课程的教学支持服务规范与秩序。每学期将教学检查结果与学习支持服务活动做记录并存档。

（3）加强学习支持服务者的支持培训。每学期组织有针对性的教学培训、教学管理培训及学籍业务专题研讨会或培训会，使教师及管理人员了解、掌握最新、最准确的教学及管理相关政策和步骤，及时调整工作流程，为学生做好支持服务。

（4）边实践、边研究，以研究推动实践。江苏开放大学在实践基础上总结电大/开大的办学经验，探索并编制了《学习支持服务解决方案》，指导开放大学教学工作，助推学习者自主学习，提高了远程学习的质量和效果。

第四节　学习支持服务模式的发展趋向

一、学习支持服务模式发展中的不足

如前所述,虽然经过多年的探索,我国远程教育的学习支持服务模式有了长足的发展,但在一定程度上仍存在着单一、独立和粗放等问题。例如:学习支持服务以辅导教师为主,主体较为单一,形式较为简单;在开放大学系统中由于在对"以学习者为中心"理念的认识上有差异,造成线上与线下学习支持服务一体化安排不足;资源建设标准未能与时俱进,现存的学习资源建设中缺乏学习支持服务的设计,资源还难以满足学习者的个性化学习的需求等,需要不断进行改革和完善。

二、学习支持服务模式构建路径

随着"互联网+"时代的到来,学习支持服务与信息技术之间的关系又上升到一个新的阶段和水平。信息技术深度融入教学、管理、评价等方面,极大地丰富了学习支持服务的方式和内容,远程教育的学习支持服务模式应从单一式向多样化、多元化发展;从独立式向一体化、立体化发展;从粗放式向精准化、个性化发展。

1. 发展多样化、多元化的模式

一方面,在学习者多样化与个性化需求驱动的背景下,单一的线下学习支持无法满足学习的需求。另一方面,现代信息技术突破了传统的师生面对面为主的学习支持服务模式,支撑学习支持服务活动的智能化技术手段日益丰富,能够多方面地满足学习者的需求。在学习支持服务的内容向多媒体、交互化发展的同时,学习支持服务模式应向多样化和多元化发展。从学习支持服务的提供方看,可以是中心(总部),也可以是分部或学习中心;从学习支持服务的手段看,可以是线上,也可以是线下线上混合式;从学习支持服务组织形式看,可以是层级提供,也可以是直接扁平化提供。例如,在国家开放大学"六网融通"人才培养模式下,分部可由早期的单一的课程辅导教师向学生一对多提供支持服务转变为"团队支持+小组学习"的"3+n"整合式学习支持服务模式。团队教师打破地域的界限,通过分布式引导,激发学生自主学习。

互联网能够给予用户极大参与空间,它鼓励人们评论、反馈和分享。在互联网中,人们可以迅速地形成一个社区,对共同感兴趣的话题进行充分交流。实践证明,学习支持服务提供方不仅可以利用社区论坛进行学习讨论活动,还可以进行课程实践教学。互联网具有的连通性使学习者拥有一种交互化、个性化的学习环境及丰富多彩的课程交互性界面。交互性支持,友好的人文关怀,能够让学习者在模拟现实的情景中愉快地学习,从而提升学习支持服务的成效。所以,学校要借助日趋完善的平台功能、即时通信工具的发展以及软硬件设施的更新来提供智能化的学习支持服务。值得注意的是,技术的发展并不意味取消低科技的东西,而是共存①。"低科技"的教学环境能够促进学生主动建构知识就有存在的理由。所以,学校还需从学生角度考虑,选择适合学生学习的学习支持服务模式。

2. 发展一体化、立体化的模式

国内开放大学普遍存在的一个问题是以瑞典学者霍姆伯格理论为依据,认为远程教育院校主要是通过课程开发设计、发送课程资料以及为学生提供学习支持服务而进行远程教学的,课程开发设计与学习支持服务为两个独立系统,在教学实践中重课程建设而轻学习支持服务。然而,只将学习材料打包给学生,并不能确保学生成功学习②。在"互联网+"时代,信息技术对学习支持服务与课程建设一体化设计有很大影响,课程建设与学习支持服务的界限已被打破。"学习支持服务需要融入学习设计中,把学生支持、教学和考核看成一个有机整体"③。而今,网络学习空间能够提供交互式的课程学习资源,使学生空间、教师空间、管理空间的数据有效合成,既能满足远程教育混合学习的学习过程开展,又能满足支持服务的适时嵌入。

一体化设计学习支持服务、课程教学和考核势在必行。不应再把远程教学分解为课程设计和学习支持两个独立阶段,要将课程的开发与设计放在学习支持服务整个体系之中,把学习支持的核心目标功能、要素整合到学习材料

① 王迎,宋灵青.国际视野下的远程学生支持服务——访谈远程教育专家贝纳雷特·罗宾逊教授[J].中国电化教育,2013(4).

② Rumble, G. Student support in distance education in the 21st Century: Learning from service management[J]. Distance Education,2000(2).

③ 艾伦·泰特.从实地到虚拟空间:重构数字时代远程 e-learning 学生支持服务[J].肖俊洪,译.中国远程教育,2014(6).

及教学过程和评价体系中。首先,学习资源中整合学习支持。不同于传统的学习资源,学习资源尤其要建立有效的学习支持。例如,视频材料嵌入学习支持设计,以闯关完成测试、教师的引导来增强学生与学习内容的互动。渗透学习支持的教材,内嵌教师的鼓励、帮助及支持,以促使学生督促、自我激励、自我评价①。其次,学习活动设计中整合学习支持。网上学习活动的设计既是学习支持服务,也是课程内容的重要组成部分。可以搭建完善的社交平台,围绕知识点进行游戏化的设计,促进教师与学生、学生与学生、学生与学习材料之间的互动。针对不同的学习者,教师有效引导,点赞问题或是对答案比较有价值的进行额外加分、授予勋章等。再次,评价设计中整合学习支持。精心设计的评价对教学具有积极作用。教师精心设计评价方式,将学习评价从单纯的分数排位转向兼顾综合素质,对学生多元化的成绩进行大数据分析,包括视频学习、测试、讨论区交流、小组合作学习、作业得分等,通过数据分析,综合反映学习者的学习过程、学习态度和学习结果。有效统计师生互动率、学习者互动率,将学习者互评、小组互评及教师评价三者结合。总之,学校教师应该把准备学习材料的着眼点从提供内容转移到设计学习支持的路径上,使学生在学习过程中负起更大责任。

3. 发展精准化、个性化的模式

为学习者提供个性化的支持服务,关注学习者网上学习的参与度、网上学习的困难,使学习者真正掌握学习的主动权,发挥自主学习的自觉性,是学校学习支持服务所要实现的目标。然而,在远程教育教学中,依然存在教师及管理者向学生提供的学习支持服务粗放泛化,从自我感知角度出发,对学生个体而言并不合适或不合时机,缺乏对个体学生的持续关注的现象。有研究者将师生之间对支持服务重要性感知进行对比分析,发现学习者和教师对学习支持服务重要性感知有很大不同,学习者期望获得灵活、个性化的支持服务②。互联网时代,学习支持服务转型的重点是大数据及学习分析技术的应用。基于数据的分析与数据的决策,我们可以做到精准教学、个性化服务,精准地了解学生需要什么样的支持服务;什么时候需要支持与帮助等。主动提供学习

---

① 章伟. 远程自主学习式教材的设计与编写研究——以江苏开放大学为例[J]. 中国远程教育,2015(12).

② 许玲,许文静. 师生对远程学生支持服务重要性感知的对比研究[J]. 开放学习研究,2016(6).

支持与个性化支持,不仅不会增加学校的成本,而且还可以给学生带来更加优质的学习体验。例如,运用知识表示方法、机器学习、自然语言处理、智能代理、情感计算构建基于人工智能的学习支持服务模式。

技术与教育的融合,使得学习支持服务可以从面向群体的粗放式提供转变为面向个体的精准化、个性化的提供。首先,要真正认识每个学习者个体,关注每一个学生的实际获得,满足学生的实际获得感。对学生的学习兴趣、学习偏好、学习风格及发展目标做出正确判断。学习分析已成为引领教育教学改革,特别是远程教育变革的核心和主流技术。可以通过构建领域知识点的逻辑结构关系来帮助进行诊断,实时获取学生阶段性学习数据,形成直观系统的报告,结合系统的诊断库对报告反映的问题进行个性化指导。其次,精准提供足够每个学生个体发展的环境、资源、活动、工具与服务等环境条件,推送最合适的学习资源与学习支持。互联网推动着教育的发展,服务与网络连在一起。微博、微信、论坛、手机 App 和网络社区等移动终端应用,可以实现信息的双向交流,简单快捷。教师可以根据每个学习者的不同需求,传递学习信息,推送个性化学习内容,进行针对性的辅导答疑,使学习者选择在适合的时间、适合的地点学习。再次,通过学习行为、教学行为数据的深度挖掘与分析,根据学生实际需要提供定向精准的、个性化定制服务。成人学生是带着原有的经验参加学习的,同样的科目在不同学生看来有不同的理解和接受方式,学生的能力水平也影响着其掌握知识点速度的快慢,需要个性化学习内容的定制。面向不同学习起点及学习背景的学生提供不同的学习工具、策略及学习路径;提供分级的课程、分层的作业,进行配套的分级考核测试等,也是学习支持服务精准化、个性化模式发展方向。

本章小结

积极发展"互联网＋教育"要以学生为本,提供学习支持服务;更要逐步完善教与学各环节,优化学习支持服务的模式。本章首先明晰了学习支持服务模式的概念,指出学习支持服务模式是建立在学习支持服务理论基础之上,为实现教学目标,将学习支持服务诸要素以特定的方式结合形成相对稳定的框架及流程。学习支持服务模式是学习支持服务理论与实践的结合体,以理论为基础,同时又是理论的实现形式。学习支持服务原则:契合大学的人才培养目标;符合教育对象的主体特征;突出社会的时代属性。考察我国远程高等教育模式,主要比较了广播电视大学/开放大学、高校网络教育学院及奥鹏远程教育的学习支持服务模式。从学习支持服务目标、学习支持服务提供方、学习支持服务组织方式、学习支持服务内容及学习支持服务评价五个方面对我国远程教育学习支持服务模式进行了比较分析,并得出结论:不同的远程教育院校(机构)学习支持服务模式上虽有差异,但是面向远程学习者所需要的支持服务方式及内容是基本相同的。有的开放大学与网络教育学院已关注第三方评价或质量认证。开放大学已把学习支持服务作为评价远程开放教育质量的标准,但尚未确立指向学习者的学习支持服务评价的中心地位。

以江苏开放大学为例,探索了"3+n"整合式学习支持服务模式。组织层:"3"即课程教学团队、教学管理团队、专业管理团队三支团队;"n"即根据学生学习需求组成多个学生学习小组。通过组建三支团队,实现学习支持服务的团队支持,同时,全面推进小组协作学习,在团队教师引领下,通过各个小组成员之间互帮、互助、协作支持,提高学生学习的有效性。行动层:团队教师为学生提供学术支持与非学术支持。保障层:进行学习支持服务评价与质量保障。最后,在比较分析国内远程教育学习支持务模式的基础上,针对不足,提出在"互联网+"时代,学习支持服务模式发展趋向:从单一式向多样化、多元化发展;从独立式向一体化、立体化发展;从粗放式向精准化、个性化发展。

第六章 远程学习者特征及 需求调查分析

学习者是学习活动的主体,是支持服务的对象。学习者具有的认知、情感等特征都会对学习过程产生影响,也会对支持服务的过程产生影响。学习者特征包括智力因素和非智力因素,智力因素也就是起点能力,包括认知能力、认知结构、基础知识和信息素养等;非智力因素包括学习态度、学习动机和学习风格等。为学习者提供优质的学习支持服务,有必要了解学习者的认知特征,对学习者学习动机、学习风格及学习支持服务的需求加以诊断。

第一节 支持服务过程中的学习者分析

一、学习者认知发展特征

远程学习者的生活经历、职业素质和兴趣爱好、认知习惯方面都是异质的。了解远程学习者的这一普遍特征,分析特定远程学习者群体的具体构成特点,是提供学习支持服务并获得成功的关键因素。

1. 认知发展

认知能力是人脑加工、储存和提取信息的能力,它是人们成功地完成学习活动最重要的心理条件。分析学习者的认知能力,主要是了解学习者在不同认知发展阶段表现出来的感知、记忆、思维、逻辑、想象等方面的特征,从而依据学习者的不同认知发展特征设计教学,达到有效教学支持的目的。认知发展是指学习者一般认知能力和认知功能的形成及其方式随着年龄和经验增长而发生变化的过程,它涉及人在知觉、记忆、思维、语言等种种功能中的发展变化。瑞士心理学家皮亚杰(Jean Piaget)把认知发展视为认知结构的发展过程,以认知结构为依据,把认知发展分为四个阶段:感知运动阶段(0~2岁)、前运算阶段(2～7岁)、具体运算阶段(7～11岁)、形式运算阶段(11～15岁)。研究表明,皮亚杰所揭示的认知发展的阶段性是普遍存在的。成人期是整个年龄阶段中最长的一个阶段。18岁后,人身体的各器官特别是神经系统和内分泌系统已经成熟。随着年龄的增长,各种生理器官呈现出不尽相同的变化规律。有调查表明,成人从40岁开始,尤其在50岁之后,视力、心肺功能、肌肉和骨骼的韧性等方面都开始或加速退化。成人的听觉力、视觉力、嗅觉力、触觉力等也是呈现衰退的趋势①。美国著名心理学家桑代克(Edward Thorndike)的研究成果表明,成人的学习能力在20岁以后只是极为缓慢轻微地下降着。成人学习能力的下降主要表现在学习速度方面的下降,而不是在智能方面,而且即便智能下降也可以通过不间断的智力活动而减少到最低限度②。相对于儿童,成人的心理成熟度高,面对社会环境的变化较易适应,比较容易依据外界的变化调节自己的行为,他们的自控能力、承受能力都比较强。如果成人学习效果不理想,这不是学习者本人的学习能力问题,往往是由一些主客观的原因造成的,如个人低估自己的学习能力,身体的变化带来感知觉能力及反应能力的下降,等等③。

2. 认知经验

远程学习者多为成人。人在成年之前,所扮演的角色主要是学生,成年后则是社会成员,扮演多重角色,诸如公民、员工、配偶、父母等。成年期的发展过程是一个参与生活、学习生活、适应生活、创造生活相交叠的过程。成人与生产、与社会具有很高的关联度,是现实的生产者。长期的社会生产和生活实践,以及大量的社会交往,使成人的社会阅历不断增加,积累了丰富的工作、生活及学习经验。这些阅历和经验是成人学习者所独享的东西。美国成人教育专家马尔科姆·诺尔斯(Malcolm S. Knowles)认为,成人从事任何事情都以他自身的经验为背景,成人拥有许多经验可在学习时参照、使用,这是成人学习者与青少年学生的重要区别之一④,因此这些经验是成人学习的宝贵资源。

世界各国远程学习者都有各自的特点,但与传统教育的学生相比,世界各

---

① 夏海鹰.成人学习心理研究[M].北京:人民出版社,2014:110.

② 纪河,麦绣文.成人学习者的学习心理及基本特征[J].中国远程教育,2006(1).

③ 夏海鹰.成人学习心理研究[M].北京:人民出版社,2014:71.

④ Malcolm S. Knowles. Self-Directed Learning: A guide for learners and teachers [M]. Follett Publishing Company, Chicago, 1975.

地的远程教育学习者还是有许多共同特征的。远程学习者以原有的知识经验为背景,用自己的方式建构对于事物的理解。由于经验、背景的差异,学习者对意义的理解常常各不相同。学习者会带着不同的先前经验,进入远程学习情境中进行互动,通过师生之间、生生之间的合作和交流,互相启发、增进对知识的理解。在学习者之间相互作用的过程中,认知工具、教师及更有经验的学习者起着非常重要的作用。当学习可满足其经验需求与兴趣时,成人便具备学习的动力。因此这些恰好成为组织成人学习活动的出发点。经验是成人学习最宝贵的资源,远程教育院校要在了解、掌握成人的工作经验、生活经验及学习经验的基础上开展教学与管理活动。

3. 自控能力

相对于未成年人,成人的主体意识较强,能够独立地指导和控制自己的行为和行动。在课题组一项对成人远程学习自控力调查中发现,学习者参加远程学习的最主要原因是"增长知识,充实自己",其次是"提高职业能力,增强社会竞争力"。"学习新内容时,会做笔记将其与已有的知识进行联系和对比"完全符合的占 28.97%,符合的占 59.69%。"当学习效果不理想时,会主动分析原因并做出调整"完全符合的占 27.4%,符合的占 64.75%。"认为自己的学习自控能力"非常强的有 17.8%,较强的有 51.13%,不确定的有 29.67%,较弱的占 1.05%,非常弱的只占 0.35%。调查表明,在远程教育中,成人学习者对于自己的活动具有支配和控制的权利和能力,对学习活动具有较高的自我调适、自我控制的能力。他们希望在教学中能够自由支配学习时间与空间,选择适合自己的学习方式。

远程学习者不是单方面受制于教育活动本身和教师而被动地学习,而是能够自觉地认识到受教育的意义和目的,主动参与到教学活动中。所以,在远程教育中,我们既要尊重学习者的主体性,又要发挥教师的主导作用,使学习者乐于承担学习责任,在自主学习过程中不断发挥主观能动性。只有承认学习者是教育过程活动的主体,才能既明确教育的责任,又把教师和学习者放在真正平等的地位上,才能使学习者学习的积极性得到发挥。

二、学习动机与学习支持

1. 学习动机

人的各种活动,都是由一定的动机引起的。动机是激发、维持并使行为指向特定目的的一种力量。动机对个体的行为和活动有指引、引发和激励功能。在支持服务活动中,学习动机是需要考虑的一个重要因素。学习动机是推动学习者进行学习活动的内在动力,它对个体的学习活动有着极为重要的影响,决定着个体学习活动的自觉性、积极性、倾向性和选择性。学习动机可分为内部和外部动机。内部动机指人们对学习本身的兴趣所引起的动机,动机的满足在活动之内,不需要外界的诱因、惩罚来使行动指向目标。外部动机指由外部诱因所引起的动机,指人们由外部诱因所引起的动机满足不在活动之内,而在活动之外,是对学习所带来的结果感兴趣。内部动机能够持久地、稳定地促进学习者学习,而外部动机在学习者达到学习目标时便会减弱①。部分成人远程学习者受外在学习动机和学习能力的影响,学习的动机强度往往出现巨大落差,即初入学、学期初、发文凭前学习动机强,学习遇挫(如某门课程成绩不及格)后学习动机弱。

美国学者凯勒(John Keller)将学习动机的各种来源整合成一个通用型动机模型,即 ARCS 模型,如表 6-1。

表 6-1 凯勒 ARCS 学习动机模型

类别与子类别	过程问题
注意	
知觉唤醒	为吸引他们的兴趣,能做什么?
探究唤醒	怎样才能激起一种探究的态度?
变化	怎样才能维持他们的注意?
适切性	
目标定向	怎样才能最佳地满足学生的需要?
动机匹配	怎样何时才能为学生提供合适的选择?
熟悉性	怎样才能把教学与学习者的经验联系起来?
信心	
学习需要	在建立一种对成功的积极期望时怎样才能提供帮助?
成功机会	学习经验怎样支持或提高学生对自己胜任力的信念?
个人控制	学生怎样清楚地知道他们的成功是基于自己的努力和能力的?
满意	
自然后果	怎样才能为学生提供运用其新习得知识技能的机会?
积极的后果	为学生的成功提供何种强化?
平等	怎样才能帮助学生对自己的成就形成一种积极的情感?

---

① 陈小异,王洲林.学习心理学[M].重庆:西南师范大学出版社,2015:200.

ARCS 模型中学习动机有四个主要部分,包括 Attention(注意)、Relevance(适切性)、Confidence(信心)和 Satisfaction(满意)。ARCS 模型对于解决学习者缺乏学习动机、学习动机难以维持等问题,增强学习者自信心,改善学习者自组织学习具有重要的指导作用。

2. 学习支持

基于 ARCS 模型,为激发学生的学习动机,可从四个方面进行学习支持。

(1) 为引起学生的注意,可以呈现突然的变化。在提供学习支持时教师要考虑:为吸引学生学习的兴趣,能做什么? 怎样才能激起学生一种探究的态度? 怎样才能维持他们的注意? 教师要注意通过使用新奇的、与以往不一致的或不确定的事件和教学情境来吸引和维持学生的注意力,或者让学生生成问题,激发学生的学习探究行为,在问题探究中激发他们的好奇心与求知欲,帮助他们通过实践活动形成稳定的学习兴趣。学习资源的选择和学习目标的呈现对学习者的学习动机具有直接的影响①,因此教师要根据学习需要,结合学生的认知水平和学习特点,开发和选择合适的学习资源,通过提供优质多样的学习资源,提高学生的学习积极性,增强学生的学习动机。

(2) 把教学与学生的各种学习需求匹配起来。在提供学习支持时教师要考虑:怎样才能最佳地满足学生的需要? 怎样、何时才能为学生提供合适的选择? 怎样才能把教学与学生的经验联系起来? 现代信息技术的发展为学习者提供了不少理想的认知工具,能更有效地促进学生的认知发展。教学要与学生的知识背景、个人需求和生活经验联系起来。因为与自己切身相关的事物,更容易引发关注。在学习支持中通过使用与学生的经验相关的明确的语言、事例、概念、价值观等,帮助学生把新学习的知识整合起来。让学生感受到学习内容的针对性的最简单的办法是让他们知道学习的预期结果,通过使用各种策略把教学与学生的各种学习需求匹配起来。

(3) 引导学生相信自己通过努力会获得成功。在提供学习支持时教师要考虑:在建立一种对成功的积极期望时怎样才能提供帮助? 学习经验怎样支持或提高学生对自己胜任力的信念? 学生怎样清楚地知道他们的成功是基于自己的努力和能力的? 通过各种方式来增强学生的学习信心,维持学生对成功的渴望。创设多元的成就水平条件,允许学生确定个人的学习目标和成绩标准,让每个学生都能体验到成功。提供正向反馈,告诉学生自己之所以取得

---

① 张立国,王国华. 在线教育的理论与实践[M]. 北京:科学出版社,2018:85.

学习成功,是自己具有能力并且付出努力的结果。不断鼓励和督促学生继续努力,在学习分数的基础上进行等级评价。

(4)有效进行表扬和奖励。在提供学习支持时教师要考虑:怎样才能为学生提供运用其新习得知识技能的机会? 为学生的成功提供何种强化? 怎样才能帮助学生对自己的成就形成一种积极的情感? 满意是伴随着强化过程而来的一种感觉,满意是让学生感受到学习的价值、学习的快乐,让他们在学习中获得满足感。提供机会,让学生在一种真实的或者模拟性的情境中运用新习得的知识或技能,激发学生的内在学习动机。奖励手段是通过外部学习动机激发学习动机的有效措施,通过建立科学的奖励机制,根据学生学习活动的表现和效果为优秀学生提供荣誉或奖学金等奖励。对学生的学习结果提供反馈,给予表扬、激励等强化手段,有利于维持后续的学习动机,保持良好的学习行为,从而达到预期的学习目标。

三、学习风格与学习支持

1. 学习风格

"学习风格"由美国学者哈伯特·塞伦(Herbert Thelen)于 1954 年首次提出,多年来,学习风格已成为教育界普遍关注的一个重要问题。学者们对学习风格有各种不同的解释。邓恩夫妇(Rita Dunn & Kenneth Dunn)认为学习风格是学生在注意力集中的情况下为记住或者掌握新的或是难的知识或技能时所使用的学习方式[1]。帕斯克(Pask)认为学习风格是学习者在学习过程中对某种特殊的学习策略的采用所表现出来的偏爱倾向[2]。我国学者谭顶良认为,学习风格是学习者持续一贯的带有个性特征的学习方式,是学习策略和学习倾向的总和[3]。学习者持续一贯的带有个性特征的学习方式,是学习策略和学习倾向的综合[4]。学习风格具有独特性、稳定性的特点。20 世纪 70 年代以后,各国研究者们开始运用试验、测量等方法对学习风格的组成要素进行

---

① Rita Dunn, Kenneth Dunn. Teaching Students to Read through Their Individual Learning Style[M]. Prentice Hall, 1986.

② Pask, G. Styles and Strategies of Learning[J]. British Journal of Educational Psychology, 1976(46).

③ 谭顶良. 学习风格论[M]. 南京:江苏教育出版社,1995:12.

④ 徐英俊. 教学设计[M]. 北京:教育科学出版社,2003:110.

深入研究,并从不同角度划分了学习风格的类型,主要分类如下:

(1) 基于感觉通道的学习风格分类

澳大利亚学者弗莱明和密尔斯(Fleming & Mills)提出了 VARK 学习风格的架构,将学习风格分为读写型、听觉型、视觉型和运动实践型四种。班德勒和格林德尔(Bandler & Grinder)在其基础上制定了听觉—视觉—触觉/动觉偏爱的学习风格量表。对感觉通道的偏重是指学习者在学习时对视觉、听觉和动觉的偏爱程度。视觉型学习风格的个体依赖他们的视觉吸收信息。视觉型学习风格的学生欣赏的是插图、照片、图表、流程图、数据图、概念和思维导图、图表模型以及隐喻性图形,等等。听觉型学习风格的个体依赖他们的听觉吸收信息。当通过听力得到给定信息时,听觉型学习风格的学习者表现很出色。当学习者可以通过比如讨论、讲座、辩论或者是其他类型的口头表达,来表达思想的时候,他们会受益很多。动觉型学习风格的学习者表现出眼、手、脑的协调天赋和天生的机械能力,在动手过程中学到的最多,在处理信息的过程中,他们很容易掌握身体部分间的相互关系并把知识通过身体和情感的成分以经验的形式加以存储。动觉型学习风格的学习者在多重实例教学和动手学习活动过程中特别受益,从中他们可以独立地得出一般性假设和原则。因此,他们从经验型和归纳型的教学方法中学得最好,比如模拟、角色扮演、田野调查、服务性学习、探究引导式活动和科研实验、案例研究、基于问题的学习,等等。

(2) 基于认知方式的学习风格分类

认知方式即人们在对信息进行组织和加工的过程中表现出来的个别差异,表示了人的知觉、记忆、思维以及解决问题的能力等方面的特征。学习者在学习时,存在情感情绪方面的需求、社会性的需求以及对周围环境的需求。美国心理学家威特金(H. A. Witkin)发现,有些人知觉时较多地受他所看到的环境信息的影响,有些人则较多地受来自内部的因素的影响。他把受环境因素影响大的人称为场依存型,而把不受或很少受环境因素影响的人称为场独立型。

场依存型学习风格是指个体依赖自己所处的周围环境的外在参照,在环境的刺激影响下去定义知识、信息。场依存型的学习者知觉容易受复杂背景的影响,难以把学习信息从有关情境中分化出来。场依存型学习者有以下特征:较多地采用整体性的知觉方式,往往有较强的整体性、综合性;比较容易受别人的暗示,如往往受教师或别的暗示所决定,他们学习的努力程度往往受外来因素的影响,乐意在集体环境中学习,在集体中比较顺从,喜欢交往,喜欢与同伴在一起讨论或合作学习;场依存型学习者的学习动机主要受外部压力支配,喜欢得到教师表扬,学习兴趣的激发往往要靠教师的诱导,学习坚持性较差;场依存型的学习者喜欢常规、不喜欢与别人不一样,容易表现出循规蹈矩、条理化的学习倾向,喜欢以现有的认知方式出发寻找解决方法。场独立型学习风格是指个体根据自己所处的生活空间的内在参照去学习,从自己的感知觉出发去获得知识、信息,在学习过程中学习风格比较稳定。场独立型学习者有以下特征:喜欢独自学习,认为同伴在一起学习注意力不易集中;学习动机主要来自内驱力,能够把学习信息从背景及其他有关情境中分离出来;善于运用分析性的知觉方式,具有较高的系统性、分析性,其认识是以自己的存储信息为参照系,并倾向于随意、自立、求异创新。

英国心理学家帕斯克(Pask)对学习进行了大量的研究,发现整体性学习型与序列性学习型学习风格。整体型学习风格的学习者倾向于把问题视为一个整体,注重全面地看问题,在同一时间内,从各个角度对问题进行观察和思考,并依据对主题综合的、广泛的浏览,在大范围中寻找与其他材料的联系。在学习过程中,往往较多地运用理性思维,首先从现实问题出发,然后联系到抽象问题,再从抽象问题回到现实问题中去,并以此检验问题之间的异同之处。这些学习者采用的学习策略就是整体性学习策略,也被称之为同时加工策略。而序列型学习风格的学习者则相反,是通过对外界信息逐一进行加工而获得意义,是按部就班地以线性方式处理信息的。这种策略也被称为继时加工策略,采用该策略的学习者往往把注意力集中于小范围,擅长用逻辑严谨、紧抓要点的方法,把学习材料分成许多段落来学习。在学习过程中,他们习惯于按照题目顺序依次学习抽象性题目或现实性题目,由于通常都按顺序一步一步地前进,所以只是在学习过程快结束时,才对所学的内容形成比较完整的看法。

美国心理学家杰罗姆·卡根(Jerome Kagan)根据认识反应和情绪反应的速度,将认知风格分为沉思型和冲动型。沉思与冲动的认知方式反映了个体信息加工、形成假设和解决问题过程的速度和准确性。沉思型学习风格学习者的知觉和思维方式以反省为特征,逻辑性强;冲动型学习风格学习者的知觉和思维方式则以冲动为特征,直觉性强。这两种学习者在学习上存在着差异。沉思型学习者面对某一问题时,一般比较谨慎、小心,并不急于回答问题,只有在对所选择答案的正确性进行反复审思、确认不会出错的情况下才开始回答问题,所以很少出错,但思考的时间比较长。这样的学习者善于完成需要对细节进行分析的学习任务,如阅读理解、逻辑推理和小发明、小制作等,但反应偏慢。他们乐意在合作的气氛中学习,意志对其学习活动的影响明显超过了情感所起的作用。冲动型的学习者则很少全面地考虑解决问题的各种可能性，往往只以一些外部线索为基础，凭直觉形成自己的看法，有时甚至连问题的要求都没有听清楚就开始回答，所以尽管他们用的时间比较少，但出错率比较高。这样的学习者在完成需要做整体性解释的学习任务时成绩要好些。他们乐意在竞争的气氛中学习，情感的介入常常对其学习有较大的促进作用。但是他们的阅读能力一般比较差，学习成绩不太理想。不过，如果从解决问题的能力来看，冲动型的学习者并不一定比沉思型的差。

2. 学习支持

关注学习者学习风格并选择相应的学习支持服务是实施远程教育的必然要求。学习风格本身并没有好坏之分，事实上，每一种学习风格都具有自己的优势和局限。对于一种学习风格，我们不能断言它是好的还是坏的，而只能说它是否适合于当时的情境。对于提供学习支持者来说，了解学习者的学习风格，其主要目的在于使教学内容的选择与组织、教学方法的选择与运用、教学媒体的选择与运用等适合于学习者的不同学习风格。学习支持服务如何与学习者学习风格相匹配，下文将进行具体的实证分析并得出结论。

第二节　远程学习者学习风格实证分析

本节在对学习风格基本概念及类型的了解基础上，对远程学习者的学习风格进行调查分析，以便远程教育院校教师更好地提供学习支持，也可以帮助学习者选择适合自身学习风格的学习策略。

一、研究文献概述

从 20 世纪 50 年代以来，已有 30 多种学习风格的理论相继出现，据初步统计，对学习风格的测量模型有 70 多种。70 年代初期，邓恩首次提出了"邓恩学习风格模型"，学习风格分析(LSA)所用的评估工具于 20 世纪 90 年代提出，此后不断被完善、扩展，并得以在世界各地广泛应用。我国陈丽等以学习的信息加工理论、科尔布的经验学习理论、荣格的人格特征类型理论等三大学习风格理论模型为基础，综合了生理、社会、心理三层面上的学习风格特征，形成了中国远程学习者学习风格的三维模型①。朱祖林等通过编制量表和实际测量,对该模型进行验证分析和修订完善。修订后的量表具有良好的信度和效度,可以作为测量我国远程学习者学习风格的有效工具②。有学者采用所罗门学习风格量表和 CCTDI 批判性思维量表,对 33 名大学本科生进行实证研究。通过前测、后测数据分析发现,信息加工和信息感知学习风格对批判性思维倾向影响显著③。这些学习风格模型及调查对我们深化学习支持有一定的启示。随着教育与技术的深入融合,学习平台的迭代更新,学习者认知特点也发生了一定的变化,在新时期,如何提高学习支持服务的效率,提供适切的个性化服务,进行远程学习者学习风格的实证调查很有必要。

二、调查问卷设计

1. 调查对象

本研究采取分层随机抽样的方法对开放大学和远程网络教育院校的小学教育本科和学前教育本科专业的学生进行调查。课题组分别在开放大学与网络教育学院学习平台主页发布网络调查问卷链接,经过一个月的调查,共收到问卷 543 份,有效问卷 540 份,占收到问卷总数的 99.4%。被试者男生 61人,占 11.3%,女生 479 人,占 88.7%,教育类专业中女生占绝对优势;年龄30 岁以下(含 30 岁)339 人,31 岁~40 岁(含 40 岁)113 人,41 岁~50 岁(含50 岁)52 人,51 岁以上 36 人;从学习者家庭所在地看,来自县城及乡镇的较多,分别占 34.44%、31.67%。从是否在职教师看,372 人是在职教师,168 人不是在职教师;从参加远程学习的年限看,1 年以下(含 1 年)22 人,1~2 年(含 2 年)201 人,2~3 年(含 3 年)224 人,3 年以上 93 人,由此可见,学习者多为 1~3 年正常在学(见表 6-2)。

---

① 陈丽,张伟远,郝丹.中国远程字习者学习风格特征的三维模型[J].开放教育研究,2005(4).
② 朱祖林,安哲锋,陈丽.中国远程学习者学习风格理论模型与验证[J].心理科学,2008(6).
③ 乔爱玲.学习风格对大学生批判性思维发展的影响研究——基于在线教学环境的实证研究[J].现代远距离教育,2020(11).

表 6-2 样本分布情况

类别	内容	数量	数量总计	百分比	百分比总计
性别	男	61	540	11.3%	100%
	女	479		88.7%	
年龄	30 岁以下(含 30 岁)	339	540	62.78%	100%
	31 岁~40 岁(含 40 岁)	113		20.93%	
	41 岁~50 岁(含 50 岁)	52		9.63%	
	51 岁以上	36		6.67%	
家庭所在地	农村	86	540	15.93%	100%
	乡镇	171		31.67%	
	县城	186		34.44%	
	地级市	89		16.48%	
	省会或直辖市	8		1.48%	
是否在职教师	是	372	540	68.89%	100%
	否	168		31.11%	
参加远程学习的年限	1 年以下(含 1 年)	22	540	4.07%	100%
	1~2 年(含 2 年)	201		37.22%	100%
	2~3 年(含 3 年)	224		41.48%	
	3 年以上	93		17.22%	

将有效的 540 份问卷数据录入 SPSS 26.0 进行统计,信度检验结果显示总问卷的信度系数为 0.887,表明该调查问卷是合理可信的。

2. 问卷设计

如前所述,学习风格分类繁多。本次调查主要借鉴弗莱明 VARK 量表,参考国内学者陈丽团队设计的《中国远程学生学习风格初测量表》,并结合当下远程学习支持服务特点,简化学习风格的分类,从感觉及认知两个维度设计量表。自拟量表分两个部分,第一部分是个人信息,第二部分是学习风格,分别从感知及认知维度测量视觉型、听觉型、动觉型、场独立型、场依存型、整体型、序列型、冲动型、沉思型 9 种风格类型,通过德尔菲法,将每个类型确定为三个题项,如表 6-3 所示。

表6-3 学习风格类型表

维度	子维度	题项
感知	视觉型	AQ7、AQ8、AQ9
	听觉型	AQ10、AQ11、AQ12
	动觉型	AQ13、AQ14、AQ15
认知	场独立型	BQ16、BQ17、BQ18
	场依存型	BQ19、BQ20、BQ21
	整体型	BQ22、BQ23、BQ24
	序列型	BQ25、BQ26、BQ27
	冲动型	BQ28、BQ29、BQ30
	沉思型	BQ31、BQ32、BQ33

表6-3中,每个题项采用 Likert 5 级计分法,选项分别为"非常不符合""不符合""不确定""符合""非常符合",依次计分为1、2、3、4、5。

三、调查结果与分析

本研究采用 SPSS 中描述统计方法测出 9 种学习风格类型中的最小值、最大值、平均值,标准差及方差。为了比较出绝对均值,根据 9 种学习风格的单项平均值数据结果,对学习风格类型由大到小进行排序,平均值高的类型即为学生主要倾向的学习风格类型。统计结果如表6-4所示:

表6-4 学习风格描述统计

类型	样本数	最大值	最小值	均值	标准差	方差
视觉型		5	1	4.34	.607 61	.369
听觉型		5	1	3.98	.754 41	.569
动觉型		5	1	4.34	.618 92	.383
场独立型		5	1	3.95	.810 74	.657
场依存型	540	5	1	4.07	.730 55	.534
整体型		5	1	4.13	.658 34	.433
序列型		5	1	4.29	.595 25	.354
冲动型		5	1	3.92	.794 04	.631
沉思型		5	1	4.17	.619 74	.384

表 6-4 显示了学生学习风格的各项均值。对学生学习风格的每一类型所得的平均数进行比较,可以得知,本调查所得样本的 9 类学习风格的平均值在 3.92~4.34 之间。其中视觉型与动觉型的平均值最高,为 4.34 分,冲动型的平均值最低(3.92)。按平均值由大到小进行排序依次为视觉型(4.34)=动觉型(4.34)>序列型(4.29)>沉思型(4.17)>整体型(4.13)>场依存型(4.07)>听觉型(3.98)>场独立型(3.95)>冲动型(3.92)。

从每个类型的平均值来看,感知类学习风格以视觉型、动觉型为主,认知类学习风格以场依存型、序列型、沉思型为主。具体分析如下:

1. 学习风格倾向分析

(1)视觉型学习风格分析

视觉型学习风格如表 6-5 所示。

表 6-5　视觉型题项平均值

题项	平均值	标准差
通过看视频课件,我会更理解老师的讲课内容	4.38	.658
看文档学习材料,我会理解得更深刻	4.33	.697
面授课上通过看老师展示的 PPT 和板书比看学习视频课件学到的多	4.32	.691

学生的视觉型学习风格均值为 4.34,排在感知类学习风格的第 1 位,说明学生非常喜欢通过视觉感知通道来学习和接收学习材料。表 6-5 中,"我通过看视频课件,会更理解老师的讲课内容"得分最高(MD=4.38),这表明学生在远程学习时更喜欢视频课件。这点从课题组另项调查中得到印证,如"最喜欢的学习资源是录像/课件/PPT"有 325 人,占 60.19%。从标准差看,学生的倾向性比较一致。

(2)动觉型学习风格分析

动觉型学习风格如表 6-6 所示。

表 6-6　动觉型题项平均值

题项	平均值	标准差
学习时,我喜欢记笔记	4.30	.717
学习时,当我做练习测试时,我会理解得更好	4.32	.681
把所学的知识运用在实际工作中,我会记得更牢	4.40	.632

学生的动觉型学习风格均值为4.34,与视觉型并列排在感知类学习风格的第1位。成人一般带着工作经验参加学习,希望学以致用,表6-6中,"通过把所学的知识运用在实际的工作中,我会记得更牢"均值最高(MD=4.40),其他两个方面得分比较接近(均值分别为4.30、4.32)。从标准差看,学生的倾向性比较一致。

（3）听觉型学习风格分析

听觉型学习风格如表6-7所示。

表6-7　听觉型题项平均值

题项	平均值	标准差
我更容易记住我听到的知识,而不是我看到的	3.91	.952
我更喜欢通过听碟、MP3或其他音像材料学习	3.85	.988
在面授课上,当我听老师讲课或同学发言时,我会学得更好	4.19	.770

学生的听觉型学习风格均值为3.98,排在感知类学习风格的第2位。表6-7中,均值最高的为"在面授课上,当我听老师讲课或同学发言时,我会学得更好"(MD=4.19),表明远程教育面授课中教师面对面的答疑解难及师生间的互动不可或缺。从标准差看,学生的倾向性比较一致。

（4）序列型学习风格分析

序列型学习风格如表6-8所示。

表6-8　序列型题项平均值

题项	平均值	标准差
我有自己的学习计划,在完成一项学习任务后,才开始另一项	4.24	.697
我喜欢老师一步一步地展现授课内容	4.26	.646
我喜欢内容清晰,且结构严谨的学习资料	4.36	.598

学生的序列型学习风格均值为4.29,排在认知类学习风格的第1位。表6-8中,采用序列型学习风格的学生有较强的学习计划,喜欢有条理、组织性强的材料,均值为4.36。其次是倾向教师一步一步展现授课内容,均值为4.26,排最后的是"有自己的学习计划,在完成一项学习任务后,才开始另一项",均值为4.24。对成人学生而言,多数人逻辑性强,注重细节和步骤。远程学习面对面的学习时间较少,在线教学中,内容清晰,且结构严谨的学习资料非常重要。从标准差看,学生的倾向性比较一致。

（5）沉思型学习风格分析

沉思型学习风格如表 6-9 所示。

表 6-9　沉思型题项平均值

题项	平均值	标准差
当要参加学习讨论时,我喜欢先寻找相关资料	4.19	.654
我参加学习讨论时,会从问题的各个层面思考问题	4.16	.700
对老师提出的讨论问题有把握时,我才会主动回答参与	4.16	.699

学生的沉思型学习风格均值为 4.17,排在认知类学习风格的第 2 位,表 6-9 中,均值最高的为"当要参加学习讨论时,我喜欢先寻找相关资料",均值为 4.19。"我参加学习讨论时,会从问题的各个层面思考问题""对老师提出的讨论问题有把握时,我才会主动回答参与",均值为 4.16,得分也不低。从标准差看,学生的倾向性比较一致。

（6）整体型学习风格分析

整体型学习风格如表 6-10 所示。

表 6-10　整体型题项平均值

题项	平均值	标准差
我喜欢寻找事物之间的共同点,而不是不同点	3.92	.837
我喜欢对学过的内容进行归纳总结	4.22	.725
阅读学习时,我喜欢先了解学习内容的中心大意	4.26	.674

整体型学习风格均值为 4.13,排在认知类学习风格的第 3 位,表 6-10 中,均值最高的为"阅读学习时,我喜欢先了解学习内容的中心大意",均值为 4.26,"我喜欢对学过的内容进行归纳总结"均值为 4.22,"我喜欢寻找事物之间的共同点,而不是不同点"均值为 3.92,得分最低。从标准差看,学生的倾向性比较一致。

（7）场依存型学习风格分析

场依存型学习风格如表 6-11 所示。

表 6-11　场依存型题项平均值

题项	平均值	标准差
在和其他同学一起学时,我会学得更好	4.11	.800
我很喜欢参与小组讨论	4.11	.807
在学习过程中我喜欢向老师问问题	4.01	.847

学生的场依存型学习风格均值为 4.07,排在认知类学习风格的第 4 位,表 6-11 中,均值最高的为"在和其他同学一起学时,我会学得更好""我很喜欢参与小组讨论",均值都为 4.11,显示了远程教育中同伴或小组学习至关重要,"在学习过程中我喜欢向老师问问题"均值为 4.01,这说明相对于教师,学生更乐于互相帮助解决问题。从标准差看,学生的倾向性一致。

（8）场独立型学习风格分析

场独立型学习风格如表 6-12 所示。

表 6-12　场独立型题项平均值

题项	平均值	标准差
我独自一人学习,效率更高	3.94	.906
我喜欢独自完成学习任务	3.96	.881
我更喜欢独立思考,自己找出问题的答案	3.96	.888

学生场独立型学习风格均值为 3.95,排在认知类学习风格的第 5 位,三项得分较为平均。表 6-12 中,"我独自一人学习,效率更高"均值为 3.94,"我喜欢独自完成学习任务""我更喜欢独立思考,自己找出问题的答案",均值为 3.96。从标准差看,学生的倾向性比较一致。

（9）冲动型学习风格分析

冲动型学习风格如表 6-13 所示。

表 6-13　冲动型题项平均值

题项	平均值	标准差
不管对和错,在讨论学习中我都会大胆表明自己的想法	4.03	.838
我在学习讨论中不在乎别人对我的评价	3.72	1.027
在学习讨论中我会对老师提出的问题迅速作出反应	4.02	.799

学生的冲动型学习风格均值为 3.92,排在认知类学习风格的最后。表 6-13 中,均值最高的为"不管对和错,在讨论学习中我都会大胆表明自己的想法"（MD=4.03）,"在学习讨论中我会对老师提出的问题迅速作出反应"（MD=4.02）,得分并不高,"我在学习讨论中不在乎别人对我的评价"（MD=3.72）,得分较低,从总体上看,成人思维比较成熟,大都不轻易主动回答问题。从标准差（1.027）看,在"我在学习讨论中不在乎别人对我的评价"这一项上,学生的倾向性差距较大。

2. 学习风格的差异性分析

（1）不同性别的学生学习风格倾向差异

不同性别学生学习风格均值分布组统计如表 6-14 所示。

表 6-14　不同性别学生学习风格均值群组统计

	性别	N	平均数	标准偏差	标准误差平均值
视觉型	男	61	4.25	.625 42	.080 08
	女	479	4.36	.604 92	.027 64
听觉型	男	61	3.88	.717 24	.091 83
	女	479	4.00	.758 78	.034 67
动觉型	男	61	4.20	.694 72	.088 95
	女	479	4.36	.607 14	.027 74
场独立型	男	61	3.92	.790 32	.101 19
	女	479	3.96	.814 04	.037 19
场依存型	男	61	4.00	.760 34	.097 35
	女	479	4.08	.726 95	.033 21
整体型	男	61	4.04	.700 48	.089 69
	女	479	4.14	.652 74	.029 82
序列型	男	61	4.15	.656 97	.084 12
	女	479	4.31	.585 43	.026 75
冲动型	男	61	3.87	.753 61	.096 49
	女	479	3.93	.799 59	.036 53
沉思型	男	61	4.00	.698 12	.089 39
	女	479	4.19	.606 64	.027 72

笔者再将"性别"作为自变量，"9 种学习风格类型"作为因变量，采用独立样本 T 检验方式，如果 P 值小于 0.05，那么差异值具有统计意义上的显著性，说明男生和女生在该种学习风格上存在显著差异。统计结果如表 6-15 所示。

表6-15 不同性别学生学习风格显著性差异

学习风格		Levene 的变异数相等测试		针对平均值是否相等的 t 测试					95%差异数的信赖区间	
		F	显著性	T	df	显著性（双尾）	平均差异	标准误差	下限	上限
视觉型	假定等方差	.087	.769	-1.287	538	.199	-.106 27	.082 55	-.268 43	.055 89
	不假定等方差			-1.254	75.014	.214	-.106 27	.084 71	-.275 03	.062 49
听觉型	假定等方差	.014	.906	-1.103	538	.271	-.113 08	.102 54	-.314 50	.088 35
	不假定等方差			-1.152	78.123	.253	-.113 08	.098 16	-.308 49	.082 34
动觉型	假定等方差	.032	.859	-1.856	538	.064	-.155 81	.083 95	-.320 72	.009 10
	不假定等方差			-1.672	72.154	.099	-.155 81	.093 18	-.341 55	.029 92
场独立型	假定等方差	.678	.411	-.303	538	.762	-.033 44	.110 31	-.250 13	.183 25
	不假定等方差			-.310	77.131	.757	-.033 44	.107 81	-.248 11	.181 23
场依存型	假定等方差	.044	.834	-.847	538	.398	-.084 09	.099 34	-.279 24	.111 05
	不假定等方差			-.818	74.655	.416	-.084 09	.102 86	-.289 02	.120 83
整体型	假定等方差	.497	.481	-1.083	538	.279	-.096 90	.089 48	-.272 68	.078 88
	不假定等方差			-1.025	73.890	.309	-.096 90	.094 52	-.285 23	.091 43
序列型	假定等方差	.726	.395	-1.888	538	.060	-.152 44	.080 73	-.311 02	.006 14
	不假定等方差			-1.727	72.655	.088	-.152 44	.088 27	-.328 37	.023 49
冲动型	假定等方差	.177	.674	-.501	538	.617	-.054 13	.108 02	-.266 33	.158 07
	不假定等方差			-.525	78.235	.601	-.054 13	.103 18	-.259 53	.151 27
沉思型	假定等方差	.051	.821	-2.213	538	.027	-.185 77	.083 95	-.350 67	-.020 86
	不假定等方差			-1.985	72.010	.051	-.185 77	.093 58	-.372 32	.000 79

调查发现,女生在每道题项中的均值都大于男生(见表 6 - 14)。目前,远程教育院校教育类专业女生在人数上占优势,在 9 种学习风格上倾向性更加鲜明。从表 6 - 15 中各个群组看,除沉思型学习风格外,其他维度的双尾显著性水平均大于 0.05,说明"性别"对其他 8 种学习风格的影响没有显著性差异。而沉思型双尾显著性水平为 0.027,即 P<0.05,这说明男女生在沉思型学习风格上有显著性差异。

不同性别学生沉思型题项的差异性如表 6 - 16 所示。

表 6 - 16　沉思型题项的差异性

题项	性别	样本	平均值	显著性(双尾)
对老师提出的讨论问题有把握时,我才会主动回答参与	男	61	3.95	.014
	女	479	4.18	.026

从表 6 - 16 具体题项均值来看,女生均值均高于男生。由独立样本 T 检验,沉思型中"对老师提出的讨论问题有把握时,我才会主动回答参与"双尾显著性水平(Sig.)P<0.05 来看,男女生存在明显差异。女生更倾向于对问题思考后参与讨论。这从"在学习讨论中我会对老师提出的问题迅速作出反应"男生均值(MD=4.05)高于女生均值(MD=4.01)反向得到验证。

(2) 不同年龄的学生学习风格倾向差异

本研究将年龄分为 4 阶段,为检验不同年龄段学生的学习风格是否存在显著性差异,以"年龄段"为自变量,"9 种学习风格类型"为因变量,采用被试间单因素方差分析方法进行检验。统计结果主要参考 P 值,如果 P 值大于等于 0.05,则说明没有显著差异,小于 0.05 则说明不同年龄段的学生在该种学习风格上呈现显著性差异。统计结果如表 6 - 17 所示。

表 6 - 17　不同年龄段学生学习风格显著性差异

		变异数分析				
		平方和	df	平均值平方	F	显著性
视觉型	群组之间	.572	3	.191	.515	.672
	在群组内	198.423	536	.370		
	总计	198.996	539			
听觉型	群组之间	2.743	3	.914	1.612	.186
	在群组内	304.019	536	.567		
	总计	306.762	539			

（续表）

		变异数分析				
		平方和	df	平均值平方	F	显著性
动觉型	群组之间	2.330	3	.777	2.039	.107
	在群组内	204.143	536	.381		
	总计	206.473	539			
场独立型	群组之间	1.630	3	.543	.826	.480
	在群组内	352.657	536	.658		
	总计	354.286	539			
场依存型	群组之间	3.288	3	1.096	2.066	.104
	在群组内	284.380	536	.531		
	总计	287.668	539			
整体型	群组之间	.960	3	.320	.737	.530
	在群组内	232.651	536	.434		
	总计	233.612	539			
序列型	群组之间	1.474	3	.491	1.389	.245
	在群组内	189.505	536	.354		
	总计	190.979	539			
冲动型	群组之间	1.697	3	.566	.897	.443
	在群组内	338.145	536	.631		
	总计	339.842	539			
沉思型	群组之间	2.951	3	.984	2.584	.043
	在群组内	204.069	536	.381		
	总计	207.020	539			

如表 6-17，沉思型双尾显著性水平为 0.043（P＜0.05），说明不同年龄的学生在沉思型学习风格倾向上有显著差异。再通过沉思型学习风格在 4 个年龄段的平均值分布来比较具体差异，不同年龄段沉思型平均值如图 6-1 所示。

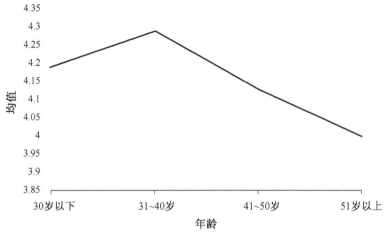

图 6-1　不同年龄段沉思型平均值分布

　　沉思型学习风格中,31～40 岁的平均值最高为 4.26,30 岁以下为 4.18,41～50 岁为 4.05,51 岁以上最低,为 3.98(如图 6-1)。笔者认为,出现这种情况的原因可能和本次调查对象的特点有关。对教育类专业学习者而言,31～40 岁的学习者是远程学习中较为成熟的一类。相比 30 岁以下的学习者,其社会及工作经验都比较丰富,他们在参与学习活动时更倾向于稳扎稳打。而 51 岁以上在学者多为感兴趣或转专业学习者,这类学习者在学习活动中比较倾向于积极主动表达自己的观点。远程教学中不乏这样的学习者。比如笔者在教学中发现,实时与非实时讨论中,有个学生讨论非常积极,表达观点也非常有深度。后通过访谈了解这是一位本科毕业且在岗工作多年的 50 多岁的在学者,她选择小学教育专业学习,非常希望能多汲取知识,丰富生活,提升自己。

　　不同年龄段的学生在以下几项有显著差异。如,"我更喜欢通过听碟、MP3 或其他音像材料来学习"(Sig.(双侧)为 0.049,P<0.05),"我很喜欢参与小组讨论"(Sig.(双侧)为 0.021,P<0.05),"对老师提出的讨论问题有把握时,我才会主动回答参与"(Sig.(双侧)为 0.047,P<0.05)。

　　"我更喜欢通过听碟、MP3 或其他音像材料来学习"不同年龄段平均值分布如图 6-2 所示。

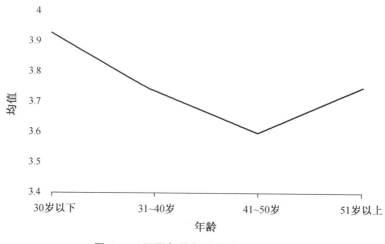

图6-2　不同年龄段听觉型平均值分布

图6-2中,30岁以下均值最高为3.94,31～40岁的平均值为3.74,41～50岁最低为3.60,51以上均值为3.75。调查显示,30岁以下更倾向于"听"的方式进行学习,而41～50岁的听觉型倾向性最低,51岁以上的又高于41～50岁的。

"我很喜欢参与小组讨论"不同年龄段平均值分布如图6-3所示。

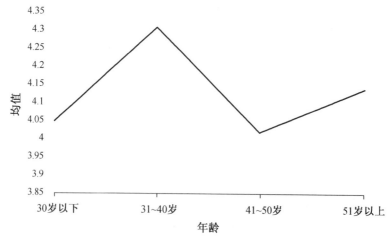

图6-3　不同年龄段场依存型平均值分布

如图6-3所示,31～40岁的平均值最高为4.31,41～50岁最低为4.02,51岁以上为4.14,30岁以下均值为4.05。调查表明,31～40岁年龄段的最倾向于参加小组学习,51 岁以上的次之,这点在远程学习多次小组讨论活动中得到印证。

"对老师提出的讨论问题有把握时,我才会主动回答参与"不同年龄段平均值分布如图 6-4 所示。

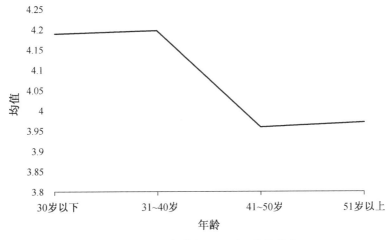

图 6-4 不同年龄段沉思型平均值分布

如图 6-4 所示,31~40 岁的平均值最高为 4.20,这个年龄段的学生更倾向对教师提出的问题有把握才会参与,其次为 30 岁以下的(MD=4.19),51 岁以上的次之(MD=3.97),41~50 岁的平均值最低(MD=3.96)。

（3）不同家庭所在地的学生学习风格倾向差异

不同家庭所在地的学生学习风格倾向如表 6-18 所示。

表 6-18 不同家庭所在地的学生学习风格显著性差异

		变异数分析				
		平方和	df	平均值平方	F	显著性
视觉型	群组之间	1.204	4	.301	.814	.516
	在群组内	197.792	535	.370		
	总计	198.996	539			
听觉型	群组之间	3.368	4	.842	1.485	.205
	在群组内	303.394	535	.567		
	总计	306.762	539			

（续表）

		变异数分析				
		平方和	df	平均值平方	F	显著性
动觉型	群组之间	.945	4	.236	.615	.652
	在群组内	205.529	535	.384		
	总计	206.473	539			
场独立型	群组之间	1.621	4	.405	.615	.652
	在群组内	352.666	535	.659		
	总计	354.286	539			
场依存型	群组之间	2.656	4	.664	1.246	.290
	在群组内	285.012	535	.533		
	总计	287.668	539			
整体型	群组之间	3.211	4	.803	1.864	.115
	在群组内	230.401	535	.431		
	总计	233.612	539			
序列型	群组之间	4.007	4	1.002	2.866	.023
	在群组内	186.972	535	.349		
	总计	190.979	539			
冲动型	群组之间	5.336	4	1.334	2.133	.075
	在群组内	334.507	535	.625		
	总计	339.842	539			
沉思型	群组之间	4.564	4	1.141	3.015	.018
	在群组内	202.456	535	.378		
	总计	207.020	539			

由表 6-18 可知，序列型 $F_{(4,535)}$ 为 2.866，显著性 $P < 0.05$；沉思型 $F_{(4,535)}$ 为 3.015，显著性 $P < 0.05$，说明不同家庭所在地的学生在序列型、沉思型两个学习风格倾向上有显著差异。

不同家庭所在地学生学习风格在具体题项上差异性如表 6-19 所示。

表 6‑19 不同家庭所在地学生学习风格具体题项差异性

题项	不同所在地	N	平均数	标准偏差	显著性双尾
阅读学习时,我喜欢先了解学习内容的中心大意	农村	86	4.17	.723	
	乡镇	171	4.32	.629	
	县城	186	4.17	.712	.018
	地级市	89	4.40	.598	
	省会或直辖市	8	4.13	.641	
我有自己的学习计划,在完成一项学习任务后,才开始另一项	农村	86	4.22	.676	
	乡镇	171	4.32	.664	
	县城	186	4.11	.773	.027
	地级市	89	4.36	.569	
	省会或直辖市	8	4.25	.707	
我喜欢老师一步一步地展现授课内容	农村	86	4.22	.602	
	乡镇	171	4.33	.614	
	县城	186	4.16	.678	.036
	地级市	89	4.38	.666	
	省会或直辖市	8	4.38	.518	
当要参加学习讨论时,我喜欢先寻找相关资料	农村	86	4.19	.604	
	乡镇	171	4.25	.633	
	县城	186	4.08	.709	.019
	地级市	89	4.33	.599	
	省会或直辖市	8	4.38	.518	

表 6‑19 为整体型、序列型与沉思型具体题项学习风格在问卷中的体现。通过独立样本 T 检验,4 项均存在显著性差异($P<0.05$)。其中从"阅读学习时,我喜欢先了解学习内容的中心大意""我有自己的学习计划,在完成一项学习任务后,才开始另一项""我喜欢老师一步一步地展现授课内容"3 项看,来自地级市的均值最高,分别为 4.40、4.36、4.38,"当要参加学习讨论时,我喜欢先寻找相关资料"项,来自省会或直辖市的均值最高,为 4.38。调查显示,来自地级市的学生在整体型与序列型学习风格上比较突出,而来自省会或直

159

辖市的学生更倾向沉思型学习风格,其次是来自地级市的。

(4) 在职与不在职的学生学习风格没有明显差异

将"是否在职"作为自变量,"9 种学习风格类型"作为因变量,采用独立样本 T 检验方式。如果 P 值小于 0.05,那么差异值具有统计意义上的显著性。结果显示,"是否在职"在 9 种风格上并没有显著差异(P 值均大于 0.05)。在职学生一般有着相应的学习背景,但通常由于工学矛盾,往往会影响学习。对于非在职的可能会有更多时间参加学习,但是往往缺乏职业背景。因此,教师应更多关注其学习经验与在学专业的联系。

(5) 不同学习年限的学生学习风格没有明显差异

再将"学习年限"作为自变量,"9 种学习风格类型"作为因变量,采用独立样本 T 检验方式。结果发现,P 值均大于 0.05,即不同学习年限的学生在各学习风格倾向上没有显著差异。这也说明,学习风格具有一定的稳定性,受学习年限影响不大。以开放大学为例,学习年限为 8 年,多数学习者在 3 年左右完成学习,一些学生由于工学矛盾,学习年限拉长,要顺利完成学业,学校要重点考虑如何添加助力以消除学习者学习道路上的阻力,助力那些准辍学者有主观意愿抽出时间参加学习,顺利完成学业。

四、结论及建议

(一) 结论

1. 教师以多样性和灵活性的学习支持匹配学习者的学习风格

学习者的学习风格存在多方面的差异。教师想要成功地提供学习支持,就需要真正了解其学习风格。调查结果显示,学生多偏向视觉型、动觉型学习风格。视觉型学习风格的学生依赖他们的视觉吸收信息,所以,学习支持服务应注重认知支持,不仅为学生提供学习内容,还应为学生提供有助于内容获得的方法、工具、资源等。充分利用多媒体技术,提高学习内容的可视性,增强学习资源的趣味性,提高学习效率和对资源的利用率。偏向动觉型学习风格的多重实例教学和动手学习活动。教师需要向动觉型学生提供实践机会,并用大量的例子和真实世界的概念和规则的应用来充实。让学生了解更广泛的学习内容和学习策略,将多样性和灵活性带进教学实践活动正是所有这些学习风格模式的真正价值所在。

调查显示,不同性别、不同年龄、不同家庭所在地的学生学习风格有着较为明显的差异性,在9种类型的学习风格中沉思型风格差异性突出。而学生是否在职对学习风格倾向上没有显著差异,不同学习年限的学生在学习风格倾向上也没有显著差异。因此,我们在学习支持中特别要关注学生的性别、年龄、不同地域,以多样性和灵活性支持服务调动学生的学习感知,有针对性地提供学习支持。在学习中,涉及的新知识要与学生原有的经验相联系,多让成人学生发挥经验的优势。比如,调动年龄较长的学生学习的积极性,让其主动参与学习讨论,实现经验共享;调动来自省会或直辖市和地级市的学生参加BBS讨论的积极性,为他们提供更丰富的学习讨论的背景资料。成年学生讲求实际,通常对理论不感兴趣,他们需要学习内容及学习资源有立竿见影的效果和相关应用性。

2. 教师授课的清晰性及学习资源的逻辑性至关重要

一般来说,一个人的学习风格往往很复杂,涉及各种因素。不过,大多数人总体还是会有一个明显的偏好。调查显示,基于认知类学习风格,大多数教育类专业学生是序列型风格学习者。线性学习对他们来说最容易,远程学习中,每个步骤都有逻辑性,才能使学生紧跟上一步。如果在教学中采用跳跃式的讲解步骤或者从一个主题跳转到另外一个主题而没有详细说明二者之间的联系,那么,一些学生就会处于劣势学习状态。教师应该提出学习和讨论的问题来帮助他们看到联系,也应该鼓励他们独立寻找这些知识联系来提高他们对学习内容的理解记忆能力。对于大部分沉思型学习风格倾向的学生,在学习讨论活动前,需要预先将学习材料内化。比如,提前布置在线讨论题,让学生有一些时间思考,便于他们提出创新的观点和看法,并提出可能的解决问题的方法。而在学习资源的制作与组织中也要注意逻辑性地呈现。学习内容的深浅、难易必须按照学生具有的认知结构和认识顺序,循序渐进地组织或安排。要注意:一是处理好课程内容的难度问题,要考虑到学生的年龄、智力发展水平以及学生先前的学习经验;二是要激发学生学习的兴趣;三是选择有利于进一步提高学生的思考能力的内容。基于学习平台的单元内容之间要具有顺序性、逻辑性与关联性[①]。

3. 教师需要创造学生同伴群体互动的良好环境

远程学习中各主体在时间和空间上是相互分离的,这就容易使学习者产

---

① 章伟. 开放教育课程与教学支持研究[M]. 南京:南京大学出版社,2015:112.

生孤独感,因此,缩短与教师和学生的心理距离、增加情感交流就成为学习支持服务的必然追求。调查显示,多数学习者场依存型学习风格倾向性突出,这就需要教师要创造学生同伴群体互动的环境。同伴群体是指同学,同伴群体关系较好时可以促进学生自主学习。研究表明,相比那些同伴关系一般或较差的环境中,在和谐、相互亲近的同伴关系中,学生比较倾向于会提出学业上的求助①。对偏爱结伴或小组学习的学生,可采取小组教学的策略。根据教师和学生小组成员相互作用的不同目的,学习小组可分别采取合作学习式、头脑风暴式和自由漫谈式等多种形式,以实现不同的功能。值得注意的是,对喜爱结伴或小组学习的学生,教师也要设法培养他们进行独立学习的能力和习惯,使他们在独处的环境下照样能自主学习。应重视师生情感交流和教学资源建设、网络课程的重要作用,引导学生构建自身的学习策略和提高学习能力。

(二) 建议

1. 在学习支持服务与学生学习风格偏好之间找到更好的"结合点"

不同的学习风格类型并不意味着严格的分类,一个学生可以在连续统一体的一端或者另一端有很强的或适中的或较弱的倾向;而且,他可以对一些学习任务倾向于一个方面,对另外一些任务倾向于另外的方面。一个人的学习风格非常复杂,既有天生的,又有后天习得的,简单的测试是没法反映全貌的,学习风格分析这种综合全面的评估工具能够真实、全面地反映学生在学习新知识时的需求。重要的是教师要使用学习风格分析工具详细地了解学生的学习需求,分析学生的不同学习风格,以便在学习支持服务与学生的学习风格偏好之间找到更好的"结合点"。确定学生的学习风格并探索其与其他背景变量的关系,可以帮助教师为学生提供与其学习风格相匹配的学习材料,降低由于不匹配带来的学习困难,从而提高学习效果②。因此,远程教育院校教师可在学习支持服务中为学生提供可选择的学习内容、学习资源,帮助他们选择适合自己的学习策略。

---

① Schunk D H, Zimmerman B J. Self-regulation of learning and performance:Issues and educational applications[M]. New Jersey:Lawrence Erlbaum Associates, 1994.
② 赵宏,赵玉婷,陈丽. 北京开放大学远程学习者学习风格特征及与学习策略匹配分析[J]. 北京广播电视大学学报,2015(2).

2. 提供多样化的教学媒体，构建个性化、智能化学习支持服务系统

近年来，由于电视、电影、视频游戏和互联网位居主导地位，人们更加重视图形符号的重要性。学生学习风格各不相同，而且依赖各自不同的吸收模式。事实上，所有的学生都能从多感官、多理论的教学实践中学得更多、更好①。远程教学利用不同的感官和模式教学能使学习者大脑的不同部位都得到利用。融入视觉和动觉元素，探究引导式学习活动、小组活动等教学形式，可以帮助教师节省教学时间和精力，防止教学过程中产生疲惫倦怠感。由于知识架构对于学生的学习来说至关重要，所以教师要尽可能通过清晰有效的方式进行教学，展示知识分层或网络结构中的组成部分。了解远程学习者的学习风格，能够帮助教师更好地进行教学设计工作，帮助教师制定适合个别化学习的教学资源，构建个性化、智能化的远程学习支持服务系统，为学习者提供适合其学习风格的学习材料和学习支持服务。

3. 满足学生最大的偏好，提高学生学习主动性

教师根据学习风格分析结果，可以提供个性化的学习支持。有研究表明，学生在感官方面越灵活，他们的学习兴趣就越不稳定。而只要学生对学习内容感兴趣，而且有学习动力，他们就能取得好成绩。教师只有了解学生的学习风格的特点，才能知道怎么帮助他们，怎么激发他们真正的学习动力。学生学习新知识时，如果长时间用不喜欢的方式学习，那么他们的劣势就会越发明显。时间久了，学生会产生挫败感。因此，在学习支持中，教师要允许学生用自己喜欢的方式学习，并提供必要的支持，而不能自以为是。要尽量满足学生最大的偏好，保证学生集中注意力，提高学习主动性，从而达到最佳学习效果。还要努力使学生能够识别自己的学习风格类型。一旦学生了解了自己的学习风格，并掌握了不同的学习技巧，学生就可以针对不同的学习任务，以主动、积极的方式来调整自己的学习。了解自己的学习风格，能够主动适应不同的学习环境。因此，教师鼓励学生用自己喜好的方式学习，提高学生学习的主动性与积极性，这是提高教学质量和支持服务水平的最好保障。

---

① Kress，G.，Jewitt，C.，Ogborn，J. & Charalampos，T. Multimodal teaching and learning：The rhetorics of the science classroom[M]. London：Continuum，2006.

第三节　学习支持服务需求实证分析

通过学习风格的分析结果,教师能够制定个性化的教案,调整学习支持方式,满足学生真正的学习需求。需求,通常是指实际状况与理想常模中的标准之间的差距,亦指"实际是什么"与"应该是什么"之间的差距。当"现状是"与"应该是或必须是"两者之间存在差距时,就产生需求。确定需求的过程就是"需求分析"。本节进一步基于学习者对支持服务的需求调查,分析目前状况与所期望达到的状况之间的差距,确定支持服务达到目标的可能性。

一、相关文献概述

需求是学习支持服务体系建设的出发点和着力点。大卫·西沃特(David Sewart)认为,远程教育学习支持服务体系应以学生的需求作为出发点和最终目标,远程教育院校"应设法为学生提供各种形式的与远程教育院校及其代表进行双向交流的有效机制,从而了解每个学生的具体困难和需求并帮助他们克服和解决,以满足每个学生的学习需求"[1]。美国成人教育家诺尔斯认为,所谓学习需求,就是学习者个体现有的能力水平与其希望达到的能力水平的差距[2]。彼得森(David A. Peterson)认为,学习需求是个体自身意识到有所匮乏或有所需要,亦或是专家学者判定学习者会有所匮乏或应该要有的部分所表现出来的欲求与偏好[3]。笔者认为,学习需求是指学习者学习的目前状况与所期望达到的状况之间的差距。学生与学习需求分析是支持服务活动的起点。在成人学习中,需求通常指的是"匮乏状态"[4]。全面分析学生的学习需求,能够为支持服务目标的制定、学习资源的设计制作、学习媒体的选择和教学服务的完善提供依据。有学者对 1 095 份有效问卷,使用 SPSS 21.0 软

---

①　David Sewart. Continuity of concern for students in a system of learning at a distance[M]. ZIFF Hagen: Fern University,1978.

②　田山俊.自我指导与教师帮助——诺尔斯成人教育思想研究[M].石家庄:河北教育出版社,2016:73.

③　Peterson, D. A. Facilitating education for old learners[M]. San Francisco: Jossey-Bass,1983.

④　夏海鹰.成人学习心理研究[M].北京:人民出版社,2014:138.

件对收集到的数据进行了定量分析和相关讨论,并提出了初步建议和研究展望[①]。也有学者运用营销学领域中的需求管理理论,结合开放大学实践提出了学习需求管理的概念框架并探索建立了"收集—识别—评估—回应—追踪"为一体的学习需求管理模式,提出要从观念转变、制度流程、管理体系、运行机制、技术支持、质量监控等方面采取相应策略[②]。有研究者基于知识需求、能力需求和学习方式期待 3 个维度对学习者的学习需求进行调研,在此基础上提出开放大学须为学习者提供与其学习需求相对应的多样化学习支持服务[③]。这些研究给予我们一定的启示,但是,针对学习者的支持服务的需求调查还比较欠缺。

二、调研思路与过程

艾伦·泰特曾指出,规划开放和远程教育的学习支持服务系统,需要考虑一系列相互作用的因素,其中最主要的问题是首先考察"你的学生是谁",再考虑"他们有什么需要",然后考虑"你会怎样满足他们的需要"等相关问题。本研究正是在这样的指导思想下进行的。研究选取了 2020 秋参加开放大学学习的管理类专业、教育类专业及理工类专业本科在读学生为调查对象,力图从学习者的视角来剖析学习者的需求,审视开放大学学习支持服务需求现状。

基于学习支持服务的属性,课题组运用文献分析法及德尔菲法将支持服务分为技术支持、学习资源支持、导学支持、管理支持、文化(情感)支持五个维度,围绕这五个维度对学习者的需求进行调研。针对远程开放教育学习支持服务的具体情况编制问卷。问卷经专家多次修改及对学生的初步测试进一步完善。问卷分两部分,第一部分为非结构性问卷,第二部分为结构性问卷,结构性问卷采用李克特(Likert)5 点计分法,选项为"非常需要""需要""说不准""不需要""完全不需要",依次计分为 5、4、3、2、1。分数值越高表示需求水平越高,需求越迫切。问卷采用电子问卷,学生通过学习平台提交问卷,有效答卷数为 534 份。

---

① 王迎,孙治国,刘述. 国家开放大学学习者学习需求调查[J]. 中国远程教育,2017 (2).

② 王秀凤. 基于需求管理的远程学习支持服务优化策略[J]. 中国电化教育,2019 (2).

③ 蒋亦璐,王迎. 开放大学多样化学习支持服务探究——基于学习者的学习需求调研[J]. 中国远程教育,2018(6).

三、学习支持服务需求调查分析

1. 基本信息

(1) 样本分布情况

样本分布情况如表 6-20 所示。

表 6-20 样本分布情况

类别	内容	数量	数量总计	百分比	百分比总计
性别	男	260	543	48.69%	100%
	女	274		51.31%	
年龄	20 岁以下	1	543	0.19%	100%
	21～30 岁	263		49.25%	
	31～40 岁	161		30.15%	
	41 岁以上	109		20.41%	
在职工作	有	493	543	92.32%	100%
	没有	41		7.68%	

由样本分布情况看,男生 260 人,占 48.69%,女生 274 人,占 51.31%,男女生人数相当;年龄 20 岁以下为 1 人,占 0.19%,41 岁以上的 109 人,占 20.41%,31～40 岁的 161 人,占 30.15%,21～30 岁的 263 人,占 49.25%;有在职工作的 493 人,占 92.32%,只有 41 人没有在职工作,占 7.68%。

(2) 选择开放大学学习时考虑因素

在"选择开放大学学习考虑的因素"方面,认为"容易拿文凭"占 15.79%,"听从老师亲朋等建议"占 28.27%,"个人兴趣爱好"占 24.17%,"提升职业能力"占 80.31%,"学校声誉"占 16.37%,其他为 12.87%。调查显示,提升职业能力的需求最高,有 80.31% 的学习者学习目标明确,是为学以致用,提升职业能力。

(3) 每周学习时间

每周学习 5 小时以下的 216 人,占 40.45%,学习 6～10 小时有 203 人,占 38.01%,学习 11～15 小时有 63 人,占 11.8%,16 小时以上的有 52 人,占 9.74%。

2. 学习支持服务的需求分析

（1）技术支持

技术支持是指支持远程教育得以开展的各种技术和设施,包括各类信息服务系统、信息传播媒体以及配套运作软件等。技术支持主要为学习者提供视听设施、通信设施和学习平台及计算机网络学习环境。技术支持均值如表6-21所示。

表 6-21　技术支持均值

一级指标	题项	平均值
A—技术设备支持	学校教学设备先进（如多媒体教室、教学仪器）	4.46
	计算机机房能满足学习需求	4.42
	提供学习平台使用技能的指导或培训	4.5
	平台自动即时评价学习成绩	4.55
	学习平台导航清楚,方便学习	4.57

在技术支持中,5个题项均值大于或等于4.42。调查显示,学生最希望学习平台导航清楚,方便学习,得分最高为4.57。认为"学校教学设备先进（如多媒体教室、教学仪器）"非常重要的占67.79%,重要的占15.92%。认为"学习平台导航清楚,方便学习"非常需要的占71.72%,需要的占16.29%。对于主要采用在线学习方式的开放大学而言,一个好的学习平台非常重要。而目前的硬件设备是能够满足学生的基本需求的。

（2）学习资源支持

学习资源支持是指为远程教育学习者提供的各种课程材料、学习材料,包括印刷教材、音像教材、多媒体课件、交互式电视点播系统视频、网络课程、微课及电子图书馆等。学习资源支持均值如表6-22所示。

表 6-22　学习资源支持均值

一级指标	题项	平均值
B—学习资源支持	教材适合成人学习特点	4.57
	提供文本、多媒体等多种资源,能满足学习需要	4.56
	提供电子图书馆	4.41
	提供考试辅导材料及参考样题	4.57
	根据学习兴趣与水平主动推送适合的学习资源	4.52

调查显示,学生最希望"提供考试辅导材料及参考样题",均值为 4.57,希望"教材适合成人学习特点"同样为 4.57。"提供电子图书馆"一项均值最低,为 4.41,由此可见,学生对电子图书馆需求并不太突出,也可能是成人学生不太了解电子图书馆的作用。对"提供考试辅导材料及参考样题"非常需要的占71.54%,需要的占 17.23%。远程教育院校需要为学习者提供种类尽可能丰富的学习材料,诸如网络导学材料、纸质教材、视频、录音、网络课件等课程资源,方便学习者根据自身情况选择符合自身需求的支持性资源。结合非结构题项"最倾向的学习资源"看,68.79%最倾向的学习资源是视频、小课件,16.99%最倾向的学习资源是教学辅导文本,只有 14.23%最倾向的学习资源是纸质教材,如图 6-5 所示。

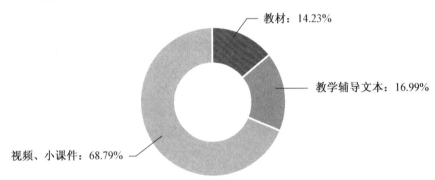

图 6-5　最倾向的学习资源

随着远程学习者年龄的年轻化,越来越多的学生倾向视频、小课件学习资源,纸质教材往往被忽视,这对纸质教材提出了更高的要求。从非结构题项看,对"教材适合成人学习特点"非常需要的占 71.54%,需要的占 17.04%。由此可见,编制符合成人学习特点的教材很有必要。

(3) 导学支持

导学支持是指教师在学习条件、学习方法和相关媒体设施上为学生正常学习提供的各种信息咨询和有效指导与帮助,包括学习活动内容的设计、对学习过程的支持及学生学习方法的指导等。导学支持均值如表 6-23所示。

表 6 - 23　导学支持均值

一级指标	题项	平均值
	了解学生需求,听取学生意见	4.53
	帮助或督促学生制订学习计划	4.47
	为初学者提供导学服务	4.59
	提供面授教学,重难点讲解	4.23
C—导学支持	辅导与答疑清晰易懂,能解决实际学习问题	4.52
	及时发布课程教学信息,如作业提交时间、考试时间等	4.56
	论坛交互功能强,教师及时回复 BBS 论坛	4.4
	教师及时批改形考作业,并及时给予反馈	4.46
	提供有效的学习策略、学习方法	4.54

　　导学支持分为期初、期中、期末三大阶段。期初教师从多个方面给学生以支持服务的积极引导,使学生接受远程开放教育的学习理念,初步掌握基于网络环境的学习方法,熟悉课程选择与计划制订。表 6 - 23 中,"为初学者提供导学服务"均值为 4.59,得分最高,"了解学生需求,听取学生意见"次之,均值为 4.53,"帮助或督促学生制订学习计划"均值为 4.47。学期中,"辅导与答疑清晰易懂,能解决实际学习问题",均值为 4.52,"及时发布课程教学信息,如作业提交时间、考试时间等",均值为 4.56,"提供有效的学习策略、学习方法"均值为 4.54,此三项得分较高,说明学生比较关注有效辅导、及时获得提交作业及考试信息,除此之外,学生还希望掌握学习策略与方法。"提供面授教学,重难点讲解"均值最低(MD=4.23)。对于"最倾向面授次数"调查如表 6 - 24 所示。

表 6 - 24　最倾向面授次数

选项	小计	比例	
3 次以下	90		22.28%
3～6 次	170		42.08%
6 次以上,多多益善	144		35.64%

　　调查显示,有 42.08% 的学生希望上面授课 3～6 次,6 次以上的为 35.64%,3 次以下的最少为 22.28%。远程开放教育采用的是混合式教学,由于受疫情影响及生源的减少,开放大学面授课已大大减少,但对于教师 3～6

169

次面授课的答疑解难,学生还是普遍欢迎的。

在师生互动方面,对"最倾向的师生互动途径"一项,有 74.79% 最喜欢的互动方式是 QQ 群、微信群;面对面交流也不容忽视,占 20.09%;通过邮件方式占 2.78%;通过电话方式只有 2.35%。网上实时与非实时的 BBS 讨论是远程教育重要一环,希望教师及时回复讨论帖百分比如图 6-6 所示。

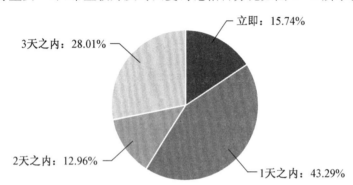

图 6-6 教师回复及时性百分比

图 6-6 显示,希望一天之内回复最多,占 43.29%,3 天之内回复占 28.01%,2 天之内占 12.96%。调查表明,学生希望联络和答疑有更多的渠道且更加及时,以教师一天之内回复为宜。

对于"最倾向作业批改方式"项,如图 6-7 所示。

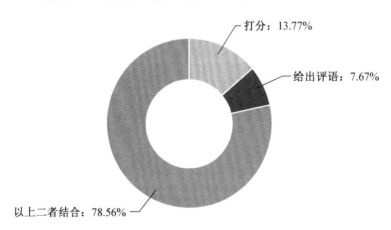

图 6-7 最倾向作业批改方式

图 6-7 显示,13.77% 学生希望打分就行,7.67% 学生希望给出评语。78.56% 学生最希望教师将打分与评语相结合,这对于习惯批改作业只打分的

教师来说,要重视以评语反馈。

完成形考作业遇到困难时最倾向获得帮助途径,排第一的是"通过百度等搜索引擎"占 53.32%,第二是"问老师"占 36.62%,第三是"通过教材找答案"占 7.92%,只有 2.14%的人是问同学,如图 6-8 所示。

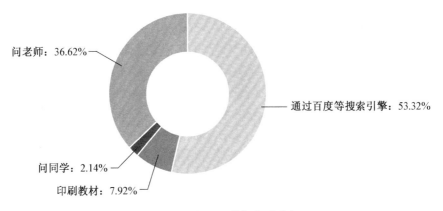

图 6-8 最倾向获得帮助途径

调查表明,百度等搜索引擎是学生找寻学习答案的首选。日常学习中的问题很多还是需要课程辅导教师帮助解决,这一方面说明教师在支持服务中具有非常重要的作用,另一方面也说明密切师生、生生之间的关系是做好支持服务的重要基础。

在期末,考核形式是学生最关心的问题。学生最倾向的考核形式如图 6-9 所示。

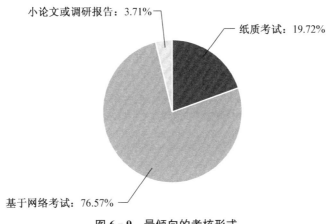

图 6-9 最倾向的考核形式

171

图 6-9 显示,学生对于网络考试接受度大,占 76.57%,其次是纸质考试,占 19.72%,小论文或调研报告只占 3.71%。调查显示,传统的纸质考试已让位于基于网络的考试,而小论文与调研报告虽然通常是开卷考,但其实并不简单,学生接受度并不高。

(4) 管理支持

管理支持是指远程教育院校对教与学行为的监控、管理与服务,主要包括教学管理支持(教学组织与实施、教学管理制度)、教务行政支持(招生、考试、学籍)、人文关怀支持以及其他方面的管理服务等。管理支持均值如表 6-25 所示。

表 6-25　管理支持均值

一级指标	题项	平均值
D—管理支持	监控线上、线下学习行为	4.27
	定时公布学习进度、作业完成情况	4.42
	提供课程考试预约、随学随考服务	4.46
	提供学生奖学金机制	4.35

在管理支持中,得分最高的是希望"提供课程考试预约、随学随考服务(MD=4.46)",认为此项非常需要及需要的分别占 64.98%、18.73%。得分第二的是"定时公布学习进度、作业完成情况",均值为 4.42,认为非常需要与需要的分别占 62.17%、19.85%。

(5) 文化(情感)支持

文化(情感)支持是专门针对远程学习缺乏交流而提供的,主要是指教师及管理人员在师生互动中给予学生情感上的支持,包括言语、非言语的关心,积极鼓励、尊重学生,也包括帮助学生组织学习小组、创设学习社区、提供心理咨询活动,开展专业技能竞赛活动,举办毕业典礼活动等。文化(情感)支持均值如表 6-26 所示。

表 6-26　文化(情感)支持均值

一级指标	题项	平均值
E—文化(情感)支持	组织校园活动,开展校园文化建设(如主题班会、运动会等)	4.17
	提供新生入学教育(有开学典礼等)	4.29
	辅导教师、班主任对学习滞后的学生给予及时提醒和督促	4.56
	管理人员服务周到、友好,帮助解决具体困难及心理问题	4.62

表 6-26 文化(情感)支持中,"管理人员(班主任)服务周到、友好,帮助解决具体困难及心理问题"项得分最高(MD=4.62),认为非常需要及需要的分别占 73.97%、14.98%。"组织校园活动,开展校园文化建设(如主题班会、运动会等)"均值为 4.17,得分最低,这可能是由于学生对校园文化建设存在认识上的不足。认为"提供学生奖学金机制"非常需要及需要的分别占60.49%、18.91%。"辅导教师、班主任对学习滞后的学生给予及时提醒和督促"均值为 4.56,认为非常需要及需要的分别占 69.97%、18.35%。这说明教师与管理者对学生的不断激励与督促对提高学生学习自信心和保持学习动力非常有意义。

四、结论及建议

(一)结论

通过以上分析得出以下结论:

(1) 学生希望通过学习支持服务取得更好的成绩。从调查数据看,学习支持服务中各维度"非常需要"和"需要"共占百分比例达到了 80% 以上的题项大部分都和学习过程及成绩直接有关。"组织校园活动,开展校园文化建设(如主题班会、运动会等)""提供新生入学教育(有开学典礼等)"这几项"非常需要"和"需要"共占百分比例不到 80%,分别为 72.65%、76.22%,由此看来,远程学习者学习比较注重实际,对和学习成绩(分数)无关的内容不太需要,亦或不太重视。网络考核形式已被多数学习者接受,小论文及调查报告不被看好。在对"学习支持服务的影响程度"(请按照你的需要的重要程度进行排序)的题项调查中,排名第一是导学支持服务,第二是资源支持服务,第三是管理支持服务,第四是技术支持服务,最后是情感(文化)支持服务,由此得到印证。

(2) 学生在学习过程希望得到全方位的学习支持服务。这体现在学习支持服务中导学支持服务、资源支持服务、管理支持服务、技术支持服务、情感(文化)支持服务均值都在 4.4 分或以上。技术设备支持、资源支持各项均高于 4.4,导学支持中"提供面授教学,重难点讲解""根据课程特点,提供多样化的考核形式",管理支持中"监控线上、线下学习行为""提供学生奖学金机制",情感(文化)支持中"组织校园活动,开展校园文化建设(如主题班会、运动会等)""提供新生入学教育(有开学典礼等)"得分均低于 4.4,说明学生对这几项需求较低,或不太看重。如上所述,当"现状是"与"应该是或必须是"两者之间存在差距时,就产生需求。由调查结果看,学生对技术设备及资源支持需求较高。对远程教学而言,如果技术设备条件跟不上,会严重影响学习支持服务的提供。当前,网络学习平台的功能建设与学生需求还不匹配,一些与后台技术相关的学习支持服务的设计有待优化和改进。学习资源支持服务做得不够到位,还需要改进和提高。

(二)建议

针对结论提出改进建议如下:

(1)支持服务工作的核心应以学生为中心,充分贯彻"服务学习者"的理念。远程学习者年龄跨度大、分布广泛、来自各行各业,由于教育背景、地区差异等各种主观或客观原因,需求非常多样化,教师与管理者要客观分析需求,分清哪些是学生客观需要,哪些确实是要进一步提高学生满意度的地方,哪些是学生为了应付考试而要提供的一些过度服务。多样化支持服务不应单向地基于学校能够提供怎样的支持服务,也需要从学习者的角度出发,更多地去思考学习者真正需要怎样的支持服务,以提高支持服务的有效性。面对参加远程开放教育的学习者,甚至是广大的弱势群体,需要提供更好的文化支持,尤其是情感的支持。

(2)在切实保证支持服务有效性的同时要注重及时性。在远程教育中,教师在确保技术支持、学习资源支持、导学支持、管理支持、文化(情感)支持有效性的同时,要关注支持服务的及时性。及时性是指对学习需求的响应及提供服务的迅捷程度,提供支持服务的能力以及让学习者信任的程度。这就需要在技术支持服务上首先要保障网络教学平台的畅通运行。其次要有专业技术人员随时随地解决学生学习中遇到的各种技术问题。在学生需要时能够使其全面、快速、有效地获取相应信息,使其可以随时快速方便地调用教学资源、浏览教学内容,能方便地进入论坛与他人讨论和交流。此外,还要注意课程资料发放及时,考试、作业等信息传达及时,网上学习资源更新及时,教师对学生的提问反馈及时,对形考作业反馈评价及时等。

本章小结

学习者具有的认知、情感等特征都会对学习过程产生影响,也会对支持服务的过程产生影响。学习者特征包括智力因素和非智力因素,智力因素也就是起点能力,包括认知能力、认知结构、基础知识和信息素养,非智力因素包括学习态度、学习动机和学习风格。为学习者提供优质的学习支持服务,有必要了解学习者的认知特征,对学习者学习动机、学习风格及学习支持服务的需求加以剖析。

研究并尊重学生的学习风格,是真正实现个性化学习支持服务的重要基础。本章对 9 种学习风格进行了重点分析。从对感觉通道的偏重,分析了视觉型、听觉型和动觉型的学习风格;从认知心理角度,分析了依存型、场独立型、整体型、序列型、沉思型、冲动型学习风格,指出,关注学生学习风格并选择相应的学习支持服务是实施远程教育的必然要求。共向两个教育类专业发放问卷 543 份,最终回收 540 份有效问卷,回收率 99.4%。将有效的 540 份问卷数据录入 SPSS 进行统计,通过调查分析发现,学习者多偏向视觉型、动觉型学习风格。基于认知类学习风格,大多数教育类专业学生都是序列型风格学习者。不同性别、不同年龄、不同家庭所在地的学生学习风格有着较为明显的差异性;是否在职及不同学习年限的学生在 9 种学习风格上不存在显著差异。由此得出结论:教师要以多样性和灵活性支持服务调动学习者的学习感知;教师授课的清晰性及学习资源的逻辑性至关重要;教师需要创造学生同伴群体互动的良好环境。提出建议:在学习支持服务目标与学生学习风格偏好之间找到更好的"结合点";提供多样化的教学媒体,完善个性化、智能化学习支持服务系统;满足学生最大的偏好,提高学生学习主动性。

最后,基于学生对支持服务的需求调查,分析目前状况与所期望达到的状况之间的差距,确定支持服务达到目标的可能性。将支持服务分为技术支持、学习资源支持、导学支持、管理支持、文化(情感)支持五个维度,运用文献分析法及德尔菲法围绕这五个维度对学生的需求进行调查分析并得出结论:学生希望通过学习支持服务取得更好的成绩;学生在学习过程希望得到全方位的学习支持服务。提出建议:支持服务工作的核心应以学生为中心,充分贯彻"服务学习者"的理念;在切实保证支持服务有效性的同时要注重及时性。本章针对一些专业学生的学习风格及学习需求进行调查分析。不同专业的学生学习风格倾向性及学习需求可能会有所不同,这有待以后的深入研究。

第七章 "教学团队＋学习小组"
理论与实践

教学团队指教师教学团队,是借助现代信息技术手段实施远程异地教学,向学习者提供学习过程所需的课程学习资源和学习支持服务,以保障教学质量的专业教师队伍。建设教学团队目的是为了提升教师的学习支持服务的能力和水平,最终实现人才培养的高质量。学习小组指学生学习小组,是团队学习的组织形式,在教师引领下开展学习小组活动有利于培养学生的自主学习能力。本章基于教学团队及学习小组的理论,结合远程开放教育特点,进一步探索"团队支持＋小组学习"支持服务运行模式。

第一节 构建教学团队的理论与实践基础

一、构建教学团队的必要性与可行性分析

(一) 必要性

从政策形势看,《国家中长期教育改革和发展规划纲要(2010—2020 年)》提出"以中青年和创新团队为重点,建设高素质的高校教师队伍。大力提高高校教师教学水平,科研创新和社会服务能力。"2007 年初,教育部、财政部联合发布的《关于实施高等学校本科教学质量与教学改革工程意见》(教高〔2007〕1号)(以下简称《质量工程》),对高校教学团队建设做了较详细的阐述:"旨在通过建立团队合作的机制改革教学内容和方法,开发教学资源,促进教学研究和教学经验交流,推进教学工作的传、帮、代和老中青相结合,提高教师的教学水平"。《质量工程》对教学团队的组成、教学团队的带头人、团队的教学工作、教学研究、教材建设等也提出了相应的标准。2011 年教育部、财政部再次共同发布了《关于"十二五"期间实施"高等学校本科教学质量与教学改革工程"的

意见》(教高〔2011〕6 号),指出"提高质量是高等教育发展的核心任务,是建设高等教育强国的基本要求,是实现建设人力资源强国和创新型国家战略目标的关键。"又进一步提出了包括"国家精品开放课程建设与共享""教师教学能力提升"在内的五项具体建设内容。其后,教育部在全国范围内遴选 100 个教学团队,从而引发了国内高等学校对教学团队建设的高度重视。顺应政策形势,我们要更好地发挥教师教学团队作用,提高远程开放教育人才培养的水平,把学校工作着力点、教育资源配置集中到提高开放教育质量、巩固学习支持服务环节上来。

从远程开放教育现实境遇看,学生数量虽逐年减少,但仍有相当规模。特别是大专业(学生人数 100 人以上)学生人数多,专业师资匮乏、师资区域配比不均衡的问题比较突出。具体表现在以下几方面:① 网络选课的学生与师资。有相当部分的课程选课人数达到一定规模,但选课学生地域上比较分散,学生群体异质性大,基础不尽相同。随着远程教学改革的深入开展,教学内容的不断更新,社会对人才的要求更加多样化,学生对知识的需求更加多元化,教学过程变得复杂化,迫切要求建立团队教学模式。同时,各个学习中心的师资情况存在不均衡状况,尽管有的学习中心配备了课程辅导教师,但因人数有限,难以覆盖全部课程与全部学生。有的学习中心有专业教师,但由于种种原因对口专业没有招生,存在师资浪费的现象。② 课程性质。有些专业课程具有一定难度,再加上疫情时代主要是在线学习,面授课相对减少,更需要教师在了解学生学习的基础上进行精细化、深度讲解。又因为教学内容逐渐综合化和复杂化,一名教师不可能精通所有的专业知识,就是在一门课程之中,也很难对每一个问题都有深入的研究。这在客观上决定了越来越多的教师希望与同伴合作,知识互补,提高专业水平,教师教学团队的建设更加紧迫。③ 教学过程、教学质量。尽管远程开放教育统一教材和学习资源,但是仍不可避免会出现同一个专业,甚至同一门课程在教学标准上存在偏差,这势必影响到教学质量。因此,以课程教学团队方式整合远程开放教育体系优质的师资,按照统一标准执行教学计划、落实教学环节,能够为学生提供有质量保障的教学支持服务。

（二）可行性

1. 庞大的专兼职教师队伍为教学团队建设提供了契机

目前,开放大学体系有 9.1 万名专职教师、3.4 万名兼职教师①。可以看到,兼职教师数量庞大,已成为开放大学教师队伍的重要力量。在开放大学共同体中,开放大学兼职教师有着自身的内涵与特点。所谓开放大学兼职教师是指某开放大学聘请的与本事业单位无人事隶属关系的外聘教师,从事开放大学教育教学工作。开放大学兼职教师大部分来源于体系内部的下一级办学单位,一部分来自普通高校,少量来自企事业单位等②。兼职教师在提供教学支持方面发挥了重要作用。

2. 体系为教师合作交流提供了良好的平台

开放大学体系为教师合作交流提供了良好的平台。从教师工作职能角度看,开放大学教师分主讲教师、主持教师、责任教师、课程辅导教师等不同类别,这几类教师承担着课程设计与课程实施的任务。总部教师,指国家开放大学教师,分为主讲教师和主持教师两种;分部教师,指省级开放大学教师,主要有主持教师、责任教师、课程辅导教师三种;各学院及学习中心主要有责任教师和课程辅导教师两种。在教学实践中,四级办学单位部分教师兼有主持教师、责任教师和课程辅导教师等多重角色身份。一线教师认识到个体教学的孤单无助,迫切需要名师名教的引领,带动自身专业化水平的提高。

二、国内外研究现状及实践概述

1. 国外相关研究

"团队(Team)"这一概念源于管理学领域,不同的学者对它的定义多有不同。斯蒂芬·P. 罗宾斯(Stephen P. Robbins)认为,团队是一种为了实现某一目标而由相互协作的个体组成的正式群体。它有以下几个特征:实现集体

① 荆德刚. 超越远程教育:世界开放大学校长谈疫后发展趋势[M]. 北京:国家开放大学出版社,2021:7.
② 吴韶华. 制约开放大学师资队伍发展的突出问题与对策[J]. 中国远程教育,2016(10):51-57.

绩效的目标、积极的协同配合、个体或者共同的责任、相互补充的技能，其核心是团队精神①。乔恩·R.卡曾巴赫(Jon R. Katzenbach)认为，团队就是由少数有互补技能，愿意为了共同的目的、业绩目标和方法而相互承担责任的人们组成的群体②。尼基·海斯认为，通过团队成员的共同努力产生积极协同作用，团队成员相互能顺畅地进行交流，与组织中其他成员的沟通也富有成效，他们在一起工作远比单独行动更为高效③。这些定义强调了团队的目标性、成员间的协作性以及对结果的共同责任性。

20世纪70年代，团队的概念开始被引入高等教育领域，但研究者关注的往往是团队教学，将其与教学团队作为同一个概念。对于教学团队这一概念，不少学者在定义中都强调了为提高教学质量，教师协同教学的重要性。戴维斯(Davis,J. R.)认为教学团队是指两个或两个以上教师通过某种水平的合作来计划、实施一门课程的活动④。在戴维斯看来，教师间的合作可以是幕前的，也可以是幕后的，即有的教师可以不直接与学生建立联系，仅仅是为教学做相应的准备或者是辅助工作。夏普林(Shaplin,J. T.)等人认为："教学团队是赋予其合法地位让其承担某些责任的一种组织，它肩负着规划与设计面向共同学生群体的教学。教学团队最显著、最重要的特征就是成员教师共同合作，对同一个学生群体进行教学的过程中形成的教师之间紧密的工作关系。"⑤

国外学者还将教学团队划分了类型。巴克利(Buckley, F. J.)认为教学团队可划分为三类：权威导向型团队、自我导向型团队、合作型团队⑥。夏普林等认为，教学团队可分为四类：① 两个或更多的教师联合工作，有时会晤，

① ［美］斯蒂芬·P.罗宾斯.组织行为学［M］.10版.孙健敏,李原,译.北京：中国人民大学出版社,2005:294-295.

② 乔恩·R.卡曾巴赫.团队的智慧——创建绩优组织［M］.侯玲,译.北京：经济科学出版社,1999:41.

③ ［英］尼基·海斯.成功的团队管理［M］.杨蓓,译.北京：清华大学出版社,2002:10.

④ Davis,J. R. Interdisciplinary courses and team teaching［M］. Phoenix, AZ：Oryx Press,1997.

⑤ Shaplin, J. T. & Olds, H. F. Team Teaching［M］. New York：Harper and Row,1964.

⑥ Buckley, F. J. Team Teaching：What, Why and How? ［M］. Thousand Oaks：Sage Publication Inc,2000.

分担责任,鼓励合作;② 把合作当成团队教学的基础,强调共同制定计划、集体讨论、共同工作;③ 团队成员很多,有一个协调人,对团队进行协调,建立和谐的工作环境;④ 组织性较强的团队,责任明确,日常的活动做到制度化①。此外,他们还对教学团队的运行模式及教学团队的质量保障等进行了阐述。

2. 国内相关研究

我国学者刘宝存认为,教学团队是以教书育人为共同的愿景目标,为完成某个教学目标明确分工协作、相互承担责任的少数知识技能互补的个体所组成的团队。一个高效的教学团队要具备以下基本要素:共同的目标、知识技能的互补、分工协作、良好的沟通、有效的领导②。邵建东认为教学团队有三种类型,第一种是师资教学团队,泛指某个系部的整体教师队伍;第二种是专业教学团队,指围绕某个具体专业,由专业教师、公共基础课教师、行业企业兼职教师组成的教师群体;第三种是以同一门课程为纽带的课程教学团队,指以承担相同课程教学任务的教师组成的单一课程教学团队和课程群教学团队③。杨秀芹指出,教学团队就是一种基于学科发展和教学优化而产生的一种组织分化的表达,也是面对日益多元化的教学需求的一种理性选择,它是高等学校组织属性的分化表达,也是教育资源有效利用和发挥乘数效应的必然结果④。郭英德以北京师范大学"中国古代文学系列课程教学团队"这个国家级优秀教学团队为例,总结了团队在规范课程设计、编写新型教材、建设教学资源、改革教学理念、提升教学方法等方面开展的工作⑤。王志军、余胜泉针对我国高校公共课教学中普遍存在的教师负担过重等问题,提出了教师团队协同教学理念,阐述了协同教学的理念与机制,并依托 4A 网络教学平台设计和开发了协同教学系统⑥。孙秋高从创建合理的制度环境、建立高效的管理模式、营造独

---

① Shaplin, J. T. & Olds, H. F. Team Teaching[M]. New York:Harper and Row, 1964.

② 刘宝存. 建设高水平教学团队促进本科教学质量提高[J]. 中国高等教育,2007(5).

③ 邵建东. 高职院校教学团队建设的误区及对策[J]. 中国高教研究,2013(4).

④ 杨秀芹. 教学团队的演进逻辑与自组织管理[J]. 当代教育科学,2016(2).

⑤ 郭英德. 教学与科研的双向互动——国家级优秀教学团队建设经验谈[J]. 中国大学教学,2011(11).

⑥ 王志军,余胜泉. 教师团队协同教学理念及其支撑系统的设计与实现[J]. 远程教育杂志,2014(10).

特的团队文化和建设好校内外实训基地等方面着手对高职院校课程教学团队进行了研究与探索①。以上这些研究有共同特点,即团队成员均来自同一组织(学校)内,大多集中于教学团队建设的意义和教学团队如何进行资源建设及协作教学上,还缺乏基于体系层级的网络教学团队建设及运行机制的探讨。

3. 国内外教师教学团队的实践

国外对于教师教学团队的探索与实践起步较早,其中最有代表性的是英国开放大学。英国开放大学自建校之日起就注重教师团队的建设,并形成了一整套的质量保障体系。无论从课程的设计与开发,还是学生的学习支持服务上,英国开放大学都依托团队的力量。英国开放大学充分发挥各类主体的团队协作精神进行课程设计与开发。英国开放大学教师分为全职教师与兼职教师,二类教师各司其职为学生提供多样化的教学支持服务。英国开放大学建立了严格的教师聘用办法,所选聘教师的专业知识和教学经验都必须达到学校标准,特别要求兼职教师懂得以团队运作的方式帮助、服务学生。美国凤凰城大学在课程设计上也采用团队形式,其成员包括教学设计师、教学内容开发师、管理人员、多媒体制作人员、编辑等。通过专职的学习支持服务人员,包括入学顾问、金融顾问、学术顾问等通力合作为学习者提供良好的学习支持服务。此后,教师团队合作运行模式得到了世界范围内开放大学及远程教育院校的认同和推广。

2009 年,中央广播电视大学启动了课程教学团队建设试点项目,首批试点建立了 7 个课程教学团队,探索课程教学团队的构成、运行机制和组织管理方式②。自 2010 年起,一些学者开始了广播电视大学/开放大学系统教学团队的探索与实践。杨亭亭以"教育技术学导论"课程教学团队为例,在跟踪作业、组织学生网络讨论方面进行了教师团队教学探索,通过课程团队组织、教学过程设计、团队教学和学生调查的实践研究,得出组建团队的必要性结论③。郭晓霞等以"人体生理学"课程教学团队建设实践为例,以定量的方式从教师和学生两个角度对团队运行绩效进行评价,揭示了团队在远程开放教

---

① 孙秋高. 构建高职院校课程教学团队的研究与探索[J]. 中国高教研究,2010(3).

② 孙福万,冯立国. 开放大学教师队伍建设:从"课程组"到"课程教学团队"[J]. 河北广播电视大学学报,2012(5).

③ 杨亭亭. "教育技术学导论"课程团队远程教学实践[J]. 现代远程教育研究,2010(4).

育课程实施中的重要作用和显著影响,就团队建设过程当中遇到的问题及困惑提出了建议①。杨宏宇以湖北电大教学团队实践为例,提出了基于网络的分布式课程教学团队构建策略②。陈薇、周驰岷探讨了省级电大网络课程教学实施团队建设及团队教学运行、团队运行的考评、团队运行保障的机制③。这些教学团队的运作基于原广播电视大学及分布式的 Web 2.0 学习平台和国家开放大学学习网。国家开放大学网络核心课程教学团队于 2015 年开始试点启动,共选出 7 门课程参加网络核心课程教学团队试点。这 7 门课程分别是经济数学基础、政治学原理、公司财务、人体生理学、媒体辅助英语教学、混凝土结构设计原理、计算机辅助设计。2017 年,网络核心课程教学团队已达 169 个。由于部分课程的变更与整合,至 2018 年秋国家开放大学共计建成网络核心课程教学团队 142 个,教学团队建设与实践取得了一定的成果。例如,影响大的国家开放大学"媒体辅助英语教学"MOOC 至今已开办 9期,自第 9 期起,秉承开放、合作、共赢的理念,团队成员吸纳了普通高校的教师与学习者等,坚持"一站式"教学,在全国高等教育远程教学中产生了较大影响。

第二节　基于共同体的网络教学团队构建

综上所述,教学团队建设既有实然性需求,也有必然性趋势。教师教学团队不同于传统课程教学团队,它的组建与运行基于网络学习平台,是当前教学团队建设探索的新模式。以开放大学为例,开放大学基于教学团队多年的建设实践,着力解决团队的功能、组成、模式、机制、路径、评价等问题,在实践运行中取得一定的成效。

---

①　郭晓霞,赵婷婷,尹志英.远程开放教育课程教学团队建设实践及运行效益评价研究——以"人体生理学"课程团队为例[J].中国远程教育,2013(1).

②　杨宏宇.基于网络组建开放大学系统教学团队的探索与实践[J].中国远程教育,2014(5).

③　陈薇,周驰岷.省级电大网络课程教学实施团队建设及运行机制研究——以四川广播电视大学为例[J].湖北函授大学学报,2018(15).

一、基于开放大学共同体的网络教学团队现状

1. 开放大学办学共同体特点

在对共同体进行的界定中大致有以下几种取向：价值取向、联结取向、特征取向①。共同体是指若干个体或者群体基于共同的价值认同和归属感的需要，为实现某个共同的目标而通过协议等形式自愿联结而成的一个非正式组织。根据共同体成员之间联结的密切程度，有"紧密型"和"松散型"之分。开放大学属于"紧密型"办学共同体。开放大学因其独特的教育理念、价值取向和社会效益，越来越受到国际社会和各国政府的高度重视、肯定与支持。如前所述，2010 年，《国务院办公厅关于开展国家教育体制改革试点的通知》中明确中央广播电视大学、北京市、上海市、江苏省、广东省、云南省开展综合教育改革试验，即"1＋5"开放大学试点。2012 年，教育部先后批复 6 家广播电视大学建立或更名为开放大学，实现广播电视大学的转型和功能拓展。其中，国家开放大学办学组织体系是以中央广播电视大学和地方广播电视大学为基础组建的，由总部、分部、地方学院、学习中心和行业、企业学院共同组成，是国家开放大学充分发挥系统优势和现代信息技术优势，实现办学网络立体覆盖全国城乡，为我国社会成员提供多样化继续教育服务和学习机会的重要保障。5 家省（市）开放大学与国家开放大学的办学组织体系基本类同，都是依托原有的省（市）广播电视大学系统构建。开放大学是一个社会广泛参与、共建共治、开放性的办学组织体系，实行集团办学、集约办学，是一个优势互补、共同发展的办学共同体。国家开放大学总部、分部、地方学院、学习中心和行业、企业学院组成一个办学共同体；5 家省（市）开放大学与其系统内的市、县电大（开大）和行业电大既是一个独立的办学共同体，同时也是国家开放大学办学共同体中的一员。共同体的成员通过共商、共建、共管、共享、共赢，实现各在其位、各尽其责、各展所长、各具特色、各得其所。因此，开放大学这个"紧密型"办学共同体，具有以下特点：一是开放大学校区遍布全国（省、市），分布较广；二是开放大学体系内各级办学组织都是独立的法人组织，相互之间没有隶属关系，只有办学业务上的指导和合作关系；三是开放教育是基于网络的教育，师生时空分隔，为学生提供支持服务难度较大；四是开放大学拥有一支数量较为庞大，

---

① 赵军."共同体"视域中我国职业教育发展境遇与路径选择[J]. 教育发展研究，2012(17).

且理论水平高、管理能力强、业务能力突出、有多年从事开放教育经验的师资队伍。这也正是开放大学与普通高校的不同之处①。

2. 开放大学网络教学团队特点及现状

从 2013 年开始,国家开放大学开展了网络核心课程建设、国家开放大学学习网建设和应用、网络教学团队建设等一系列专项工作,积极推进"六网融通"人才培养模式改革②。"六网融通"人才培养模式是在终身教育理念、远程开放教育理论、"互联网＋"思想的指导下,按照大规模培养职业性应用型人才和高素质劳动者的培养目标,以学习者学习为中心,集网络学习空间、网络学习课程、网络学习支持、网络学习测评、网络教学团队和网络教学管理于一体,相互关联、融合、贯通,全面支持在线人才培养的工作流程与模式。远程开放教育是基于网络的混合式学习,学习行为的有效发生和学习过程的支持服务是衡量人才培养质量的重要因子,也是开放大学区别于普通高校的主要标志。开放大学的教师作为远程学习支持服务的提供者和实施者,是支撑、保障"六网融通"人才培养模式成功的关键。传统的教学支持是在制度的规范、约束下,教师有效地开展学习支持服务活动,但是开放大学学生规模较为庞大、学生地域分布较广、师生时空分离,一名教师往往需要面对多个区域的多名学生,这种"一对多"的支持服务,不仅教师和管理人员的劳动强度大,而且学习支持服务难以见效。因此,组建"网络教学团队"就成为探索、构建"六网融通"人才培养模式重中之重的工作。

开放大学挂牌成立并相继推出新型人才培养模式和统一的学习平台后,网络教学团队作为学习支持服务工作的重点被普遍关注,而走向高水平开放大学,提供高质量的学习支持服务过程中,师资队伍问题日益凸现。一是教师队伍数量不足。面对开放教育数量庞大的学生群体,师生比严重失衡,由此也就产生了生多师少、学生很难得到教师的个性化指导和帮助等问题。二是教师学科分布不均。一些专业学科缺少足够的专业教师,造成教学过程难以落实、专业学科建设难以开展。三是教师专业水平不足。一线教师往往身兼数职,忙于管理等琐碎事务,学术视野不开阔,专业化水平难以得到提升。

---

① 左克军,唐文,章玳. 共同体视域下开放大学网络教学团队建设研究与实践[J]. 南京广播电视大学学报,2020(2).

② 杨志坚. 国家开放大学建设:改革与创新[J]. 中国远程教育,2013(4).

二、开放大学网络教学团队的构建

1. 网络教学团队的概念

传统教学团队通常位于同一校园或同一栋大楼内，所有成员从属于同一组织，利用口头语言作为主要的交流工具，通过定期例会、公文以及非正式的面对面交流、相互协作，完成团队承担的任务。传统团队的人员组成相对稳定，协作工作的时间比较长。网络（虚拟）教学团队则分布在不同的地理位置，隶属于不同组织，他们利用电子邮件、QQ群、BBS、微信、移动电话等同步/异步交流工具，举行定期的在线研讨、布置工作任务、考核工作绩效，通过相互合作，完成在线工作①。开放大学是一个多级办学组织体系，教师和学生的规模都极为庞大，网络教学团队建设需要在充分调研各级需求的基础上，结合开放教育的特点，采取自下而上和自上而下相结合的方式，做好网络教学团队建设的顶层设计，制定好建设方案。立足全面落实立德树人根本任务，围绕新时代中国特色社会主义对高等教育的新要求，体系上下结合、校内校外结合、线上线下结合，以学科（专业）为基础、以课程（群）为核心，分层分级统筹，建设全体系、全流程、跨区域的网络教学团队，为学习者提供多方位个性化的远程学习支持服务。

2. 网络教学团队的建构模式②

网络教学团队以课程为基本单元组建，包括开展学术支持的教学核心团队和教学实施团队，以及开展非学术支持的教学支持团队，具体的组织和管理可以专业或课程群为主线统筹安排。开放大学开设的大、中规模课程（连续3个学期招生500人以上的专业），一般可采用两级统筹的网络教学团队建设模式，即开放大学总部统筹组建课程网络教学核心团队，由团队负责人、团队专家和核心成员组成，负责课程的总体设计，以及在教学过程中对各分部的培训、支持、监控和评价；开放大学分部统筹组建课程网络教学实施团队，由责任教师和辅导教师组成，负责在教学核心团队总体设计的基础上，形成分部的教学实施方案，直接面向学生组织开展教学和教学支持服务工作。开放大学总部开设的小规模课程（连续3个学期招生500人以内的专业），可以单个课程

① 郭文革，张魁元，沈旭东. 虚拟教学管理团队领导力研究[J]. 开放教育研究，2015(4).
② 左克军，唐文，章玳. 共同体视域下开放大学网络教学团队建设研究与实践[J]. 南京广播电视大学学报，2020(2).

或专业课程群为单位组建网络教学团队,一般可采用团队一级教学,由开放大学总部统筹组建网络教学团队,直接在统一的网络学习平台上面向学习者开展网上一级教学;学生所在的分部根据学生人数配置师资、投入教学经费,共同参与网络教学团队建设。网络教学支持团队由开放大学体系内所有从事非学术支持的管理及辅助部门的教师、班主任(辅导员)、技术人员等组成,负责为网络教学团队开展教学团队建设和教学支持服务工作提供管理服务、技术服务和资源建设服务等支持和保障。总部和分部的相关职能部门也可以单独组建教学支持团队,通过团队建设,提升自身的服务能力和水平,为网络教学团队提供更好的支持服务。网络教学团队建设在充分研究团队功能、组成、模式、机制、路径、评价等问题的基础上进行一体化的设计,网络教学团队建设模型见图7-1。

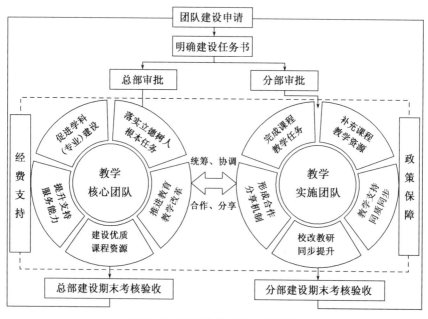

图 7-1　网络教学团队建设模型

(1) 团队实现的功能

开放大学的教学运行机制采用层级支持服务,由课程主持教师、课程责任教师、课程辅导教师逐级向下管理运行并提供学习支持服务。根据这一特点,教学核心团队和教学实施团队在功能上需要统筹协调,教学核心团队统领课程的团队建设,各分部教学实施团队必须在团队建设总目标下履行分部及以下的教学运行和支持服务职能。总部和分部的团队建设要协调一致、合作共享、相互支持。

总部建设的教学核心团队主要实现以下功能：一是促进学科（专业）建设，团队成员积极参与教育教学研究和国内外高水平学术交流，发挥团队专家的学术优势和传帮作用，促进学科（专业）建设；二是落实立德树人根本任务，结合专业（课程）特点，把培育和践行社会主义核心价值观融入教书育人全过程，以简洁通俗的案例嵌入课程教学和社会实践，嵌入团队建设过程和支持服务过程中；三是推进教育教学改革，优化教学内容，完善课程和资源形式，改进课程教学方法，科学设计考核方式和考核内容；四是建设优质课程资源，提高课程资源一体化设计的程度；五是提升支持服务能力，建立健全网络教学团队的教学支持服务流程和规范，落实教学过程，促进学习行为有效发生。

分部建设的教学实施团队主要实现以下功能：一是完成课程教学任务，即给选修该课程的学生提供学术支持服务，给学生提供必要的辅导，帮助学生完成课程规定的学习任务；二是补充课程教学资源，根据远程开放教育学生学习的特点，对课程的学习资源予以必要的补充和完善更新；三是教学支持同质同步，课程教学团队可以弥补各级各地教师支持服务能力和水平的不均衡，保持教学要求和支持服务同质，教学进度同步；四是教改教研同步提升，通过团队开展各种学术交流和教学研究活动，保持团队成员在专业学术上得到同步提升；五是形成信息与资源的合作分享机制，有助于团队成员克服时空分离，增进情感和友谊，分享课程教学和提供支持服务工作中的各种信息和资源，进一步形成紧密的合作机制。

（2）团队成员的构成

总部的教学核心团队由于不直接面对学生，采取首席主持（团队负责人）＋团队专家＋核心成员的人员组成结构；分部的教学实施团队直接面对学生提供学术支持服务，采取团队负责人＋核心成员＋骨干成员的人员组成结构。首席主持，也就是团队负责人，统筹并具体负责团队建设和运行等相关工作。团队专家，主要来自普通高校或行业、企业，为团队建设提供学术支持和指导，1～2 人为宜。核心成员，主要是开放大学体系责任教师或辅导教师，参与团队建设和运行工作，有多年课程教学经验，业务水平、工作责任心、事业心较强，相对稳定，6～8 人为宜；核心成员与团队之间关系紧密，是团队的"紧密层"。骨干成员，来自体系内的辅导教师，负责本单位学生的课程辅导，按照团队工作方案和要求执行；骨干成员根据课程开设需要而设置，因此有一定的流动性，根据每个学期课程的学生选课情况，可多可少，不影响团队的运行；骨干成员与团队之间不如核心成员紧密,是团队的"松散层"。技术保障人员,主要为课程建设和运行提供技术支持和技术保障,1~2人为宜。团队可以由某开放大学内教师组成,也可以根据开放大学体系特点,由不同开放大学的教师和行业、企业的专家组成。

(3)团队构建的模式

团队构建模式即团队组建的结构型范式。高效能团队的组建应该控制在一定的规模内,并且根据目标绩效,建立相适宜的模式,成员间形成彼此信任的关系①。团队成员在技能、特长、气质上的差异度有利于优化组合,形成最佳能力梯度。因此,纵向看,开放大学网络教学团队的构建采用"金字塔"型模式,即团队中的团队负责人、核心成员到骨干成员,人数逐级增多,成为一支具备能力梯度和凝聚力的队伍。其中,骨干成员是团队构建的基础,也是团队建设目标的执行者和实现者;团队负责人和核心成员是团队构建的关键,是团队建设目标的制定者和维护者;团队专家和技术保障人员为团队建设提供学术指导和技术支持,是团队建设目标的支持者和保障者。团队构建模式如图7-2所示。

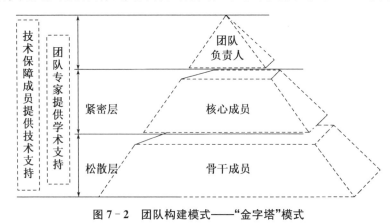

图7-2　团队构建模式——"金字塔"模式

三、网络教学团队的运行机制

1."团队支持+小组学习"的支持服务模式

切斯特·巴纳德(Chester I. Barnard)认为,通过团队的协作机制,创造

---

① 〔美〕斯蒂芬·P. 罗宾斯. 组织行为学[M]. 10版. 孙健敏,李原,译. 北京:中国人民大学出版社,2005:292-294.

良好的氛围,可以更高效地实现个人价值的最大化,解决团队组织的效率问题。协作的意愿、共同的目标以及信息的沟通是组织(团队)成功运行的关键①。因此,开放大学网络教学团队的运行采用协同机制,团队成员之间通过协同开展教学。"协"解决合作和分享,有合作有分享,充分利用集体的智慧和团队成员的专业背景和技能,群策群力谋划好教学工作和支持服务工作;"同"是做到同步和同质,即教学要求、教学安排、教学进度保持同步和同质,提供标准一致的支持服务。课程建设要协同,课程运行更要保持协同。团队成员"多对一"的支持服务,可以帮助学生明确课程学习任务、制定课程学习计划、选择学习方式、指导学生进入课程学习、帮助学生完成阶段学习成效检验和课程学习评价,最终完成课程知识建构。学生可组成学习小组开展协作学习,构建"团队支持＋小组学习"的支持服务模式,实现"多对多"的支持服务。"团队支持＋小组学习"的支持服务模式如图7-3所示。

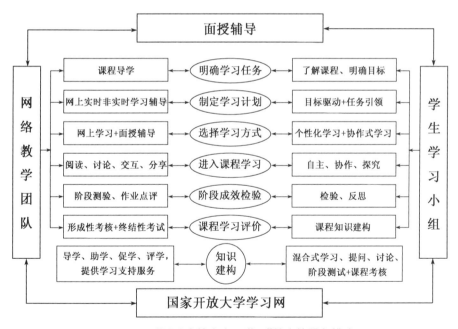

图7-3 "团队支持＋小组学习"的支持服务模式

---

① [美]切斯特·巴纳德.组织与管理[M].曾琳,赵菁,译.北京:中国人民大学出版社,2009:26-29.

图 7-3 中，基于国家开放大学习平台，网络教学团队进行课程导学、网上实时非实时学习辅导、网上学习和面授辅导；引导学生深入阅读、讨论与经验分享等；发布作业、作业辅导、作业点评；进行期末复习。鼓励学生参与考查、考试，完成各项考核任务。学生在教学团队教师引领下进行自主学习，包括了解课程，明确学习目标；制定自己的学习计划；采用自主学习、协作学习、探究学习等方法深入学习课程内容；自我建构知识，进行个性化学习、协作式学习；参与学习评价等。

2. 网络教学团队的建设路径

根据开放大学团队建设的总体目标和要求有计划、有组织地分批建设网络教学团队。总部由课程主持教师牵头申报，分部由课程责任教师牵头申报，可以同步申报建设也可以先建设总部的教学核心团队。团队成员不应是行政指派，而应是团队成员之间的自愿组合，由有共同愿景和价值取向的教师自愿组合在一起，进行合理分工，自愿承担相应的建设和课程运行任务。总部教学核心团队成员可以来自开放大学各分部、行业、企业；分部教学实施团队成员可以来自分部内，也可邀请其他分部的专兼职教师作为核心成员，但骨干成员一定来自本分部有选课学生的教学点。

团队负责人根据开放大学总部和分部的团队建设管理要求，在团队专家的指导下，与核心成员共同研究团队的建设目标和建设任务，根据开放大学团队建设实施方案或者管理细则要求，在规定时间内提出书面的申报，经相关职能部门审核批准，明确建设任务书，签署团队建设协议，给团队成员颁发聘书，获得批准建设的团队应给予一定的建设经费支持。团队建设经费包括建设期经费和运行期经费，需在团队建设协议中明确约定。建设期满通过职能部门组织的评价验收，即可足额拨付经费；验收合格的团队即进入运行维护期，运行期经费可以是定额拨付，也可以根据每学期团队成员的工作量进行核算。

3. 网络教学团队建设的科学评价

科学有效的团队绩效考评可以调动团队积极性，检验建设成果，提升团队的核心竞争力。科学合理的评价体系既是一种评判机制，也是一种激励手段，关系着团队的生存和发展。教学团队不同于一般的社会型团队，教学改革的成果往往需要一段时间才能得以彰显，因此，开放大学网络教学团队的建设评价也应该分阶段进行，包括建设期评价和运行期评价。建设期评价的依据是团队建设任务书，建设任务书中约定的各项建设任务均保质保量完成，即可验收合格;运行期评价则要根据每学期团队工作成效的量和质,以及推进教育教学创新等方面进行综合考核评价。

在评价主体上,有学校主管部门评价、教师自评、学生评价和同行专家评价。从促进教学的角度出发对教学团队及教师进行评价,评价结果须是用于改进教学和教学团队的工作。在评价内容上,一般综合考虑以下内容:一是是否已构建一支完整的运行顺畅的网络教学团队;二是团队是否有明确的建设方案和实施方案,是否有明确的职责分工;三是是否有明确的建设计划和阶段实施计划;四是课程建设是否符合开放大学网络课程建设标准;五是团队建设是否有经实践验证可运行、可推广的创新内容和创新举措。在评价方法上,采取定性评价和定量评价相结合,定性评价着眼于以上评价考核内容,定量评价则应优先考核以下指标:一是团队成员和选课学生在统一学习平台的行为次数、在线天数是否有显著提升;二是团队成员和选课学生发帖回帖数是否显著提升;三是课程形成性考核和终结性考试的信度和效度是否提升;四是选课学生对课程学习的满意度是否提升。

4. 网络教学团队运行保障及成效

以江苏开放大学为例,江苏开放大学通过积极实践探索,制定了专业负责人、课程负责人工作职责和教师工作量考核办法、网络核心课程负责人工作职责、网络教学团队建设实施方案、网络教学团队建设任务等管理制度;围绕学习网制定了管理员操作手册、课程负责人操作手册、课程辅导教师操作手册、学生操作手册;制定了系统管理员、课程负责人、辅导教师、班主任、学生的工作或学习流程。这些制度的制定,确保了团队建设有标准、团队运行有规范、团队考核有依据、建设质量有保障。江苏分部自 2011 年开始网络教学团队的建设实践,截至 2017 年秋季学期,共有 50 支团队建设运行,其中建设期团队 18 支(包括教学支持团队 3 支),运行期团队 32 支。2019 年新增 61 支教学实施团队,2020 年新增 38 支教学实施团队。近几年团队建设的探索实践取得了一些阶段性成果:一是初步形成了"团队支持＋小组学习"的学习支持服务模式;二是师生在学习平台的行为数据显著增加,教师和学生利用网络教学平台进行教与学的意愿更强;三是学生满意度提高,根据近年来江苏分部的网上抽样调查数据显示,对学校的学习支持服务总体评价满意和非常满意的比例达到了 98.33%。

第三节　教师引领下学习小组运行机制

随着信息技术的变革与发展,网络环境拓展了学生与教师之间、学生与学生之间的交流渠道,为学习小组开展小组合作学习提供了更加便利的教学环境。在网络环境下,以课程为单元组织教学,构建学习小组,进行小组学习正是解决远程学习者由独自学习向合作学习过渡的有效形式和方法。小组学习包括在教师引领下自主探究、交流互动、评价反思等。有调查表明,影响学业成绩和满意度的两个关键因素是学生间的互动和师生间的互动[1]。由于工学矛盾,开放教育成人学生学习困扰多,很容易懈怠,在鼓励学生自主学习的基础上,教师引导学生建立学习小组,进而带动整个班级学生的学习,是一种行之有效的学习组织形式。小组学习能够促进学生之间建立起亲密的伙伴合作关系,有利于学生建立良好的集体责任感。有效的小组学习离不开教师的引领,教师的职责在于尽可能以最好的方式引领学习[2]。引领,意味着有效地促进学生的学。随着技术与教育的深度融合,学习平台的迭代更新,构建合作型的学习小组,在教师教学团队的引领下促进学生的深度学习,提高学习小组的学习成效成为需要着重解决的问题。

一、国内外研究文献概述及概念界定

对于学习小组的研究,学者们大部分采用了合作学习与协作学习术语。17 世纪捷克教育学家夸美纽斯(J. A. Comenius)提出班级授课制,将班级中的学生分成小组,每组限定人数,并且挑出组内年长的同学作为"十人长"(相当于小组长)帮助教师管理班级。夸美纽斯认为,班级教学中使用合作学习的方式对学生学习有激励作用,可以提高学习效率。18 世纪初,英国教师安德鲁·贝尔(Andrew Bell)和约瑟夫·兰喀斯特(Joseph Lancaster)对学习小组合作学习进行研究,并将其运用于实践。此后,学习小组合作学习就在英美学校中发展迅速,并取得了很好的反响。

国外学者主要对学习小组构成及组织方式进行了阐述。美国明尼苏达大

---

[1]　Astin, A. W. What matters in college:Four critical years revisited[M]. San Francisco:Jossey-Bass, 1993.

[2]　瞿葆奎. 教育学文集·教学(上)[M]. 北京:人民教育出版社,1988:68.

学约翰逊兄弟（D. W. Johnson ＆ R. T. Johnson）以小组活动为基础,强调小组成员之间的交互学习,提出小组合作学习的基本要素有五个,即积极的相互依赖、促进性的相互作用、个人的责任感、社交技能或合作技巧、小组过程及反思。真正的合作学习小组,是教师教学过程中最有创造性的教学工具①。美国学者嘎斯基（Guskey）博士对小组协作学习进行了描述:协作学习是一种形式,它要求学生在一些由 2～6 人组成的异质小组中一起从事学习活动,共同完成教师分配的学习任务②。日本教育家佐藤学认为,合作学习的小组最好是由男女生混合的 4 人组成,倘若是 4 人的话,谁都不是"客人",谁都能参与小组的活动。小组规模越小,学生就越难以逃避责任,从而不得不对小组做出自己的贡献。小组规模越小,学生努力的可见度就增加了,因此使得他们更有责任感③。小组的"合作学习",无论小学、初中、高中的任何学科的教学,都应当可以实施④。国外学者还强调了小组学习中教师的角色及作用。在学习小组活动中,教师不再只关注给学生整理、分类和展示学习资料了,教师的首要目标是作为"旁边的指导者",而不是"讲台上的圣人"来培养学生的能力。换句话说,教师的角色从"专家/权威"转变为了"助手/教练"⑤。

　　国内的相关研究起步较晚。20 世纪 90 年代初,中小学开始引入学习小组合作学习方式,由此引发教育界对学习小组、小组合作学习的理论探讨与实践探索。1993 年,王坦教授首次将嘎斯基的协作学习理论引入国内,填补了我国对小组学习理论研究的空白。国内学者对中小学学习小组内涵、学习小组规模、学习小组活动策略进行了多方面研究。陈向明认为学习小组建设主要是从小组规模的确定、小组成员构成、小组内角色搭配三个方面来进行⑥。

---

　　① 　［美］D. W. Johnson，R. T. Johnson. 合作学习［M］. 伍新春,郑秋,张洁,译. 北京:北京师范大学出版社,2004:99.

　　② 　Daniel U，James D K，Howard S. The effect of computer-mediated collaborative learning on solving Ill-defined problems［J］. ETR&D，2003，51(2).

　　③ 　［日］佐藤学. 学校的挑战——创建学习共同体［M］. 钟启泉,译. 上海:华东师范大学出版社,2010:24.

　　④ 　［日］佐藤学. 学校的挑战——创建学习共同体［M］. 钟启泉,译. 上海:华东师范大学出版社,2010:24.

　　⑤ 　Millis，B. J. Helping faculty build learning communities through cooperative groups. In L. Hilsen (Ed.)，To improve the academy；Vol. 9. Resources for faculty，instructional，and organizational development［M］. Stillwater，OK：New Forums Press，1990.

　　⑥ 　陈向明. 小组合作学习的组织建设［J］. 教育科学研究,2003(2).

学习小组能充分发挥集体协作的智慧,提高个体的学习效率,小组学习应在教师指导下进行①。笔者认为,学习小组是由学生和教师共同构成的一个交互协作的学习团体,是在教师引领下,通过合作、交流、探究等方式,小组成员以共同完成学习任务为目标,以小组学习成效为评价依据而形成的一种学习组织形式。小组学习是在教师引领下以学习小组活动为主的一种结构化的教学方法。

二、案例选取与分析框架

1. 案例选取

案例是含有问题或疑难情境在内的真实发生的典型事件②。案例研究法是建立在深入和全面实地考察基础上对现实某一复杂和具体现象所做的一种经验性研究③。为了进一步探索"团队支持+小组学习"的学习支持服务模式,充分调动学生学习的积极性,有效实施线上线下相结合的混合式教学,提高学生自主学习能力和提升学习支持服务质量,开放大学开展了优秀学习小组活动,并制定了评选依据,如历届江苏开放大学学习小组评选条件主要有"学习小组"活动有计划、有组织、有成效;"学习小组"活动方式多样;"学习小组"活动内容广泛;"学习小组"有教师辅导;等等。由此,我们可以看出,优秀的学习小组应具有较强的组织性、计划性,灵活多样的活动形式和充实的活动内容等特征。本研究选取江苏开放大学近五年评选出的 58 个学习小组作为研究对象并展开分析。拟采用的案例样本如表 7-1。

表 7-1 2017—2021 年评选的学习小组

年份	2017	2018	2019	2020	2021	合计
学习小组(个)	13	15	15	10	5	58

2. 分析框架

本研究主要通过近五年来江苏开放大学评选出的学习小组和访谈的方式

---

① 张庆家. 浅谈开放教育学生开展小组协作学习的重要性[J]. 现代远距离教育, 2003(1).

② 郑金洲. 教育研究与成果表达形式之三——教育案例[J]. 人民教育,2004(20):34.

③ 孙海法,刘运国,方琳. 案例研究的方法论[J]. 科研管理,2004(2):107-112.

来获取数据收集。针对学习小组的指导教师进行了访谈,访谈问题包括:学习小组长是如何确定的? 学习小组开展了哪些活动? 学习小组和教学团队有何种联系? 如何对学习小组成效进行考评? 通过比较分析 58 个学习小组的实践成效,结合访谈内容得出研究发现或结论,有助于提出更具普适性的理论概念或框架。

三、学习小组案例比较分析

1. 学习小组特点

(1) 为学习小组命名,形成互赖关系

小组合作学习的核心是积极互赖。通过为学习小组取名,以此来建立一个共有的身份,身份互赖的关系就形成了①。案例显示,学习小组命名多样化。一是多使用名词和动词,体现积极向上的精神风貌,如"彩虹""星火""奋进""起航"等;二是以三字或四字为主,体现奋发图强、激励斗志情意,如"先锋号"象征冲锋在前、无所畏惧的精神,"笃志好学"体现专心致志、勤奋好学的精神,"扬帆逐梦"意寓插上知识的翅膀,在新时代的浪潮中扬起风帆;三是使用个性化、富有创意的名称,体现课程学习特点,如"网学高手"强调线上学习效果,"东亭英语咖"体现英语课程学习特点,"利析秋毫"则体现了投资学课程学习特点;四是挖掘地方文化元素,体现地方特色。如"晏溪"学习小组名源自东台晏溪书院,"汉韵楚风"凸显沛县楚汉历史时期的人文历史和典故。作为对小组名称的补充优化,有的还设计了 LOGO。例如东台学习小组的 LOGO 为圆形设计,在 QQ 和微信中作为头像统一使用。中间白色字母"YX"为晏溪首字母,隐喻东台学习小组,蓝色寓意东台东临大海,红色激发学习热情,橙色充满青春活力,LOGO 增强了学习小组成员对学习小组的认同感、归属感。

(2) 学习小组成员异质性强,规模不一

基于学生的性别、性格及学业背景、学习风格方面的差异,一般根据所选课程将学生组成异质性学习小组。案例数据显示,学习小组成员女生多于男生,女生更倾向于参加学习小组;新生参与度高于老生。由于学生选课人数逐年减少,学习小组的规模相应变小。小组规模随着任务的开放性而变化。有 80% 的学习小组由 6～7 人组成,学习小组成员人数最多的 18 人一组,最少的

---

① ［美］D. W. Johnson, R. T. Johnson. 合作学习[M]. 伍新春,郑秋,张洁,译. 北京:北京师范大学出版社,2004:88.

2人一组。

（3）基于理论组织与实施

理论是行动的指南。一些学习小组的组织运行基于建构主义学习理论。如"学无止境"学习小组促使学习小组学生主动地建构知识,在小组学习讨论中,调动学生原来的知识经验,把当前学习内容所反映的事物尽量和已掌握内容相互联系,并对联系进行深入思考。也有学习小组运用契约学习理论,如"向阳花开"学习小组,在教师引领下,由学习小组成员共同制定学习契约。学习契约制定的重点放在约定上,从内约束了小组成员的行为,进一步增强了小组成员的凝聚力。还有一些学习小组从实践出发,"以导促学,培养能力",基于"工作场所学习"理念设计,将专业学习拓展到工作场所,围绕工作场所所需态度、技能及环境进行现场教学与小组讨论。如"书海拾贝"学习小组,结合学前教育专业的特点,在指导教师的引导下,到幼儿园实地开展专题学习与实践教学体验,强化组员对教育学课程实践知识的运用,对专业知识与基本教育教学技能的理解,并使组员在体验与思考的过程中逐渐形成端正的教学工作态度与积极向上的教育职业价值观。

（4）具有清晰的组织实施流程

学习小组大都有清晰的组织实施过程。如"Together English"学习小组活动流程为:① 教师导学→② 学前调查分析→③ 确定学习目标→④ 明确学习分工→⑤ 个人自主学习→⑥ 合作讨论学习→⑦ 学习成果呈现→⑧总结与评价,如图7-4所示。

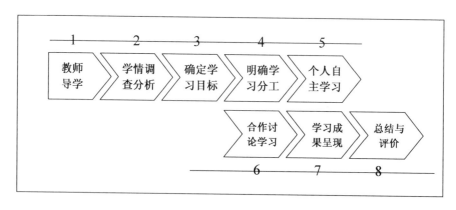

图7-4 "Together English"学习小组活动流程

图7-4整个小组活动实施过程中,师生的互动主要在于指导教师的活动前引导和活动中专业指导与点评,包括对活动环节时机的把握。学习小组制

定规章制度非常重要。如"超越自我"等学习小组制定了规章制度来明晰学习小组的活动要求,明确组员的职责,规范组员的行为,有利于学习小组形成良好的组织性和纪律性,高效完成学习任务。

(5) 采用混合学习(讨论)形式

小组采用混合学习(讨论)形式,注重小组活动设计的专业对口性、小组活动的问题导向性和基于工作实际的实务性。学习小组指导教师精心设计讨论材料,认真写好教案与教学计划,一方面组织好面授课学习讨论、社会考察;另一方面在学习平台上组织学生参与 BBS 实时与非实时讨论。学习活动设计遵循远程学习的特点和学生的认知规律,分阶段、分层次地循序渐进,以确保学生学有成效。由于疫情影响,面授课次数减少,社会实践活动也相应减少,学习小组更多是进行线上活动,如利用 QQ、微信、WIKI 及学习平台 BBS 讨论区进行小组学习活动,运用专业 App 与技术手段使小组学习更为深入。

(6) 小组活动设计与实施融入课程思政

自 2019 年后,小组学习更加注重课程思政的融入。例如,"云上七杰"学习小组在指导教师引领下探索教育研究方法的意义,融入思政元素,提升学生对教师、教育事业的认识。又如,"利析秋毫"学习小组指导教师帮助学生了解国家战略、法律法规政策,引导学生关注社会现实,培养学生经世济民、诚信服务、德法兼修的职业素养,通过课程思政实现"育人细无声"的价值引领。

(7) 对小组学习成效进行评价

评价是教与学的重要组成部分,一些学习小组关注了小组学习过程与结果评价。如"Together English"学习小组组长详细记录每次小组活动的内容、任务分工、遇到的困难和采取的措施,每个组员不仅填写"学习小组成员自我评价反馈表",还对自己的学习做了小结。又如"晏溪"学习小组设计了"学习小组学习成效评价表""学习小组学习自评表""学习小组学习互评表",基于组员活动过程进行考核,关注学生知识及能力的提升。案例数据显示,98％的小组学习评价以学习平台学习行为数据、考试(考核)成绩为依据。学习小组数据表明,积极参与小组活动的学生其网上学习行为频次也较高,小组学习成员在学习平台上学习行为数据与考试(考核)成绩呈现正相关。

2. 学习小组运行中存在的问题

从评选出的 58 个学习小组的案例来看,江苏开放大学基于教师引领组建学习小组,进行小组合作学习取得了一些成效,但是,在学习小组实践活动中,这些学习小组在运行机制方面还存在以下几个方面的问题。

（1）角色意识及团队合作意识不强

角色意识，指个体在特定的社会关系中对自己所扮演角色的关系、地位、作用、规范、权利、义务、形象、行为等方面的认知、态度、情感的综合反映①。学习小组有效运行需要每个组员明确自己担负的学习责任、集体责任，意识到他人对自己行为的期待，并努力用自己的行动去表现。案例分析显示，80%的组长由指导教师推举，组员由指导教师召集，有的学生参加学习小组意愿不高。组建好学习小组后，多由教师明晰小组成员的职责，学生还缺乏角色意识，习惯在教师督促下搭顺风车；也有一些学生敷衍了事，认为小组学习活动是浪费时间，游离于小组活动外。进一步的访谈发现，一些学生没有团队合作意识，造成小组合作学习只停留在表面上，流于形式化和"走过场"。如 XX 学习小组，虽然多数组员表示适应或基本适应小组学习形式，但事实上仍有不少学生还未树立较强的小组合作学习观念，还不善于通过学习小组和网络进行合作学习。

（2）专业引导及有效的管理欠缺

小组学习离不开探究学习。探究学习是指在教师指导下学生以科学探究的方式获得知识的学习活动以及为获得科学素养以类似科学探究的方式所开展的学习活动②。一些学习小组指导教师自身探究问题能力不强，对专业问题领悟不深，在小组合作交流时，教师对学生呈现的课程、专业问题有时手足无措。对于学习平台的 BBS 讨论也缺乏有效引领，小组讨论中学生无所适从，严重挫伤了学生参与小组学习的积极性。小组学习不是放任学习，教师的专业导向及有效的管理必不可少。教师的导向功能体现在小组的组建、学习讨论内容的选择及具体实施步骤、学习结束之后的评价等方面。如果教师缺乏有效引领及管理，就会造成浪费时间的结果。

（3）考核评价机制及评价标准缺乏

从评选出的学习小组看，虽然多个小组评价关注了学生的线上学习行为、学习成绩内容，但只有 20%的学习小组关注到小组成员社会实践及能力提升；在评价方式上，学生多充当被评价者的角色，80%的学习小组评价多为教师评价，缺乏小组组员互评、自评。缺乏小组学习活动的考核机制，缺乏具体的学习小组评价标准，不利于小组学习目标的实现，不利于学生的自主调节、自主学习和自我提高。

---

① 奚从清. 角色论——个人与社会的互动[M]. 杭州：浙江大学出版社，2010：122.
② 徐学福. 探究学习教学模式[M]. 北京：人民出版社，2018：12.

（4）学习小组与教师团队契合度不高

多年来，江苏开放大学倡导以"团队支持＋小组学习"模式为学生提供支持服务。但是，在学习小组运行实践中发现，学习小组活动目标、内容与教师教学团队目标、内容契合度并不高。事实上，由于开放大学是系统办学，学习小组中学生碰到难以解决的学习问题，单靠学习小组指导教师有时解决不了。案例数据显示，只有5%的学习小组运用"团队支持＋小组学习"模式开展小组活动。也就是说，多数学习小组只在一个辅导教师指导下展开活动，教师团队着力于教师的专业发展，对学习小组支持服务力度不够大，缺乏对各学习小组应有的支撑成为一大问题。

四、教师引领下学习小组运行机制路径

学习小组运行中不可避免地受到来自学习小组内部各种因素和外部运行环境的作用和制约。学习小组需要在教师引领下有效运行，因为，教与学相互依存，教师的"教"是为了学生的"学"而存在的，学生的"学"也需要教师的"教"来引领。教师有效引领小组学习，将促进学生自主学习、探究学习，提高学生可持续发展能力。学习小组运行机制是指那些促进、协调和保障学习小组有效运作的基本程序和手段，其功能的发挥依赖于各构成要素之间的相互联系、协调配合及相互作用。

1. 目标机制：教师引领学生承担集体责任，提高合作能力

教师引领学生在进行知识建构的同时，包含着师生之间、生生之间的交往活动。在小组学习过程中，个体之间相互依赖、相互依存，个人与集体息息相关。教师要使每个小组成员都能积极融入集体进行学习，承担集体责任，在学习过程中相互支持，密切配合，强化只有集体成功自己才能成功的信念。教师要引领每位成员充分认识合作学习的重要性，认识合作对于个人、对于小组集体的意义，增强小组成员的集体归属感和责任感。首先，教师通过课程思政引领，培养学生正确的情感态度价值观，使学生树立集体主义观念，强化正确的世界观、人生观、价值观。其次，在收集学习资料、设计小组讨论活动、小组秩序维持等方面，指导教师都要根据每个学生的能力特点启发学生，使他们承担集体的责任，增强合作意识，提高合作能力，从个人在小组中竞争到成员相互依靠，从与其他成员和教师的正式的人际关系发展到真正关心彼此的学习，通过每一次的小组活动，在获取相应的知识、技能的同时，使价值观、态度、情感再次升华。再次，教师要帮助学生在"知道"一些东西的基础上，引导学生提高

合作式社交技能,如尊重他人、积极倾听、鼓励他人、资源共享、给予建设性反馈意见等。

2. 组织机制:教师引领学生自我构建及转换知识体系

"教育虽然存在一种外部施加影响的过程,但是其主题都应是促进、改善受教育者主体自我建构、自我改建的实践活动的过程。"①教师有效引领学生构建及转换知识体系,需要:一是提供学习诱因,激发学生的兴趣与求知欲望。学生的情感、兴趣、求知欲望和学习动机等,是其从事学习活动的内在动力,它们对学生的学习过程起着发动、维持、延续、强化等作用。二是引导学生制定切实可行的小组学习目标及活动计划,进行探究式学习、案例学习和基于问题的学习。小组讨论中问题要有探究性,以问题为驱动,以解决问题为目标。应当开展运用小组协作和高阶段思维才能完成的任务。小组任务一定要让学生学到东西,而不仅仅是让他们一起做事②。三是将知识建构权交给学生,要让学生根据自身已具备的经验依据实际情境进行探究学习。学习讨论内容具有可操作性,以便创造师生之间真正有效、实质性的合作互动的环境,让学生在探究知识的过程中成为真正意义上的知识占有者、探索创新者。四是尽可能地去发挥学生的主观能动性,让学生自己去探索,实现知识的转化。教师要关注学生的直接经验,密切联系社会及工作实践,让学生实施自主交流与学习,做到学以致用。当学生在遇到无法解决的问题时,教师要及时帮助学生梳理思路,促进学生对问题进行深入思考与分析、归纳与推理,从而使学生进行更高水平的认知活动。

3. 评价机制:教师引导反馈评价,制定小组学习成效评价标准

教师必须发挥引领作用,对小组学习过程、学习结果进行合理的评价,设立评价规则,建立科学的评价机制,以保证小组学习取得良好的效果。对学习小组进行评价不应该仅仅关注学习结果,也应该关注学生的参与度、小组合作学习的贡献度,在有效的生师及生生互动中关注和满足被评价者的成长和发展的需要。在评价内容上,充分关注学生合作学习的态度、过程、方法等,学生的探究、合作精神和创新意识。在评价主体上,鼓励学生以口头或书面形式进

---

① 鲁洁. 教育:人之自我建构的实践活动[J]. 教育研究,1998(9).
② [美]琳达·B. 尼尔林. 最佳教学模式的选择与过程控制[M]. 魏清华,陈岩,张雅娜,译. 广州:华南理工大学出版社,2014:183.

行自我评价、互相评价。将小组内部的评价与教师评价相结合,使师生便于评价、乐于评价,让学生获得成就感和学习自信心。

为保证评价的实效性和科学性,要制定小组学习评价标准。评价标准从学生学习的角度规定了他们在某一阶段的教育活动结束之后应当达到的境地;规定了学习结果的质量,即"要求优良和完成的程度及水平",并为判断学习结果的质量提供了依据和工具①。通过对教师与学生的调查访谈,归纳得出促进小组合作学习的有效开展要素及维度,制定小组学习成效评价标准如表 7-2 所示。

表 7-2 小组合作学习成效评价量表

评价要素	评价维度	赋值
小组活动目标计划	有明确的活动目标	20
	有明确的学期或学年活动计划	
小组活动组织形式	小组成员分工明确,配合好	20
	通过计算机网络(QQ、在线平台课程论坛、E-mail 等)进行交流,共同讨论、互帮互学	
	进行面对面交流,积极参加社会实践	
	有团队教师引领小组学习(讨论、答疑、社会实践)	
小组活动内容	精心设计讨论问题,活动主题有意义	40
	充分利用网上教学资源,进行探究性学习	
	组织交流心得和体会,分享信息和资料	
	激发学习热情,小组成员彼此协作、共同提高	
小组活动成效	上网学习情况良好(行为天数、行为次数)	20
	考试(考核)成绩明显提升	
	合作能力提升,社会实践能力突出	

表 7-2 包括了活动目标计划、活动组织形式、活动内容、活动成效 4 个方面共 13 个维度,分别赋值,使学生和教师在进行评价时有据可依,保证评价的科学严谨。

---

① 陈玉琨.教育评价学[M].北京:人民教育出版社,1999:43.

4. 保障机制：学习小组同教师团队有效衔接

教师团队关注教师该做什么，学习小组关注学生对知识的理解，关注学生该做什么。从教师"教"的角度来看，教师团队可以为学习者提供学习材料，提供指导，并且在教学过程中教师可以通过同专家或同行讨论、交流，提升教学水平及学习支持服务水平。教师团队不仅可以解决"教"的问题，还可以帮助学生建立良好的学习动机、解决"学"的问题。因此，教师团队与学习小组二者之间相互联系、相互依存。如果说学习小组指导教师个体的职责在于尽可能以最好的方式引起学习，那么，教师团队则能够更好地促进小组学习的实施，提高学习质量。教师团队教学的根本目的、出发点和归宿都要体现、落实于学的状态，因为，教的必要性基于学的必要性，教的现实性取决于学的可能性①。要充分发挥教师团队的力量，以"团队支持＋小组学习"模式提供学习支持服务，如图7－5所示。

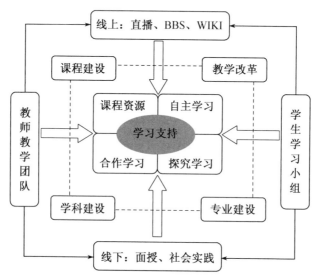

图7－5 "团队支持＋小组学习"运行模式

图7－5中，教师教学团队在着力于课程建设、教学改革、专业建设及学科建设基础上，对小组学生通过线上直播、BBS讨论、WIKI及线下面授、社会实践，提供课程资源，引导学习小组学生进行自主、合作、探究学习。教师教学团

---

① 张广君.多维视野中的教学关系[J].教育研究,2003(6).

队串联起各个学习小组,做到有效渗入、无缝对接。学习小组指导教师应成为教师团队成员,教师团队通过学习小组指导教师为学习小组运行提供保障。如,团队教师设计开放性的学习讨论问题,解决课程学习中的疑难问题,给予学习小组学生专业课程学习指导、毕业论文选题与写作方面的指导、社会实践指导等。运行机制的形成与完善依靠教学团队与学习小组之间的相互联系和相互作用。教学团队的根本目标是提高教育教学质量,因而学生的参与和配合必不可少。明确教师、管理人员及技术人员职责,制定教师教学团队支持服务的标准①,细化要求,形成目标清晰、责任明确、各尽其职、共抓落实的运行机制才能实现师生的共同发展。

五、结论

帮助学生成为学习小组的学习者或实践者是教师的应尽职责,是开放大学提高教学质量的必然追求。学习小组赋予了学生和教师不同的角色,教师要充分调动学生学习的主观能动性,设计并促进生师对话性实践,在生师学习共同体的环境下促进学生持续学习、深度学习。学习小组是联系"教"与"学"两者之间的核心纽带。只有当教师激励、指导、组织学生自我活动的教授活动与学生受教师的教授活动激励、指导、组织的学习活动开始结合时,当教师凭借教授活动,唤起、组织并指导学生有效进行学习活动时,教学才能成立②。因此,教师应引导学生形成合作学习关系,彼此之间通过小组合作进行启发学习,使学生不再是孤独的个体;同时,教师也要相互合作,通过协作学习形成强有力的教学、管理团队,有效促进学生的小组学习。

本章小结

着眼于教师团队是团队教学的组织形式,学生学习小组是团队学习的组织形式,本章提出"团队支持＋小组学习"的学习支持服务模式。团队教师的素质与能力是学习支持服务质量的体现。在对"教学团队"文献综述后,分析

---

① 章玳. 基于学习共同体的学生支持服务——"3＋n"整合式学习支持服务模式实施路径探究[J]. 成人教育,2019(5).

② [日]佐藤正夫. 教学论原理[M]. 钟启泉,译. 北京:人民教育出版社,1996:200－201.

了远程开放教育教学团队建设的理论与实践成效。针对开放大学教学团队的功能、组成、模式、机制、路径、评价等进行阐述,指出开放大学属于"紧密型"办学共同体。开放大学网络教学团队以课程为基本单元组建,包括开展学术支持的教学核心团队和教学实施团队,以及开展非学术支持的教学支持团队,具体的组织和管理可以专业或课程群为主线统筹安排。以江苏开放大学为例,构建"团队支持+小组学习"的支持服务模式,实现"多对多"的支持服务,在实践中取得一定的成效。

现代远程教育中,学习小组与教师团队高度契合问题应引起重视。教与学相互依存,教师的"教"是为了学生的"学"而存在的,学生的"学"也需要教师的"教"来引领。教师有效引领小组学习,将促进学生自主学习、探究学习,提高学生可持续发展能力。开展学习小组活动有利于培养学生的自主学习能力。以江苏开放大学58个学习小组为例,通过案例研究、访谈法,发现这些学习小组虽然在建设方面取得了一些成效,但是在运行机制方面存在角色意识及团队合作意识不强、专业引导及有效管理欠缺、考核评价机制及评价标准缺乏、学习小组与教师团队契合度不高的问题。最后指出学习小组运行机制,包括目标机制:教师引领学生承担集体责任,提高合作能力;组织机制:教师引领学生自我构建及转换知识体系;评价机制:教师引导反馈评价,制定小组学习成效评价标准;保障机制:学习小组同教师团队有效衔接。

第八章 课程思政教学支持与实践探索

高等教育的高质量发展以立德树人为根本。习近平总书记在全国教育大会上提出,新时代要优先发展教育事业,坚持把立德树人作为根本任务。他还强调指出高校立身之本在于将对人的价值观念的引领和思想品德的塑造,贯穿于教育教学的全部过程和管理服务的各个环节。远程开放教育要为学生提供高质量的教学支持,必须围绕立德树人的育人目标,将课程思政理念贯穿于课程教学的全过程。

第一节 对课程思政的理解

新时代是担当教育振兴重要使命的时代,是以立德树人理念引领人才可持续发展的时代。在新时代,要把立德树人内化到课程教学与管理各方面、各环节,形成以教学、管理、服务、文化育人的长效机制,实现全员、全过程及全方位的育人目标。

一、回归教育初心的课程思政

围绕育人目标,课程思政须回归教育初心。从词源上看,"初"是会意字。初,始也。"初"从刀从衣,裁衣之始也,本义是起始、开端。"心"是象形字。凡心之属皆从心①。所谓"初心"就是最初的理想、志向及信念。十九大报告指出:"不忘初心,方得始终。中国共产党人的初心和使命,就是为中国人民谋幸福,为中华民族谋复兴。"从根本上说,教育的初心与使命与中国共产党的初心和使命是一致的②。教育的根本目的是促进人的发展。教育初心在于塑造和

---

① 许慎. 说文解字[M]. 北京:中华书局,2013:85,216.
② 教育部课题组. 深入学习习近平关于教育的重要论述[M]. 北京:人民出版社,2019:122.

培养人的健全人格,促进人的全面和谐发展。课程思政是一种回归教育初心的教育理念。首先,从人的维度看,人是社会的人,具有社会属性。马克思指出,人的本质是人的社会属性,现实的人是处于一定的社会历史条件中的,并且存在于一定的社会关系中,社会关系在一定程度上决定了人的发展程度①。构建丰富、全面的社会关系,也是人的全面发展的内在要求。只有人的社会关系得到发展,处于社会关系中的人才会实现自身的全面发展。回归教育初心的课程思政能够使个人发展和个人作为社会成员的发展之间找到一个新的平衡。其次,从历史维度看,一方面,重视思想政治教育,是我们党的优良传统和社会主义国家的政治优势;另一方面,我国悠久的教育传统是教书育人,教育与育人相结合要求教师在教学过程中,通过各种教育活动和各个教学环节,全面提高学生的素质和能力。再次,从现实维度看,在社会功利化思想的影响和驱动下,一些教师忽视、背离了教育规律,偏离了教育初心,失缺了教育良知;育人意识淡薄,对学生缺乏足够的爱心和耐心,忘记了"为什么教""教什么"及"怎么教"。因此,在新时代,贯彻课程思政理念,让教师回归教育初心极为重要。

立德树人是教育的根本任务。2016 年 12 月,习近平总书记在全国高校思想政治工作会议上指出:"高校要坚持把立德树人作为中心环节,把思想政治工作贯穿教育教学全过程,实现全程育人、全方位育人。"2022 年 4 月 25 日,习近平总书记在中国人民大学考察调研时发表重要讲话,强调指出"为谁培养人,培养什么人,怎样培养人"始终是教育的根本问题,要落实立德树人的根本任务。课程思政体现了立德树人的根本要求。"课程思政"是 2014 年之后出现的概念,源于上海市一些高校推进全课程育人教育理念的实践。2018 年 6 月 21 日,教育部部长陈宝生在全国高等学校本科教育工作会议上强调指出:高校要把"课程思政"提升到中国特色高等教育制度层面来认识,明确所有课程的育人要素和责任,使每一位教师都参与到"课程思政"的改革中来②。"新时代高教 40 条"提出,要把思想政治教育贯穿高水平本科教育全过程,坚持正确办学方向,坚持德才兼修,提升思政工作质量,强化课程思政和专业思政。2020 年 5 月,教育部颁布了《高等学校课程思政建设指导纲要》,提出"要牢固确立人才培养的中心地位,围绕构建高水平人才培养体系,不断完善课程

---

① 马克思,恩格斯. 马克思恩格斯全集(第 3 卷)[M]. 北京:人民出版社,1961:295.

② 陈宝生. 在新时代全国高等学校本科教育工作会议上的讲话[J]. 中国高等教育,2018(15).

思政工作体系、教学体系和内容体系"。

目前,关于"课程思政"没有明确统一的定义。学者高德毅等认为,课程思政实质是一种课程观,不是增开一门课,也不是增设一项活动,而是将高校思想政治教育融入课程教学和改革的各环节、各方面,实现立德树人润物无声①。邱伟光认为,"课程思政"是指高校教师在传授课程知识的基础上引导学生将所学的知识转化为内在德行,转化为自己精神系统的有机构成,转化为自己的一种素质或能力,成为个体认识世界与改造世界的基本能力和方法②。笔者认为,课程思政是教育者围绕立德树人目标,在各类课程中有意识、有目的、有计划地设计教学,将思想政治教育渗透到教学过程中,使受教育者接受并且实现教育教学目标的教育思想或教育理念。

二、课程思政的特点③

基于对课程思政内涵的理解,课程思政特点可以概括为以下五个方面:

1. 导向性

课程思政以立德树人作为教育的导向价值,立德树人成为在各个具体学科课程教学中的行动指南。要把立德树人融入思想道德、文化知识、社会实践等教育各环节。围绕立德树人目标进行教学、教材设计,做好管理、服务工作。课程教学是教书育人最重要的途径。教师要围绕立德树人目标教,学生要围绕立德树人目标学。教师要自觉将立德树人根本任务贯穿教育教学全过程,在知识传授中重视价值引领。

2. 融合性

课程思政的元素是和课程知识内容相融合的。课程思政要求结合各课程目标和教育特点,分别挖掘课程中蕴含的育人元素或资源,将思想政治教育内容融于课程知识内容之中,起到润物无声作用。融合性也指根植理想信念,通过专业课、通识课及专业课程实践环节,将各学科的知识与社会实践活动相结

---

①　高德毅,宗爱东.从思政课程到课程思政:从战略高度构建高校思想政治教育课程体系[J].中国高等教育,2017(1).

②　邱伟光.课程思政的价值意蕴与生成路径[J].思想理论教育,2017(7).

③　章玳,赵博颉.共同体视域下课程思政及教学支持——基于开放大学课程教学视角[J].河北广播电视大学学报,2020(5).

合,构成思想政治教育大熔炉,实现知识与价值的同频共振,实现显性教育与隐性教育的融合。

3. 渗透性

课程思政不是简单的"课程＋思政"。渗透性是指课程思政渗透于课程目标、课程内容、课程实施、课程评价及课程管理之中,是自然的、非硬加的过程。从教学过程看,课程思政是具体化、生动化的有效教学载体,其理念渗透到教学各环节,渗透于课堂讲授、教学活动、作业试题及教学管理过程中。将思想政治教育目标与内容自然渗透于教学各环节中,学生能够在一种轻松的氛围中不知不觉地接受教育教学目标与内容,潜移默化地受到教育和熏陶。

4. 亲和性

课程思政不是生硬、标签式的生硬说教,而是具有情感功能的,即以情感人,以情动人,是生动接地气的。教师的亲和力影响着学生的志向与追求。只有从学生关心的现实问题入手,用学生喜闻乐见的方式,利用丰富鲜活的拓展性素材生成课程思政内容,启智求实,才能真正走进学生的心灵。在形散神聚中增强教育教学的吸引力和感染力,才能润物无声地引发学生情感和行为的认同。诚恳亲切的态度和真情实感的打动,才能消除抗拒心理,缩小教育者与受教育者之间的距离。

5. 协同性

习近平总书记提出并强调要充分利用各类课堂开展课程思政,各门课都应当在"守好一段渠,种好责任田"的同时,与思想政治理论课同向同行,形成协同效应。思想政治教育不只是思政教师的工作,每位学科课程教师都承担着育人责任。思政课教师、专业教师、管理教师、校内外专家协同联动,打破思政课教师"单兵作战""孤岛化"状态,形成整体育人的联动效应。以树人为核心,以立德为根本,既要牢牢把握思政理论课的核心地位,又要准确挖掘不同性质的课程思政元素,充分发挥课程的育人价值。

第二节　课程思政内容挖掘及教学支持

以立德树人为宗旨,教师就要基于课程知识体系深入挖掘课程思政元素,掌握课程思政内容挖掘的方法，进行课程思政教学探索。

一、课程思政内容的挖掘和切入

1. 课程思政的主要内容

《高等学校课程思政建设指导纲要》指出，课程思政建设内容要紧紧围绕坚定学生理想信念，以爱党、爱国、爱社会主义、爱人民、爱集体为主线，围绕政治认同、家国情怀、文化素养、宪法法治意识、道德修养等重点优化课程思政内容供给，系统进行中国特色社会主义和中国梦教育、社会主义核心价值观教育、法治教育、劳动教育、心理健康教育、中华优秀传统文化教育。具体表现在以下几个方面：

——推进习近平新时代中国特色社会主义思想进教材进课堂进头脑。坚持不懈用习近平新时代中国特色社会主义思想铸魂育人，引导学生了解世情国情党情民情，增强对党的创新理论的政治认同、思想认同、情感认同，坚定中国特色社会主义道路自信、理论自信、制度自信、文化自信。

——培育和践行社会主义核心价值观。教育引导学生把国家、社会、公民的价值要求融为一体，提高个人的爱国、敬业、诚信、友善修养，自觉把小我融入大我，不断追求国家的富强、民主、文明、和谐和社会的自由、平等、公正、法治，将社会主义核心价值观内化为精神追求、外化为自觉行动。

——加强中华优秀传统文化教育。大力弘扬以爱国主义为核心的民族精神和以改革创新为核心的时代精神，教育引导学生深刻理解中华优秀传统文化中讲仁爱、重民本、守诚信、崇正义、尚和合、求大同的思想精华和时代价值，教育引导学生传承中华文脉，富有中国心、饱含中国情、充满中国味。

——深入开展宪法法治教育。教育引导学生学思践悟习近平全面依法治国新理念新思想新战略，牢固树立法治观念，坚定走中国特色社会主义法治道路的理想和信念，深化对法治理念、法治原则、重要法律概念的认知，提高运用法治思维和法治方式维护自身权利、参与社会公共事务、化解矛盾纠纷的意识和能力。

——深化职业理想和职业道德教育。教育引导学生深刻理解并自觉实践各行业的职业精神和职业规范，增强职业责任感，培养遵纪守法、爱岗敬业、无私奉献、诚实守信、公道办事、开拓创新的职业品格和行为习惯。

2. 课程思政内容挖掘的路径

课程思政建设的立足点为课程内容重构,需要深入的挖掘与自然的切入。在课程原有的知识架构的基础上,结合课程属性,为课程内容建立"触点",要考虑思政元素的范畴是什么,专业和课程特色是什么,挖掘知识点相对应的思政元素,有针对性地融入思政元素。

(1) 在教材知识中挖掘

在对课程内容进行思政化转换的过程中,对于专业课程内容,深入研究专业材料中的思政元素,将专业材料讲出思政的效果,关键在于教师对教材的了解,对课程知识内容体系的了解。不仅需要了解"明知识",关注材料面上的含义;更需要了解"暗知识",让学生看到内里埋藏的思政元素。课程思政就是要将课程与人进一步联系起来,将教学内容自然落实到育人的点上来。要充分利用教材,关注知识概念,关注知识内涵中包含的价值、理想与思想、情感等,在课程发展的历史底蕴、课程演进的道路自信、知识体系的国际贡献中挖掘思政元素。

(2) 在知识模块重组中融入

基于知识逻辑体系,从理论基础模块、知识应用模块和能力提升模块,由线形成面,与课程理论和知识融为一体,梳理并提炼出课程知识与思政元素的结合点,进行"融入式"设计,如融入大国工匠精神,强化大国技术的先进性、大国技术的国际贡献,等等。

具体可以通过以下方法切入课程思政元素:① 讲故事。讲个人、家庭、企业、组织、民族、国家,讲古代、讲现代、讲当下、讲未来,突出科学态度、科学精神。② 引案例。分析案例,引导学生思考与比较,提高辨识度,分析成功及失败原因。③ 说热点。明确政策导向,传播文明,引领风尚,可就当前社会热点问题,进行价值引领。④ 援经典。援引古代、现当代名人诗词文句、典故等,产生联想与共鸣,增强说服力。通过这几种途径,实现对学生的思政素养的培养。思政素养是课程育人的最终目标,对思政素养要素的融入也是课程内容重构的核心。

3. 课程思政引领教学的主要内容举隅

课程是实现育人目标的重要载体。课程思政与思政课程在教学上是统一、同向、同频的,在课程教学中都要围绕"为谁培养人、培养什么人、如何培养人"主题。与"大水漫灌"式思政课程不同,课程思政重在"和风细雨"般对学生进行思想引领。依据《教育部关于加快建设高水平本科教育全面提高人才培养能力的意见》，教师要紧紧围绕党的十八大提出的社会主义核心价值观，坚持以习近平新时代中国特色社会主义思想为指导，基于中国特色社会主义理论和中国特色社会主义取得举世瞩目的成就，从国家、社会及公民个人层面，切实将理想信念、政治认同、奉献社会、工匠精神、职业道德、修养人格等教育内容融入课程教学中，传授有温度、有厚度的知识内容，促进学生知识、能力和素养的全面提升。

（1）与党中央保持高度一致，坚定学生的理想信念，增强政治认同感。各学科及课程都承载着一定的精神塑造和价值观教育职能，教师需要通过挖掘各个学科、各门课程的思政教育资源，围绕社会主义核心价值观，引导和帮助学生树立"四个自信"，做好学生思想引领和价值观的塑造工作。课程教学内容选择包括决定应该教什么和怎么选择需要教的内容。教师在专业课程及通识课中纳入那些能够引导学生树立正确价值观和世界观的内容，包括理想信念、政治认同等。在素材与形式上越生动越形象越好。例如，"中国法制史"课程教学，教师在客观比较分析不同国家、地域因文化传统、经济体制等原因而导致的立法差别基础上，让学生充分了解社会主义法律制度形成的本土资源，启发学生坚定理想信念，从法治中国发展的角度来审视和解决问题，树立制度自信与道路自信。又如"中国文化概观"课程教学，教师在传授中国传统文化历史知识，使学生在汲取儒、道、佛三大家思想的精华的基础上，增强学生对于中华文明的感知和认同，使学生在增强文化认同感的同时，增强文化自信，更加具有重要的时代价值和长远的战略意义。

（2）弘扬主旋律，进行国情和时事教育，讲述中国故事，弘扬中国精神。"弘扬中国精神"，就是教师提供那些看似平凡普通却意味隽永的人和事，充分利用专业课在学理性、知识性、多样性、启发性的特点，积极引导学生为"中国梦"的实现而努力奋斗。富有时代感和现实感的故事，能够增强沿着中国道路前进的信心和勇气。教师充分挖掘专业课程的隐性教育元素，将知识与思想、技能与素养有效衔接，培养学生的社会责任，厚植爱国主义情怀，强国志、报国行。例如，在机械设计制造及其自动化等课程教学中，教师提供我国在机械设计制造及其自动化方面做出突出贡献的人物事迹，介绍其敢为人先的创造精神，传播其与时俱进的探索勇气，培育学生实践创新精神，培养学生踏实严谨、吃苦耐劳、追求卓越等优秀品质，努力使其成为心系社会并有时代担当的应用型人才。还可引入我国两弹一星、载人航天、超级计算机和高铁等发展成就，启发学生牢牢把握创新要素，坚持走中国特色的自主创新道路，进行科技创新。

（3）建立知识与人、与生活多向度的交融，重视对学生良好思想品德的塑造。习近平总书记强调："要在加强品德修养上下功夫，教育引导学生培育和践行社会主义核心价值观，踏踏实实修好品德，成为有大爱大德大情怀的人。"在课程思政理念的引领下，教师要让教学的过程成为引导学生学习知识、锤炼心志及养成品性的过程。专业课、通识课等综合素养课程教学，要在培养人的综合素质过程中牢铸理想信念，以人文素养涵养人心、培育人格。教师通过情景交融的形式，润物无声地培养学生的文明意识，健全其公民人格，提高其品德修养。例如，"金融风险管理"课，在教学过程中把 P2P 网贷知识、风险防范教育、金融运行的宏观经济指标等主题融入专业课程中，引导学生领会十九大精神，培养诚信守信、懂法守法的意识。又如"应用文写作"一课，教师在引导学生掌握文体写作具体格式的同时，让学生了解文体格式后投射的一些礼仪的基本原则和内涵，通晓相关礼仪背后的人文关怀，努力在社会上做一个有礼仪修养、有责任担当的人。

4. 课程思政融入教学的注意点

（1）不能将碎片化的思政主张刻意地嵌入到专业课程内容中去。将思政元素融入专业课程的实践，一定是针对需要提升、争取有效提升而言的。是用立德树人的"针"穿起专业课程知识点的"经"与育人元素的"纬"，在"经纬"密织中引领学生。在教学过程中，教师不能简单地灌输思政内容再讲解专业内容，也就是说，课程思政内容的生成要基于具体课程内容中思政元素的挖掘，而不是生造。

（2）不要想当然，不顾理论的严谨性与体系性。思政元素与知识点联系与切入要准确。要精准挖掘但又不喧宾夺主，使课程在自然而然中传递出育人的理念。做到既讲清楚知识点，又准确传播教师对于时政的认识，这是实现课程、专业知识育人的有效方法。一定要与具体课程关联，有一定的契合知识点的迁移，简练精准，这样才能达到收放自如的效果。

（3）不要堆砌术语，要有清晰的立场与观点。要少而精，课程思政的内容占比不宜过大，避免出现喧宾夺主的现象。要真正掌握和实际运用马克思主义的立场、观点和方法，要学习逻辑演绎的科学方法，确保理论阐述有明晰的逻辑表达。能自圆其说，经得起推敲，真正起到春风化雨、隐性育人的效果。

二、课程思政的教学支持路向

从课程与教学论的角度来看，有效实施课程思政既要合目的、合价值，也要合技术规范。需要抓住课程思政的"课程"本质和内在规律,将其作为一个多层次课程发展的过程加以综合考虑①。以立德树人为宗旨,要实现基于课程思政的教学,教师就要提供一定的教学支持。教学支持是指教师在学习条件、学习方法和相关媒体设施上为学生正常学习提供的各种信息咨询和有效指导与帮助,包括学习内容及活动的设计、对学习过程的支持及学生学习方法的指导等。根据远程开放教育的混合式教学特点,需要重点关注以下三个方面:

1. 围绕育人目标,进行课程教学整体性设计

教育具有系统性、多层次性的特点。思想政治教育是改造人、塑造人的活动,是按一定的社会要求,制定人才培养目标,有计划、有组织地培养学生的教育实践活动。思想政治教育问题不是通过单一的点、线、面就可以解决的。进行思想政治教育,必须以思政课为核心,以其他各类课程作为拓展和深化,这就必须进行整体设计。教师在课程教学的各环节决定和选择课程目标、内容安排、课程实施、课程评价等,来实现知识传授与价值引导的有机统一。对远程开放教育课程教学而言,整体设计主要包括五个方面,如图 8-1 所示。

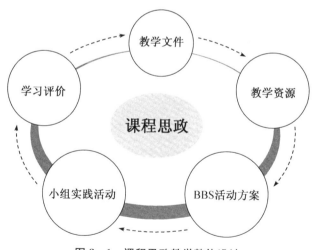

图 8-1 课程思政教学整体设计

① 杨长亮,姜超.课程思政的三重建构和技术路径——基于课程与教学论的视角[J].思想理论教育,2021(6).

（1）教学文件的设计。教学大纲与教学实施方案中要重点突出价值塑造、能力培养、知识传授课程三维目标。内容与目标相对应，使学生在潜移默化中得到理想信念层面的精神指引。

（2）教学资源的设计。教学资源围绕三位一体的课程建设目标，在课程内容中寻找与理想信念、家国情怀、工匠精神、职业道德、人文情怀、品德修养等相关元素的融入点，引入典型案例等现实素材，以育人无痕的方式将正确的价值追求、理想信念和家国情怀等内容有效地传递给学生。

（3）BBS活动方案的设计。对主要采用远程教育的开放大学而言，网上教学讨论尤其重要。网上实时与非实时活动都要精心设计，对讨论题的主题及内容方式都可渗入思想政治教育元素。分析课程特色，确定课程思政的方向，教师根据课程目标等教学要素，找准"课程思政"切入点。根据成人学习需求设置讨论的重点，切合成人学生的生活经验和现实感受，深入挖掘各门课程蕴含的思政元素和所承载的育人功能，实现显性教育与隐性教育有机结合。

（4）小组实践活动的设计。学习小组活动是开放教育课程教学的重要环节。学习共同体视域下，为了更好地发挥课程的思想教育和价值引导功能，需要精心设计学习小组实践活动。教师需要思考思政元素的范畴是什么，再结合特定的情境，以问题为导向，以任务为驱动设计，回应学生在学习生活中的现实困惑，训练学生的思维，提高其终身学习能力。

（5）学习评价的设计。教师精心设计教师评价、学生自评及小组互评方式，有效评估学生学习态度与学习成果。确定评分机制，激励成人学生以良好的心态积极投入到学习和工作之中。

2. 强化网络规则意识，有的放矢进行启发式教育

计算机和互联网的普及，使我国进入了一个信息传播的网络化社会。从电子邮件、新闻网站到网络论坛、QQ、微博、微信客户端等，科技发展为我们提供了越来越便捷的交流互动手段。开放教育的最大特点是以网络为依托，采用线上线下相结合的混合式教学，除了面授课，教师还要充分利用在线平台，整合各种信息资源，将思想价值在互联网络上传播与展现。利用教学平台，及时在平台上推送有关社会主义价值导向的文字资料和视频资料等。引导学生分辨并获取网上各种有益资源，建设社区论坛，以师生互动为基础，体现思想引领育人价值的实效性与针对性，包括对讨论话题和学习活动方式的管理规范。制定规则净化社区论坛空间，使网络空间天朗气清、生态良好。坚决杜绝传播违反我国宪法，违背我党的路线、方针及政策的言论。对学生的空

洞帖、重复帖和灌水帖，在教育后给予删除，使论坛成为弘扬主旋律、传播正能量的主阵地。

亲其师，信其道。教师要善于倾听学生的声音，感受学生的内心，及时发现问题，纠正学生的偏激观点，从而使思想政治教育更加深入人心。如果师生间缺乏有效的互动，学生在心理上就容易产生排斥和抵触情绪，致使学生接受度低，生师之间信任度低。网络讨论区不是冰冷的人机交互。教师在课程论坛是组织者、引领者，要和学生民主平等展开对话，善于营造情感交互氛围。教师要有良好的沟通技巧，创设问题情境，结合各门课的特点进行热点话题讨论，讨论的内容和方式贴近学生心理和实际需要。在满足学生寻求知识要求的同时，也提高他们的综合素质。

3. 注重人文关怀，课程教学团队协同提供春风化雨式支持服务

好的教育像细雨春风，虽然无痕，但是更容易被学生理解和接受。合适、周到的教学支持服务，会将思想政治教育的效果最大化。开放教育对象是成人，成人学习者在年龄、学习动机、素质能力等方面差异都非常大，而成人又身处复杂的意识形态领域和社会思潮中，已形成较为成熟的自我，对其进行思想政治教育的难度也比较大。教师要把立德树人根本任务内化于心，外化于行，更要注重人文关怀，提升思想政治教育的亲和力和针对性。进行人文关怀，实现师生间充分的对话和理解，教师要深入到学生之中，通过"破冰活动区"、"互动聊天室"、QQ群、微信群等，实现师生间思想的充分碰撞、问题的充分交流、情感的充分宣泄。通过互动交流，循循善诱，全面了解学生中的各种信息，同时把自己的意图、思考渗透给学生，因势利导地为学生拨开思想迷雾、解决思想困惑，使学生在探索知识的过程中得到润物无声的思想启迪和价值引领。

全面提升立德树人实效，要强化教师课程教学团队建设，建立团队"育人共同体"，形成协同育人效应。团队教师需要准确把握各科教材的基本精神，线上线下研讨各门课的思想政治元素，拓展课程思政的内容载体，在立德树人的目标下，促进知识与价值的有效衔接。发挥团队教师智慧和优势，以协作方式深入发掘各类课程的思想政治理论教育资源，促使各学科专业的教育教学植入理想信念教育、职业道德教育、公民人格教育的内容，做到资源共享。团队教师共同实施课程思政教学，把社会主义核心价值观贯穿到教育活动中，将正确的价值观、成才观渗透到线上线下教学中。课程教学团队还要注重运用新媒体新技术，结合教学实际、针对成人学生思想和认知特点，积极探索行之有效的教学方法。提供适宜的学习环境，创造有利于他们主动学习的情境。

教学生学会学习,依照学生在学习风格、时间、地点以及学习进度方面的差异来制订最适宜的学习计划。满足学生多层次的需求,使其尽量摆脱各种不利因素的干扰,学会学习、愿意学习、坚持学习,加强学生对学习过程的坚定,对自己学习能力的自信,在教学上实现共享、共进。

三、结语

"课程思政"是一种将思想教育融于课程知识传授之中的思政教育形式,要使教育更为有效,关键在教师。按照习近平总书记提出的"教育者先受教育"的要求,教师不仅要有课程思政的意识,还要有课程思政的本领,做一个具有课程思政胜任力的教师。开放大学各学科教师要牢固树立中国特色社会主义理想信念,正确认识知识传授与价值引领之间的关系;关心时事政治,加强思政学习,不断地提高自己的思想政治修养;在认真学习的基础上,有能力挖掘学科课程中所蕴含的丰富的思政元素。在教学中,设计好实现课程思政的路径,切忌抽象空洞、言之无物、脱离实际的说教,努力使自己从一名授课老师转变为一位真正的教育工作者。"课程思政"是育人的一项系统工程。开放大学要使课程教学团队工作落到实处,就要大力加强系统教师队伍建设,综合运用各种手段,提高思政课程与课程思政实践的有效性。持之以恒地推进"课程思政"的创新探索,在探索中不断总结优秀经验,完善"课程思政"的体制机制保障。

值得一提的是,"课程思政"的建设也是一个长期的过程。学校不宜为了短时间内完成目标与任务,在教师认识不够、能力缺乏时,强制教师进行课程思政建设,这样不仅不能有效地提升课程质量与育人效果,反而会起到画蛇添足的负面作用。

第三节 课程思政教学设计与实践探索

我国北宋文学家苏东坡的文学艺术成就和精神品质有着深厚的历史意蕴和丰富的文化内涵,形成了东坡文化。东坡文化与社会主义核心价值观存在着诸多的关联性。深入挖掘、利用东坡文化资源,能够推动知识传授与价值观教育同频共振。在小学教育专业课程教学中以东坡文化校本课程开发教学为例,从知、情、意、行方面进行教学实践探索,引导学生锻造理想信念,涵养文化情感,并学以致用,提高课程设计与开发的能力。本节中,以开放大学小学教育专业课程为例进行课程思政教学设计与实施。

一、课程基本情况

《课程与教学论》是国家开放大学小学教育专业(本科)的一门统设必修课程。本课程 4 学分,课内学时 72 学时,开设一学期。

本课程将"立德树人"贯穿于课程教学全过程。通过本课程的学习,学生理解和掌握课程与教学论的基本原理和方法;了解国内外课程与教学论研究动态与趋势,能运用有关理论和方法分析解决中小学课程与教学中的问题;提高学生课程与教学方面的理论与实践能力。

课程的主要内容包括课程与教学理论的形成过程、课程与教学基础、课程设计与开发、课程与教学目标、课程与教学内容、课程组织、课程实施、教学过程、教学模式与方法、教学组织形式和课程与教学评价等基本问题和课程与教学改革趋势等。

二、教学设计内容

(一)明确目标

1. 人才培养目标

《国家开放大学建设方案》提出:"适应我国经济社会、现代信息技术和远程教育发展趋势,改革传统人才培养模式,探索建立与国家开放大学人才培养目标相适应,以提升职业能力为核心的新的人才培养模式。"开放大学人才培养须立足区域经济发展,重点培养基础扎实、知识面宽,综合素质强,再学习能力强的技术、技能型人才,以满足经济社会发展对多样化人才的需求。

2. 专业培养目标

热爱小学教育事业,热爱小学生;尊重儿童发展规律,能以儿童为本;教书育人,终身学习;具备小学教育专业理念与师德、专业知识与专业能力,能够胜任小学教育教学的全科型小学教师。

3. 教学目标

《高等学校课程思政建设指导纲要》指出,在高校价值塑造、知识传授、能力培养"三位一体"的人才培养目标中,价值塑造是第一要务。全面推进课程思政建设,就是要寓价值观引导于知识传授和能力培养之中,将课程思政目标融入其中。历史名人文化融入校本课程——以东坡文化为例,将教学目标分为知识目标、能力目标及育人目标,如表 8-1 所示。

表 8-1　教学目标

知识目标	1. 了解校本课程开发、历史名人文化及东坡文化概念
	2. 理解校本课程开发的特征
	3. 理解影响校本课程开发的主要因素
能力目标	1. 充分挖掘东坡文化资源,提高搜集整理资料的能力
	2. 初步掌握校本课程开发的程序
	3. 培养终身学习意识,提高自主探究能力
育人目标	1. 弘扬中华优秀传统文化,树立文化自信
	2. 树立报国爱民、廉洁奉公、乐观旷达、博学乐学思想信念
	3. 培养科学态度、科学精神及团队合作精神

（二）学生学情分析

在学期初,课程团队教师设计问卷对选课学生进行学情调查。

1. 课程学习需求调查（课前针对学习者的调查）

课程教学团队设计了如下问题:例如,① 您目前有在职工作吗? ② 在学习本课程之前,您有什么学习准备? ③ 您最喜欢什么样的学习资源? ④ 您喜欢小组学习方式吗? ⑤ 回顾之前课程学习的经历,您觉得哪些方面制约了你的学习(多选)?

调查显示:82.62%的学习者多为在职学习,职业性强,差异性大,工学矛盾突出;有 57.04%的人具备了一定的与课程相关的知识,55.63%的人具备了一定的教学实践经历。24.65%的人没有相关的知识储备,19.01%的人没有相关的教学实践经历;在学习过程中,有 82.62%的人最喜欢视频资源,对学习小组方式喜欢的人占 53.52%;有 65.49%的人认为制约了学习的最主要原因是自身缺乏主动性和坚持性,自学能力比较欠缺,有 33.8%的人认为是缺乏教师的指导。调查表明,学习者期盼通过学习课程能提高个人职业能力,有强烈的学以致用需求。这就需要教师在教授知识的同时,指点学习方法,同时要不断激励学生可持续学习。教师还要在一定的理论基础上,以实践工作中遇到的问题作为起点进行教学设计,充分利用视频资源,在教师引领下,以小组学习形式,以任务为导向开展教学,激发他们的学习兴趣,满足其学以致用需求,形成学习成果。

2. 针对本节课学习内容的调查

教师又针对本节学习内容进行了历史名人文化校本课程调查。例如:① 您了解校本课程吗? ② 您参与过校本课程的开发吗? ③ 您认为开设具有地方特色的历史名人文化校本课程有必要吗?

调查发现,对校本课程,非常了解的占 25.49%,了解一些的占 70.59%,一点都不了解的占 3.92%;有 15.69% 的人正在参与校本课程的开发工作,9.8% 的人已参与过课程开发工作,74.51% 的人还没有参与过;认为历史名人文化校本课程开发很有必要的占 96.08%。

(三)本节课前序/后序知识

学生已有一定的专业基础,在本校已修课小学语文教学论、现代教育思想、中国古代文学、人文科学基础等。在学习本节课内容前已对课程目标、课程设计、课程组织等内容有了初步的理解把握。

基于以上的调查分析,课程宜采用理论与实践相结合的方法,突出实践取向,使学生能运用校本课程开发理论和方法分析解决小学课程与教学中的重要问题,提高校本课程开发的实践能力。在学习校本课程理论和方法的同时,密切结合我国当前小学新课改的实践,融入江苏常州市东坡小学校本课程开发的初步探索,推进课程理论学习的实践化,砥砺教学思想、锤炼教学品格。

(四)设计思路

基于对学生学情的分析,本课采用"四维二线一契合"的设计思路,如图8-2所示。

四维:是在价值引领中进行知识建构,着力于知、情、意、行四个维度。知主要指解决认知问题,着力于拓展学生知识的广度与深度;情是指解决情感问题,着力于增强学生情感的厚度;意是指解决意志问题,着力于锤炼学生意志的韧度;行是指解决行为问题,着力提升学生实践行动的力度。

二线:是运用信息化手段,通过线上线下混合式教学,培养学生的研究意识和合作意识。线下,重点知识采用面授、小组讨论,实地考察、合作探究方式;线上主要通过国家开放大学学习网学习,进行在线讨论,采用在线测试及

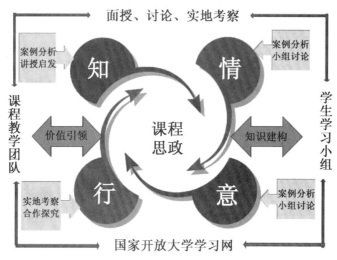

图8－2 "四维二线一契合"设计思路

QQ直播等学习形式。

一契合：是指课程教学团队教师引领学生学习小组，以新生带老生，积极利用校内外各种资源，形成学习共同体。在课程思政理念指导下，灵活选择教学方法，如案例讨论、小组合作、情境体验、实地考察等，使学生积极参与到教学中，提高自主探究及团队合作能力。

（五）课程思政内容切入点

本节课教学中贯穿立德树人目标，注重思政元素的融入。知识线与思政线分别对应。在课程导入中强调以文化人，以文育人。在概念阐释中凝炼新知，丰富学生精神，健全学生人格。在东坡文化校本课程开发价值探索中传承与创新中华传统文化。在对校本课程开发的特征及影响因素探讨中，强化服务意识、民主意识、反思意识。在引导对东坡文化校本课程内容挖掘中，树立报国爱民、廉洁奉公、乐观旷达、博学乐学等思想信念。以东坡小学为例掌握校本课程开发的程序，培养科学态度、科学精神及团队合作精神。在考核评价环节中，培养独立思考、创新精神。

（六）教学方法及策略

基于课程思政理念，在价值引领中进行知识建构，着力于知、情、意、行四个维度。通过线上线下混合式教学，教师灵活选择，整合教学方法，使学生积极参与到教学中,如表8-2所示。

表8-2　课程思政教学方法及策略

教学内容	思政元素融入	教学方法、策略	媒体、技术使用	设计意图
一、课程导入	引入历史文化名人对联,引用习总书记语,以文化人,以文育人	1. 自主学习,文献阅读与案例分析相结合 2. 启发思考,激发学习兴趣	1. 习近平相关文献 2. 学习辅导PPT 3. 国开学习平台 4. QQ、微信	激发学生弘扬民族传统,继承名人精神遗产之情
二、历史名人文化、东坡文化概念阐释、东坡文化校本课程开发价值	以东坡文化作为载体,有效融入课程,砥砺强国之志、实践报国之行	1. 自主学习:什么是历史名人文化、东坡文化 2. 运用讲授法、讨论法,进入课程基本内容学习	1. 校本课程开发相关文献 2. 国开学习平台江苏分部讨论区 3. 学习辅导PPT 4. QQ、微信	挖掘历史名人文化的现代价值,丰富学生的精神、健全学生的人格
三、校本课程开发的特征及影响因素	通过对问题的探讨,强化服务意识、民主意识、反思意识	1. 自主学习:校本课程开发特征;校本课程影响因素 2. 运用讨论法、讲授法深入探讨理论	1. 国开学习平台资源 2. 江苏分部学习辅导区资源 3. 校本课程开发MOOC(孙芙蓉) 4. QQ、微信	培养自主探究意识,提升学生综合素养
四、东坡文化校本课程内容挖掘	知人论世,点拨学生将个人与社会与国家紧密联系在一起的意识,树立爱国爱民、廉洁奉公、乐观旷达、博学乐学思想信念	1. 自主学习:查阅苏东坡文献,搜集相关资料 2. 运用讲授法、讨论法 3. 常州学习小组实地考察东坡公园、东坡书院,感悟东坡文化	1. 阅读《苏东坡传》,苏轼诗词选集 2. 观看学习强国短视频 3. 学习辅导PPT 4. 社区及社会资源 5. QQ、微信	以点带面,厚植家国情怀,树立文化自信,涵养廉洁自律精神,培养好学、乐学精神,激发学习动力
五、校本课程开发的程序	立足真实的教学情境,培养学生科学态度和科学精神,培养团队合作精神	1. 线下:考察、调研,以常州学习小组为单位,进入校本课程开发现场,合作探究 2. 线上:讨论当地的历史名人及校本课程开发,体验学习,积累感悟	1. 常州东坡小学东坡文化资源 2. 国开学习平台江苏讨论区 3. 学习辅导PPT 4. 社区及社会资源	以点带面,树立正确的价值观,准确把握小学生身心发展规律和年龄特点,科学实践

(续表)

教学内容	思政元素融入	教学方法、策略	媒体、技术使用	设计意图
六、形考作业布置	通过多元评价,培养独立思考及团队合作精神	1. 完成在线练习 2. 在教师教学团队引领下进行小组合作探究	1. 国开学习平台 2. 江苏分部 BBS 活动交流区 3. QQ、微信	将理论应用于实践中,提高校本课程开发的实践能力
七、反思总结	培养终身学习意识,具备小学教育专业理念与师德、专业知识与专业能力	1. 教师启发进行反思,提升认识 2. 学习总结,改进实践	1. 国开学习平台 2. 江苏分部 BBS 活动交流区	不断学习改进,使校本课程成为促进学校、教师和学生发展的载体

本节课具体教学方法如下:

1. 讲授法

以集体和分组形式进行面授或在线直播讲授,突出校本课程开发的重难点内容,如东坡文化校本课程内容的挖掘,东坡文化校本课程开发的程序,砥砺强国之志、实践报国之行,提升学生主动学习、主动思考的能力。

2. 案例分析法

教师以历史名人文化——东坡文化为例,引导学生学习讨论,在初步掌握校本课程开发的基础上,弘扬民族优良传统、继承名人精神遗产,丰富学生的精神、健全学生的人格。厚植家国情怀,增强文化自信及时代责任感。

3. 分组讨论法

鼓励学生结合课程内容进行分组讨论,线上所有的学习小组就校本课程概念、价值、影响因素进行讨论;线下教师团队引导常州学习小组进行东坡小学校本课程开发的讨论,以点带面,培养学生的合作探究精神。

4. 考察调研法

课程教学团队教师引领学习小组深入常州市东坡小学,实地考察、调研。教师结合展馆现场,以问题任务激活学生,引导学生从背景分析、目标开发、内容开发、实施开发及评价开发方面掌握校本课程开发的程序,使学生掌握必要的理论知识与实践技能,培养学生的科学思维能力、应用创新能力。

5. 合作探究法

江苏分部小学教育专业师生和常州东坡小学教师及校外专家合作探究。通过师生、生生合作进行讨论、交流,以操作、探索、研究等活动形式,使学生获得知识、技能、情感、态度与价值观的发展,提高学生终身学习能力。

三、东坡文化校本课程开发的教学实施

1. 以学生为中心,基于学生学习需求,激发学生学习兴趣

将课程思政融入教学内容,体现在课前、课中及课后。课前进行学生学习调查,布置阅读任务,设置课程思政论坛,在 BBS 论坛上发布讨论话题,以激发学生学习的兴趣。

在课程导入中,教师先给出一副对联,让学生猜猜是谁。如,"一门父子三词客,千古文章四大家。"苏门三父子,指苏洵、苏轼、苏辙,在唐宋八大家中占据了三个席位,美名历代传扬。而其中,又以苏轼最令人称道。通过一副对联让学生在中国文化氛围中感受苏轼在我国传统文化中的地位,激发学习课程的兴趣。2014 年人民日报理论部编辑出版了《习近平用典》,习近平总书记引用苏东坡的诗文共有 7 处之多,为我国古代文化名人之最。进一步引用习总书记语:"对历史文化特别是先人传承下来的价值理念和道德规范,在继承创新的基础上,努力用中华民族创造的一切精神财富来以文化人、以文育人。"引导学生锻造理想信念,涵养文化情感。

2. 以问题驱动,激活学生已有的知识建构,丰富知识底蕴

基于问题式教学能够激活学生已经掌握的知识和技能,并且有利于在学习情境中有效传授新知识。教师层层深入,通过 6 个任务活动来完成价值引领和知识建构。6 个问题环环相扣,引发学生层层思考,拓展了学生的精神世界,实现了育人培养目标。

(1) 师生互动 1:什么是历史名人文化、东坡文化?

在历史长河中,名人多如牛毛,而能形成名人文化,对后代产生深远影响的却不多。历史名人文化,作为中华民族经典文化的典型代表,是民族文化得

以不断发展、创新的重要源泉所在,在潜移默化中影响着民族集体行为意识的形成和发展,甚至影响着国家发展路径的选择。苏轼(1036—1101),号东坡居士,是我国北宋时期的文化巨人、全面天才。东坡文化不仅包括了其诗词文赋,更是饱含了苏东坡个人的人格魅力。教师引领:东坡文化是中华优秀传统文化的重要组成部分,作为我国优秀传统文化中的瑰宝,东坡文化能够担负起以文化人、以文育人、教化学生的重任。通过自主学习,在线讨论,教师明确历史名人文化、东坡文化的概念,激发学生弘扬民族优秀传统、继承名人精神遗产之情。BBS 在线讨论如图 8-3 所示。

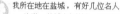

回复: 第三次实时BBS讨论活动开始
—— - 2021年06月7日 Monday 20:11

我所在地在盐城,有好几位名人
1、陈琳,盐城大纵湖人,"建安七子"之一
2、陆秀夫,宋丞相,盐城建湖人,与文天祥,张世杰并称"宋末三杰";
3、施耐庵,《水浒传》作者,盐城大丰人;
4、宋曹,书法家,大纵湖人;
5、朱升,朱元璋谋士,因向朱提"高筑墙、广积粮、缓称王"被采纳闻名,但他不是生于盐城,他是逝于盐城盐都南龙港。

永久链接　　显示父帖　　编辑　　分割　　删除　　回复

回复: 第三次实时BBS讨论活动开始
—— - 2021年06月7日 Monday 20:25

我去过盐城,对有的名人还真是不太了解,你的参与让我们知道更为全面了。名人文化是我国优秀文化的重要组成部分,也是珍贵的教育资源。

永久链接　　显示父帖　　编辑　　分割　　删除　　回复

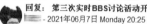

图 8-3　历史名人文化 BBS 在线讨论

通过自主学习,在线讨论,教师明确历史名人文化、东坡文化的概念,激发学生弘扬民族优秀传统、继承名人精神遗产之情。

(2)师生互动 2:什么是校本课程开发?

教师引领:"如果一个教师不参与校本课程开发,这个教师就是一个只会'照本宣科'的老师。如果一个学校不进行校本课程开发,这个学校就是一个'死气沉沉'的学校。"那么,什么是校本课程开发?教师通过导入案例,引导学生参与线上讨论,指出校本课程开发的内涵,丰富学生精神,健全学生人格。BBS 在线讨论如图 8-4 所示。

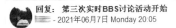

回复：第三次实时BBS讨论活动开始
■■■ - 2021年06月7日 Monday 19:58

1、校本课程开发就是教师编书拿到课程上使用吗？什么是校本课程开发？

答：不是，校本课程开发主要是指学校和教师对已有的课程（或自己的、或别人的）进行修改，以形成一门适合自己实际需要的课程。它也包括某些学校引进国外的课程进行翻译和本土化改造。课程改编一般涉及五个方面的某一方面或几个方面的修订，即目标、内容选择与组织、实施方式、评价方式与课程资源的修订。

课程整合。主要是指按照某个重要的主题将两门及以上学科知识体系的知识或技能组织成一门新的课程。这样的课程可以弥补以分科为主开发的国家课程的不足，同时也可以使校本课程引进最新的主题元素，如可以以灾后心理辅导、汶水新城规划、奥运志愿者、太湖水污染治理等这样的主题跨学科或超学科的校本课程。

课程补充。主要是指对原有课程的不足进行有针对性地补充，以形成一门新的校本课程。课程补充可以是对国家课程的补充，如英语会话、作文写作指导等，也可以是对校本课程的补充；可以是矫正性的，也可以是补救性的。

永久链接　　显示父帖　　编辑　　分割　　删除　　回复

回复：第三次实时BBS讨论活动开始
■■■ - 2021年06月7日 Monday 20:05

看来郑同学是有备而来啊！对校本课程有自己的认识，分析好！

永久链接　　显示父帖　　编辑　　分割　　删除　　回复

回复：第三次实时BBS讨论活动开始
■■■ - 2021年06月17日 Thursday 09:57

感谢袁老师的精心组织！欢迎常州开大的同学们！

图 8－4　什么是校本课程 BBS 在线讨论

图 8－4 线上师生互动强化了学生对校本课程开发的认识。

（3）师生互动 3：为什么要进行校本课程开发？

把历史文化名人的思想、情感精髓融入到校本课程建设中，能够起到积极的作用。学习小组讨论后，教师总结提炼，校本课程开发的作用有：① 有利于中华优秀传统文化的传扬；② 有利于学校办学特色的形成；③ 有利于学生综合素质的提升。通过师生互动，学生了解了校本课程开发的价值。

（4）师生互动 4：校本课程开发有什么特点？

校本课程开发不同于国家课程与地方课程，其开发、编制、实施、评价各方面都表现出相应的特征。教师讲授归纳，从课程观、学生观、教师观、参与者四个角度比较校本课程开发与国家课程开发的不同。通过学生 BBS 讨论，激发学生独立思考，自主探究，得出校本课程开发特点是服务性、补充性、民主性与开放性、反思性四个特征。

（5）师生互动 5：我国校本课程开发的影响因素有哪些？

能否成功进行校本课程开发，更多地依赖学校自身是否具备应有的条件。通过学生 BBS 在线讨论，激发学生独立思考、自主探究，如图 8－5 所示。

回复：第三次实时BBS讨论活动开始
━━━ - 2021年06月7日 Monday 20:02

影响校本课程开发的主要因素包括开发参与者因素和环境因素。开发参与者因素中教师是关键因素。教师对校本课程开发的态度、有关课程开发技术的掌握程度、合作精神、行动研究素养等影响校本课程开发的质量。学校管理与领导者以特定的学校管理方式形成管理特色，从而影响整体的校本课程开发。学生是校本课程的直接服务对象。家长的支持是校本课程成功的重要支持力量。课程专家是校本课程开发的理论支持者和帮助者。

永久链接　　显示父帖　　编辑　　分割　　删除　　回复

回复：第三次实时BBS讨论活动开始
━━━ - 2021年06月7日 Monday 20:48

关注到了影响校本课程开发的影响因素。教师是关键因素，赞同你的看法哈

永久链接　　显示父帖　　编辑　　分割　　删除　　回复

图 8-5　影响校本课程开发原因 BBS 在线讨论

（6）师生互动 6：我们可以从哪几方面挖掘东坡文化的内容？

课程内容是实现课程目标的基本材料，将东坡文化融入课程要注重对东坡文化内容的挖掘。教师引领学生阅读《苏东坡传》，观看苏东坡 6 集纪录片，讨论后明确：我们可从苏东坡生平事迹与其作品中挖掘"仁爱、乐观、廉洁、博学"四个方面的精神品质。知人论世，点拨学生将个人与社会国家紧密联系在一起的意识，树立报国爱民、廉洁奉公、乐观旷达、博学乐学思想信念。教师引导学生搜集材料，通过《念奴娇·赤壁怀古》《江城子·密州出猎》感悟苏东坡报国爱民、心系黎民的精神。例如，教师引导理解苏轼的"仁爱于心，心系黎民"精神：苏东坡在密州绕城拾婴，扑灭蝗灾；在徐州领导军民抗洪，挖掘煤炭；在杭州建医坊、筑西湖；即使是谪贬流放，他也尽其所能，为民造福。他将常州作为"吾心安处之乡"，归返经常州，为了不打扰百姓度除夕之夜，孤身一人在城外的小舟上独自守岁。通过《前赤壁赋》《惠州一绝》《定风波》体悟苏东坡胸襟宽广、乐观旷达的精神，并以东坡语"古之立大事者，不惟有超世之才，亦必有坚忍不拔之志"引导学生，做到理想坚定，信念执着，不怕困难，勇于开拓。通过《六事廉为本赋》体悟东坡廉洁自律、正直不随的精神，体悟苏东坡"幼而好学，老而不倦"博观而约取、厚积而薄发的精神。启发学生：当学习成为一件快乐的事情，就会自我加压，自得其乐。学习从来没有捷径，唯有勤读、多写、善思，才能成功。"吾生也有涯，而知也无涯。"现代社会，一个人再勤勉，也不可能遍索尽读、周知万物。这就要求我们不仅要善取，而且要善弃，博观约取。

以上通过基于问题的教学，建立了知识备份来保证学生能够较好地理解和存储学习内容。如果这些问题能够反映出学生在未来职业生涯中所遇到的

情形,那么基于问题式教学还拓展了学生的职业技能①。

3. 以实践为取向,掌握校本课程开发的程序,提高校本课程开发的能力

《中共中央国务院关于全面深化新时代教师队伍建设改革的意见》指出,建立以师范院校为主体、高水平非师范院校参与的中国特色师范教育体系,推进地方政府、高等学校、中小学"三位一体"协同育人②。课程与教学论等课程要想实现育人价值理想的方法就是采用教育实践课程与理论课程的协同编排模式,将理论学习植入实践情境中,或在实践体验中嵌入理论性研讨③。本课教学由校内延伸至校外,江苏分部课程教师团队带领学生学习小组深入常州市东坡小学,与东坡小学教师协同完成东坡文化校本课程开发的初步探索,包括以下四个关键阶段。

(1)评估

评估也可以叫情境分析阶段,是设计校本课程时首先必须要做的研究性工作。需要明晰学校办学理念,进行需求评估和资源分析。苏东坡一生仕途坎坷,流寓多地,和江苏常州有着不解的情缘。他曾十多次踏上常州这块土地,并选择常州作为终老之地。常州市东坡小学于 2020 年择址新建,校名本身指向鲜明,校址又与东坡公园毗邻,建校伊始便在社会上独树一帜,有了一定的知名度。学校原有的书法特色也有利于进一步利用东坡文化资源进行校本课程开发。

(2)确定目标

确定目标是学校对校本课程所做的价值定位。需要澄清办学思路,确立一般目标与具体目标。东坡小学目标理念是:东坡筑梦,追光而行,向阳而生。具体目标为翰墨传承文化,经典浸润人生,打造墨香、书香、花香的三香校园。通过打造文化环境,挖掘学生个性,建设校本课程,成就教育梦想。

(3)组织与实施

组织与实施是学校为实现校本课程目标开展的一系列活动。需要强化特色意识、营造条件与氛围、体现学生的年龄特点。东坡小学制定《东坡文化校

①　Bridges,E. M. Problem-based learning for administrators[M]. Eugene,OR:ERIC Clearinghouse on Educational Management,University of Oregon,1992.

②　中共中央国务院关于全面深化新时代教师队伍建设改革的意见[EB/OL]. [2018 - 01 - 31]. http://www. gov. cn/xinwen/2018 - 01/31/content_5262659. htm.

③　陈国庆. 小学教育专业实践课程体系的建构[J]. 教育与职业,2016(11).

本课程开发方案》《东坡文化校本课程开发指南》等,据此指导校本课程开发行为。前期着力于以下几个方面探索,如:① 环境文化:东坡小学三幢主楼分别命名为"楚颂楼""墨香楼""藤花楼",各取自苏东坡的《楚颂帖》、东坡事迹、东坡旧居。校园的多处景观都蕴含东坡文化。如,对话浮雕,寓意东坡先生穿越时空与东坡娃们对话;"竹影清风"区,源自"宁可食无肉,不可居无竹",培养学生谦谦君子之风;"海纳百川"区,镌刻东坡的《水调歌头·明月几时有》,尽显诗人的丰富想象和旷达情怀。在室内环境布置方面,墨香楼内墙上印刻着苏东坡的名句,书法室翰墨飘香,图书馆图书满架。这些随处可见的东坡元素,无不激发学生热爱学习、热爱生活的志向。② 书法翰墨:学校自主开发校本书法课程《翰墨润童心》,彰显了书法特色。学习苏东坡书法,开设了苏门小学童、苏门小学士、苏门小状元书法社团。实现书法课程与学科的交流互通,书法与语文、音乐、美术等学科的融通整合,丰富了东坡小学书法教育的内涵①。
③ 经典诵读:按照年级段,学校把特色教育分为三个阶段:一二年级"苏门小学童",讲述《东坡改门联》等趣味故事,吟诵《惠崇春江晚景》等诗词,寻找校园内东坡元素,激发学习兴趣,培养勤学习惯。三四年级"苏门小学士",学习胸有成竹、明日黄花等成语故事,学习《题西林壁》等诗词,用舞蹈、绘画、配乐诗朗诵等形式,引导学生合作探究学习。五六年级"苏门小状元",品鉴《念奴娇·赤壁怀古》等诗文,创作东坡书法,品位行走的东坡,引导学生开展创新研究学习,"像东坡那样为人",感悟他旷达乐观的人生态度、人格魅力。④ 劳动体验:苏东坡一生有很多发明,如东坡肉、东坡鱼、东坡馄饨等 60 多道著名菜肴。海南儋州至今还有东坡井、东坡路、东坡田、东坡桥、东坡巾、东坡帽等。同学们品读《雨后行菜圃》律诗,用劳动的方式,种一园菜,流一通汗,获得了生命里有滋有味的"清欢"。经过全体师生实践,辣椒成串,茄子挂满枝头,向日葵迎风含笑,同学们享受到了自己的劳动果实,了解了一些植物的种植方法和生长习性,掌握了一些种植技术,也培养了爱劳动的好习惯。⑤ 综合实践活动:学校开展各项活动时将东坡文化元素贯穿其中。如节日类文化系列活动、入学与毕业典礼活动、歌咏比赛与"小学童"等竞赛、10 岁成长仪式等,从主题引领、过程创设、形式表现等方面加入东坡元素,激发对历史文化名人的学习兴趣,激发他们崇敬名人、学习名人的内在成长潜力,发愤图强,努力成人成才。

---

① 金贤.翰墨润校园铸品富内涵[J].江苏教育,2021(12).

（4）评价

评价是校本课程开发过程中的价值判断活动。东坡小学注重多元评价，及时反思，不断调整和完善校本课程体系，真正使校本课程成为促进学校、教师和学生发展的载体。东坡小学对同学们进行成效为本的评价，不仅看他们在比赛活动中得到奖项，还鼓励同学们活学活用，做成文化创意物品，如书法团扇等。对教师评价有校内评价，还有校外评价等。

挖掘东坡文化的教育精神，将东坡文化与学校文化进行整合，需要在原有的课程基础上进行重新梳理、整合、补充与修订。今后，会进一步基于东坡文化的视角进行挫折教育课程、经典诵读课程、劳动教育课程及自然实践课程的开发，以期取得更多成果。

4. 以育人为本，凸显学生主体性，进行多元教学评价

本课程教学采用在线调查、在线测试、讨论发言、读书笔记、案例分析等相结合的多元评价形式；教师评价、学生自评、学生互评相结合的多元评价主体；定性评价与定量评价相结合的多元评价方法，从学习过程和学习效果方面设计考核内容、评价标准，如表 8-3 所示。

表 8-3　多元教学评价

评价类型	评价内容	评价主体	评价方法	指标比例%
课前	完成学习调查问卷	学生、教师	定量	10
课中	读书笔记、案例分析	学生、教师	定性定量结合	20
	参观学习报告	学生、教师	定性定量结合	10
	学习讨论	学生、教师	定性定量结合	20
课后	科学精神、合作意识家国情怀、文化自信	学生自评、互评	定性	10
	练习测试	学生、教师	定性定量结合	10
	历史名人文化校本课程方案	学生、教师	定性定量结合	20

表 8-3 中，以练习测试进行作业巩固拓展强化，题型多样化，包括选择题、分析题、操作题。充分挖掘名人文化资源，以学习小组为单位，尝试进行历史名人文化校本课程开发，在教师引领下举一反三，让学生充分挖掘当地历史名人文化资源，设计 1 个历史名人文化校本课程方案，凸显学生主体性，提高

小学教育专业学生服务地方发展的能力。

四、落实课程思政理念的教学实践反思

《教师教育课程标准(试行)》明确提出,教育实践的目标应包括反思,要把实践体验与反思贯穿于小学教师培养的整个过程,凸显校本课程开发实践全程育人的特质。

1. 以课程思政理念为指导,"知、情、意、行"相耦合

在实现课程的知识传授、能力培养等基本功能基础上,充分挖掘课程中蕴含的思政元素,凸显其价值引领功能,将体现价值引领作为重要指标,使教学由知识传授、理论教育的过程深化为价值认同、信仰坚定和能力提升的过程。以东坡文化融入校本课程开发,做到"知、情、意、行"相统一,引导学生厚植家国情怀,树立文化自信,砥砺强国之志,实践报国之行,真正把"育人为本"贯彻到课程教学中。

2. 立足真实的教学情境,理论性和实践性相统一

以学生为中心,在启发学生掌握理论基础上,引导学生以科学的态度与精神积极参与校本课程开发实践。整合现代信息技术手段,利用学习平台、地方资源(东坡园、东坡书院),阅读文献资料,在线观看学习强国视频、中国大学MOOC,进行理论探究、线下线上讨论、练习测试、多元评价等,激发学生内在学习动力,培养其自主探究能力。通过沉浸式、探究式、互动式、协作式等教学方法,加强师生互动,引导学生将当前学习与实践教学紧密结合起来。立足真实的教学情境,尊重学生身心发展规律,提升教学内容与学生学以致用需求的契合度,帮助学生通过合作与反思解决实践问题,增强课程学习的获得感。

3. 打造生师学习共同体,教师课程教学团队与学生学习小组相契合

校本课程的开发的未来走向是从学校自主开发走向区域、学校协同开发①。按全员、全过程、全方位"三全育人"格局,拓宽全员育人渠道。教师课程团队引领学生学习小组,进行校内外联动,专业师生与东坡小学教师及校外专家协同探究东坡文化校本课程开发,形成协同育人的强大合力。学习小组学生与团队教师共同参与东坡文化校本课程开发实践,增强了课程的灵活性、

---

① 胡定荣.论校本课程开发政策的未来走向[J].课程・教材・教法,2020(9).

开放性和生成性。通过挖掘利用东坡文化资源,为学生创造学习和发展的条件和机会,使小学教育专业学生不断提高认识问题、分析问题和解决实际问题的能力,实现价值观念、理论知识与实践能力同步提升。

五、结语

东坡文化是典型的优秀名人文化,东坡文化资源丰富,具有巨大的教育价值,但也决不能盲目地全盘接受。利用挖掘东坡文化资源进行校本课程开发实践,开放大学要不断创新,一方面,可与更多特色小学加强合作,作为联合课程开发基地;另一方面,开放大学可充分利用社会资源,让学生得到真实的教学实践锻炼,提高校本课程开发的技能。作为小学教育教师或者准备从事小学教育工作的学习者要充分利用当地的名人文化资源,感知传统文化,体验传统文化,践行历史文化名人精神。以科学态度与科学精神、团队合作精神,把优秀的传统文化转化为优质的教育资源,用于学校教育教学活动,真正做到"要把学生的创造力诱导出来,将生命感、价值感唤醒"①,让学生今天的学习适应明天的生存和发展需要。

本 章 小 结

本章对课程思政理论与实践进行探索,以突出共同体视域下教师课程教学团队进行学习支持服务的成效。课程思政是回归教育初心的教育理念,体现了立德树人的根本要求,具有导向性、融合性、渗透性、亲和性及协同性特点。课程思政建设的立足点为课程内容重构,需要深入的挖掘与自然的切入。在课程原有的知识架构的基础上,结合课程属性,为课程内容建立"触点",在教材知识中挖掘,在知识模块重组中融入。课程思政融入教学的注意点:不能将碎片化的思政主张刻意地嵌入到专业课程内容中去;不要想当然,不顾理论的严谨性与体系性;不要堆砌术语,要有清晰的立场与观点。课程思政重在转化教学内容体系。要切实把理想信念、政治认同、奉献社会、工匠精神、职业道德、公民人格等教育内容融入开放大学课程教学的各环节。共同体视域下,需要围绕育人目标,进行课程教学整体性设计;强化网络规则意识,有的放矢进行启发式教育;注重人文关怀,课程教学团队协同提供春风化雨式支持服务。

---

① 邹进.现代德国文化教育学[M].太原:山西教育出版社,1992:73.

　　课程思政的关键在于教学设计与实施。本研究还以开放大学小学教育本科《课程与教学论》内容进行课程思政线上线下整体设计。深入挖掘、利用东坡文化资源,推动知识传授与价值观教育同频共振。在小学教育专业课程教学中以东坡文化校本课程开发教学为例,进行"四维二线一契合"设计,四维:是在价值引领中进行知识建构,着力于知、情、意、行四个维度。二线:是运用信息化手段,通过线上线下混合式教学,培养学生的合作意识和研究意识。一契合:是课程教学团队教师引领学生学习小组,以新生带老生,积极利用校内外各种资源,形成学习共同体。运用讲授法、案例分析法、分组讨论法、考察调研法、合作探究法,对东坡文化校本课程开发的教学探索,包括以学生为中心,基于学生学习需求,激发学生学习兴趣;以问题驱动,激活学生已有的知识建构,丰富知识底蕴;以实践为取向,掌握校本课程开发的程序,提高校本课程开发的能力;以育人为本,凸显学生主体性,进行多元教学评价。最后进行教学反思:以课程思政理念为指导,"知、情、意、行"相耦合;立足真实的教学情境,理论性和实践性相统一;打造生师学习共同体,教师课程教学团队与学生学习小组相契合。"课程思政"充分体现了教师的育人责任,体现了课程的育人功能。开放大学要始终将"课程思政"作为一项长效系统工程,注重思政课主阵地和"课程思政"的双向协同,持之以恒地推进"课程思政"的创新探索,在探索中不断总结优秀经验,完善"课程思政"的体制机制。

第九章　学习支持服务质量评价研究

评价是指对特定对象的价值判断和衡量。在教育领域中,评价涉及很多方面,如人才培养质量评价、教育质量评价、课程质量评价和教学质量评价等。对远程教育而言,还涉及学习支持服务质量评价问题。学习支持服务质量评价具有重要的导向作用,对远程教育院校科学合理改善支持服务的运行机制,提高人才培养质量具有重要作用。

第一节　学习支持服务质量评价理论

一、评价的概念及内涵

评价的英文为 Evaluation,词典中指衡量人物或事物的价值。美国教育学家拉尔夫·泰勒(Ralph W. Tyler)认为,评价过程实质上是一个确定课程与教学计划实际达到教育目标的程度的过程①。美国学者克龙巴赫(Lee J. Cronbach)认为,评价是为做出关于教育方案的决策收集和使用信息。评价能完成的最大贡献是确定教程需要改进的地方②。美国评价专家斯塔弗尔比姆(D. L. Stufflebeam)指出:"评价最重要的意图不是为了证明,而是为了改进。""评价是为决策提供有用信息的过程。"③我国学者陈玉琨认为,evaluation 一词有时译成评价,有时译作评估,评价是一种价值判断活动,是

---

① [美]拉尔夫·泰勒.课程与教学的基本原理[M].施良方,译.北京:人民教育出版社,1994:85.
② [美]克龙巴赫.通过评价改进教程[A].瞿葆奎.教育学文集教育评价[C].北京:人民教育出版社,1989:164.
③ [美]斯塔弗尔比姆.方案评价的 CIPP 模式[A].瞿葆奎.教育学文集教育评价[C].北京:人民教育出版社,1989:298,301.

对客体满足主体需要的程度判断①。评价是一个非常复杂的过程,本质上是一个判断的处理过程。以上不同的界定强调的侧重点有所不同。

评价就是通过评价者对评价对象的各个方面,根据评价标准进行量化和非量化的测量过程,最终得出一个可靠并且有逻辑的结论。评价对行为主体具有极其重要的导向作用,显著影响个人或组织未来一段时间内的行动方向。评价的真正目的并不是要对学生进行"估价",而是要通过这种评价所得到的信息来检验和改善教育活动②。因此,评价应当着重判断教育的效果并以此来改善教育活动。

评价相关的概念有评价对象、评价内容、评价标准、评价方法等。评价对象指评价客体,是评价的实践对象、认识对象,即评价活动的被承担者。评价内容是对评价对象的某一领域或方面进行具体的评价,是针对评价对象的具体评价内容。评价标准是指人们在评价活动中应用于对象及其评价内容的价值尺度和具体指标。评价标准是评价活动的核心部分,是人们价值认识的反映。评价方法主要包括评价信息的搜集方法和处理方法等。

二、对学习支持服务质量评价的认识

如前所述,国内外学者们对"学习(生)支持服务"有着比较深入的理解与认识,但学界对"学习支持服务质量评价"并没有明确的阐释。有学者提出高等教育领域中标准可以分为学术、能力与服务三种标准,三种标准都应聚焦在学生的需求和发展上③。质量标准是衡量质量的纲领性文件,是高等教育活动的出发点,也是衡量学习支持服务活动的基本尺度。国外一些学会及组织机构给出了"学习支持服务"质量标准。例如,亚洲开放大学协会(AAOU)的学生学习支持包括学习辅导和学习服务两方面的内容。学生可在选择多种双向交流形式的远程辅导、个别辅导、作业辅导、咨询以及同学间的互助等方面得到支持。欧洲远程教育大学联盟(EADTU)认为,学习支持服务是 E-learning 的核心要素,对学习支持服务的设计应包含教学方法、对网络学习者产生影响的资源与技术等。学习支持服务可通过学生主页或其他进入院校网

---

① 陈玉琨. 教育评价学[M]. 北京:人民教育出版社,1999:7.

② [日]田中耕治. 教育评价[M]. 高峡,田辉,项纯,译. 北京:北京师范大学出版社,2011:33.

③ Harvey L,Knight P. Transforming Higher Education[M]. Buckingham:Open University Press and Society for Research into Higher Education,1996.

络学习系统的路径即时获取。EADTU 的支持服务主要通过三方面体现：技术支持、学习技能支持、资源。英联邦学习共同体(COL)认为，应通过不同技术为学习者提供一系列的远距离指导。面授辅导、作业辅导、指导、咨询以及同伴支持和鼓励等都可以用来促进学生的整体发展。英国高等教育质量保证署(QAA)主要从"学习支持，学习资源和职业教育、指导和信息"关于如何为残疾学生提供学习支持进行了详细的规定与说明①。英国开放与远程学习质量委员会(ODLQC)明确了学生支持服务质量的标准，提出要充分满足学习者的合理需求；鼓励、督促学习者成功完成课程学习；提供迅速、及时的学习支持；帮助学习者快速找到解决困难的方法等。美国远程教育和培训认证委员会(DETC)在评估远程教育项目时，除了对"教育服务"，也对"学生支持服务"维度给出了质量标准。

在远程教育的实践中，英国开放大学在 2005 年就启动了学生支持服务评估活动，包括情感支持、反思支持、认知支持、系统支持四个部分。中国国家开放大学考察学习者从入学到毕业完整的学习周期，就入学前(4 个服务环节)、就读期(12 个服务环节)、毕业后(4 个服务环节)三个阶段，共 20 个核心的服务环节提出质量要求。在《国家开放大学建设方案》中关于学习支持质量指标的二级指标包括 6 个部分：目标与定位、学习技能培训和支持、辅导、咨询、对特殊学生的支持、毕业生追踪等。由此可见，从学习者角度出发来考察学习支持服务质量至关重要。虽然说教育不完全等同于服务业，但是，教育本质上具有育人服务的属性，保持高水平的支持服务质量是学校的重要目标。学生从入学到毕业，经历了诸多环节，如注册入学、入学教育、课程学习、考试、综合实践、毕业等等，真正让其体验到的支持服务主要来自课程教师和教学管理者的导学、助学、促学、评学过程。从以上学习支持服务质量评价的研究与实践可以看出，"辅导""咨询"是学习支持服务最核心的指标。另外，由于远程教育的学习者面对的是网络化的学习环境，对学习者的学习能力和计算机水平的要求都比较高，因此"学习技能培训和支持"这一指标也受到重点关注。笔者认为，学习支持服务质量评价标准主要包括三个方面：一是看是否满足了学生的学习需求；二是看学生是否获得了自身发展(知识、技能方面)；三是看学生对支持服务满意的程度。学习支持服务质量评价指标体系包括质量评价指标和评价标准，是二者在一定要求基础上组合而成的系统化的有机集合体。

---

① 　郭青春.国际远程开放教育质量标准比较研究[M].北京：中央广播电视大学出版社,2014:156.

三、学习支持服务质量评价的必要性

学习支持服务质量评价必要性主要体现在以下三个方面：

（1）学习支持服务质量评价是学生表达自身诉求的途径。学生是教育产品的直接消费者，是支持服务被服务方，同时他们也是评价者，支持服务质量的好坏，他们最有发言权。当学生对支持服务质量进行评价时，学生其实是在表达自己的诉求，例如，学习需求是不是得到回应，对支持服务是否满意，是否通过支持服务获得了预期的学习成果。相对于教师而言，学生对学习支持服务质量进行评价相当于是给了学生提出自己需求的途径，而且是对教师比较有触动的途径，这有利于学生权益的维护。

（2）学习支持服务质量评价是教师内在成长的要求。通过学习支持服务质量评价，教师可以看到自身的弱点，自己的差距，自己在哪些方面需要提高，努力的方向在哪里。质量评价对于教师来讲其实不是目的，只是教师自身成长的一种手段。这种质量评价在扶持和激励着教师自身的成长，是教师的一种内在需求。从质量评价中教师可以找到自己的成长点，从而提高自己。所以，这种评价对于教师来讲内心是渴望的，是有意义的，是职业成长的动力。

（3）学习支持服务质量评价是学校自身发展的需要。对于远程教育而言，在追求教学质量的同时也要追求学习支持服务的高质量，因为学习支持服务质量是学校竞争力的体现。远程教育的发展不应仅仅是数量上的扩张，更要有质量的保证。如果说教学质量评价是学校对教学质量监控的一个重要手段，那么，学习支持服务质量评价则是远程教育日常教学管理活动的核心环节，这种对于质量评价的需求完全源于学校自身发展的需要。

第二节　学习支持服务质量评价要义

一、学习支持服务质量评价主体

任何评价都具有主体和客体，学习支持服务质量评价也不例外。从评价客体看，评价客体是支持服务活动。学习支持服务评价主体主要有学生、教师、教育行政机构及第三方机构。

学生是最重要的利益相关者。学生本身参与支持服务质量评价，同时根据评价结果反馈改进学习。支持服务活动是教师及管理者提供的，他们是重

要的利益相关者。根据学校评价结果的反馈改进教育教学质量实践,对提高他们的学习支持服务水平及能力尤为重要。教育行政机构根据学校提供的评价信息和各种调查信息,为学校做好支持服务工作提供支持与保障。第三方机构由学校和教育部门以外的人员构成,进行外部评价,为学校改进支持服务实践提供可靠的论证。

二、学习支持服务质量评价分类

1. 按提供者与承受者分类,有学生评价、教师评价

学生是支持服务活动的承受者和直接受益方,对支持服务活动有着最直观的感受,是支持服务质量的直接体现者,对支持服务质量的评价最有话语权。但是,由于评价往往存在着较大的随意性,质量评价的准确性受到一定的影响。教师是支持服务活动的提供者,是学生的学习活动最贴切的观察者和评估者。从教师角度评价能够调动教师的教学积极性,以评促改,优化教学改革。但是教育教学实践中,部分教师很少直接去剖析问题,无法客观评价支持服务质量问题。

2. 按评价方法分类,有定量评价、定性评价

定量评价是指采用定量分析方法,如用教育测量和统计方法对搜集到的数据资料进行处理和分析,从而作出定量结论的评价。定量评价方法较为客观、有说服力。定性评价是一种价值判断,如用观察法、系统分析法和逻辑分析法等搜集、处理评价信息,做出判断,进行定性描述。

3. 按评价对象的复杂性程度分类,有单项评价、综合评价

单项评价是指评价对象是支持服务系统中的某个基本元素,如资源支持、信息咨询支持、导学支持、技术支持、管理支持服务等。学习支持服务是一个较为复杂的系统,其内部结构复杂多样,评价需要与系统中各个部分的活动同步进行。综合评价就是指评价对象是学校整个学习支持服务系统。学习支持服务系统各个部分的活动虽然都具有一定的相对独立性,但又是相互联结在一起的一个有机整体,只有协调起来,密切配合,才能发挥出最大效能。

4. 按参与评价的主体分类,有内部评价、外部评价

学校内部评价也称自我评价,有时学校内部评价认为支持服务是优质的,

而社会外部评价往往认为不够到位,由学校内部的管理者及教师评价往往存在主观片面性。外部评价也称他人评价。如由社会、用人单位或第三方认证机构等评价,由于评价者多为专家、同行,有利于学校间的横向比较,一般可信度较大、权威性较高。

三、学习支持服务质量评价原则

进行学习支持服务质量评价要遵循以下原则:

1. 导向性原则

导向性是发挥评价的指导作用,使学习者沿着正确的方向学习及发展。学习支持服务质量评价主要目的是指导教学及管理实践,提高教学与管理的质量。因此,评价指标既要全面,又要突出重点,要能体现远程教育院校对应用型人才的培养,体现以生为本的现代教学观念,适应终身学习背景下学生终身学习与发展的需求。

2. 科学性原则

科学性是指评价必须把握教育评价的客观规律,实事求是,以客观事实为根据,获取信息,依据科学的标准分析和处理信息,对支持服务活动过程和结果进行分析判断。符合评价的目的要求,反映支持服务的本质特征。克服评价的随意性和主观性,进而提升质量评价指标体系的科学性。注意指标间的联系与交叉,避免指标重叠,使评价信息的搜集更为全面准确,评价信息的分析处理科学可靠。将定性评价与定量评价相结合。既要根据数据资源来判定,又要结合各方对支持服务的看法,基于调查、访谈来说明问题;既要注重量化数据,又要强调各方对支持服务的态度等方面。

3. 可行性原则

可行性是指要在保证评价的方向、客观、科学等的前提下,尽量使评价简便易行。评价过于繁杂,造成过多的人力物力浪费和评价主客体的负担,都会大大降低学习支持服务评价的实际功效。由于学习支持服务质量评价本身较为复杂,而评价的参与者在时空上较为分散,评价实施一般多通过网络发布调查问卷,对问卷调查的结果进行收集和统计,使数据的获取更加及时,统计结果更加快速和准确。

4. 发展性原则

学习支持服务质量评价指标是一个发展的体系。评价标准自身的本质规定会随着不同评价主体而产生改变,也决定了质量评价的标准不可能是一成不变的标准。标准应当具有一定的发展性和开放性,为具体评价过程留有一定余地,也要根据不同的情况确定不同的评价标准。结合学习者的需求,通过反馈,发现存在的问题与差距,不断调整完善,总结反思并主动改进。

5. 实效性原则

实效性是指评价标准符合和体现支持服务的特点,评价能有效地反映评价的情况。将价值标准贯彻于评价标准当中,充分考虑评价主体的需要,尊重并充分体现远程教育教学的特点;充分考虑学生发展的客观规律和学习特点,评价能达到提高学校人才培养质量的目的。评价指标不仅要反映社会对质量的要求,又要反映学校发展的要求和学生内在发展的要求。

第三节　基于 SERVQUAL 模型的学习支持服务质量测评

对学习支持服务质量测评需要考量学习支持服务的客观维度与学习者对支持服务的主观评价两个层面的相关因素。在支持服务过程中,重视服务受众群体的满意度,有必要从学生的角度出发对支持服务质量做出评价。本节运用德尔菲法构建修正了 SERVQUAL 模型,基于有形性、可靠性、响应性、保证性、移情性等五个维度,确立了包括 28 个三级指标的学习服务质量评价体系。利用 SPSS 26.0、LISREL 8.7 软件,将 28 个变量作为观测变量,并通过因子分析法以及信效度检验,最终构建了学习支持服务质量评价指标模型。

一、问题的提出

在"互联网＋教育"时代,在线教育受到高等教育院校的重视。特别是面临疫情大考,各高校"停课不停教、停课不停学",进行了大规模在线教学的实践探索。作为有几十年在线教育经验的远程教育院校在提高课程教学质量的同时,更要反思如何切实提高学习支持服务质量,以保障教育质量和服务质量的同向同行,这就需要一套行之有效的质量测评体系。学习支持服务是远程教育院校为确保学生的学习行为真实有效地发生,对学生学习过程提供的教学交互及相关支持的活动措施,主要包括人力支持、技术支持、资源支持、学习过程支持、管理支持及文化(情感)支持。在远程教育实践中,学习支持服务不但围绕着学生如何学习课程,而且也涉及如何支持学生,帮助他们更好地融入整个学习过程之中。因此,注重学习者的学习体验,从学习者视角对支持服务质量进行科学评价,不仅有助于重塑教师与学生在学习过程中的角色定位,确立学习者的主体地位,还可以帮助远程教育院校审视自身的质量缺陷,获取服务受众方的认可。基于此,以学生为中心,通过修正后的 SERVQUAL 服务质量模型,编制学生调查问卷,运用定量与定性相结合的研究方法,识别学生所期望的支持服务质量因子,构建学习支持服务质量指标评价体系,实现对支持服务质量保障的认识和操作,具有一定的理论价值与实践意义。

二、相关文献回顾

本研究的理论基础来源于服务质量理论,服务质量理论对于从学生视角建立学习支持服务评价模型及指标体系有着重要的参考价值。

1. 对"服务"(Service)概念的界定

关于服务的界定有多种,下面列举一些较有影响的表述。

表 9 - 1 "服务"定义一览表①

作者	定义
美国市场营销学会(1960)	服务是伴随着货物销售一并提供给顾客的利益、满足及其他活动
里根(1963)	服务是顾客购买产品或服务时所得到的一种无形的满意结果或有形与无形相结合的活动
贾德(1964)	服务是一种市场交易活动,这种活动的最大特点是不牵涉所有权的变更
拜深(1973)	对于消费者而言,服务是能够向他们提供任何利益或满足的活动。对于这些活动,他们个人没有能力自我提供或不愿意自我提供
斯坦姆顿(1974)	服务就是一种用于销售的活动,这种活动可以为顾客带来利益或满足,但它不会引起"商品"的物质形态的变化

---

① 韦福祥.服务质量评价与管理[M].北京:人民邮电出版社,2005:18 - 19.

（续表）

作者	定义
莱蒂恩(1983)	服务是一种或一系列活动，它是在顾客与服务提供者或设备的互动过程中完成的，并使顾客满意
科特勒(1984)	服务是一方向另一方所提供的一种活动或利益，它通常是无形的，而且不牵涉所有权的变化
格罗鲁斯(2000)	服务是由一系列或多或少具有无形性的活动所构成的一种过程，这种过程是在顾客与雇员、有形资源的互动关系中进行的，这些有形的资源(或有形产品、有形系统)是作为顾客问题的解决方案提供给顾客的
韦福祥(2005)	服务是一种或多或少具有无形性特征的活动或过程，它是在服务提供者与服务接受者(服务对象)互动的过程中完成的，服务行为主体是为了另一个主体对象获得利益，同时，服务也是一个企业实行差异化战略的重要手段，通过服务的差异化，企业可以创建自己长期的竞争优势

综合上述学者对"服务"的理解，服务是服务提供者在与顾客互动的过程中，向顾客提供的一种可为其带来利益或满足的无形活动或过程。这一认识包含以下几层意思：

第一，服务是在服务提供者与顾客的互动中完成的。这种互动包括服务提供者的一线员工与顾客之间的互动、顾客与服务提供者的物理环境与有形物之间的互动、顾客与服务提供者的系统与程序之间的互动。

第二，相对于供应商为顾客提供的有形产品而言，服务是服务提供者向顾客提供的一种无形的过程或活动。

第三，服务能够为顾客带来物质上或精神上的满足。物质上如机器设备的维修和理发后发型的变化，精神上如心理咨询后心理或行为的变化。

2. 服务质量

"服务质量"概念源自市场营销学。学者们于 20 世纪 80 年代对服务质量进行了有价值的研究。格罗鲁斯(Gronroos)提出感知服务质量并对其内涵进行科学界定，他认为，服务质量是顾客对服务期望与感知服务绩效之间的差异比较[①]。服务质量是可以用 SERVQUAL 模型测量的。SERVQUAL 为 Service Quality

---

① Gronroos C. Service Management and Marketing：A Customer Relationship Management Approach(Second Edition)[M]. Wiley，2000.

（服务质量）的缩写。1988 年由帕拉苏拉曼（A. Parasuraman）、泽丝曼尔（Valarie A. Zeithaml）和贝里（Leonard L. Berry）三人（简称 PZB）合写的《SERVQUAL：一种多变量的顾客感知服务质量方法》一文建立了感知服务质量评价方法，将顾客满意和服务质量研究分离开来。PZB 通过对 SERVQUAL 量表的数据采集和分析，提出可以从有形性（Tangibles）、可靠性（Reliability）、响应性（Responsiveness）、保证性（Assurance）、移情性（Empathy）5 个维度 21 个指标衡量顾客感知服务质量水平。有形性包括实际设备、设备以及服务人员的外表等；可靠性是可靠地、准确地履行服务承诺的能力；响应性是指帮助顾客并迅速地提高服务水平的愿望；保证性是指员工所具有的知识、礼节以及表达出自信与可信的能力；移情性是指关心并为顾客提供个性化服务①。

SERVQUAL 方法的诞生是一个历史性的突破，因为此前虽然人们早已意识到了服务质量与有形产品质量之间的差异，也对服务质量，包括其基本影响因素进行了界定，并在此基础上创建了一些顾客感知服务质量模型，但是，由于服务质量是一种顾客感知质量，主观性极强，无法对其进行有效的度量。SERVQUAL 模型评价方法完全建立在对顾客感知服务质量的基础之上，较为有效地解决了服务质量难以定量描述的问题。此后，相关的实证研究开始增加，逐渐从开始的医疗行业延伸至银行业、快餐、图书馆、教育等领域。

例如，Graham & Gisi 以 SERVQUAL 模型为基础，通过调查分析，指出学生对服务质量评价影响的重要性②。国内学者运用差距模型 SERVQUAL，从学习支持服务提供者的角度探讨并初步构建了远程学习支持服务质量的测评模型和测评量表③。也有学者关注学生的学习体验，运用 SERVPERF 直接测量方法对某网络教育学院的远程学习支持服务学生感知服务质量评价进行个案研究④，基于远程学习的服务质量、服务价格、服务价值、服务满意感、行为意向五个方面共 25 个测量题项，证实了运用 SERVQUAL 差距模型进行远程教育服务质量评价的可行性。综上所述，学

① Parasuraman A, Zeithaml V A, Berry L L. SERVQUAL：A Multiple-Item Scale for Measuring Consumer Perceptions of Service Quality[J]. Journal of Retailing, 1988, 64(1).

② Graham S W, Gisi S L. Adult Undergraduate Students：What Role Does College Involvement Play? [J]. Journal of Student Affairs Research & Practice, 2000, 38(1).

③ 朱祖林. 远程学习支持服务质量的测评模型研究[J]. 远程教育杂志, 2009(4).

④ 樊文强, 靳会峰. 远程学习支持服务学生感知服务质量评价个案研究——基于"内容—品质"二维框架和 SERVPERF 方法[J]. 现代教育技术, 2012(12).

者们的研究大多从支持服务的提供方或第三方来构建评价体系。"互联网＋教育"时代,学习者的需求、学习平台及学习模式等发生了改变。学习支持服务质量评价指标既要结合支持服务自身的属性,更要突出学生对支持服务的需求与实际感知,才能充分体现"以生为本"的教育理念。

三、研究设计与调查实施

1. 研究设计

笔者运用德尔菲法,结合学习支持服务活动自身的特点对 SERVQUAL 模型进行修正,将学习支持服务质量评价确定为有形性、可靠性、响应性、保证性及移情性 5 个维度。在正式调查之前,首先对参加远程学习的 72 个学生进行问卷试测。调查问卷分期望和感知两个部分,期望和感知的测量题各 35 项,目的是利用预测数据识别学习支持服务质量维度的构成,进一步提纯观测题项。在一级指标不变的情况下,根据调查结果删除了部分系数低于 0.50 的观测题项(如,学习平台自动即时评价学习成绩、教材适合学生学习特点、教师专业知识过硬等),采用加权平均算法,计算有形性、可靠性、响应性、保证性及移情性的重要度系数后重新整理支持服务质量的测量维度。利用 Cronbach's Alpha 系数作为测度内部一致性分析,信度指标有了一定程度上的提高,观测题项内容有效度成立,最终确定了期望和感知的测量题项各 28 个,具体维度及题项如表 9-2 所示。

表 9-2 学习支持服务质量 SERVQUAL 评价维度

	维度	内容定义	测量题项
学习支持服务质量	SA—有形性	提供的教学设施、设备、学习平台等"有形部分"	A1、A2、A3、A4、A5
	SB—可靠性	可靠且准确地提供所承诺服务的能力	B1、B2、B3、B4、B5、B6
	SC—响应性	对学生学习需求的响应及提供服务的迅捷程度	C1、C2、C3、C4、C5
	SD—保证性	提供支持服务的能力以及让学生信任的能力	D1、D2、D3、D4、D5、D6
	SE—移情性	关心学生,提供个性化服务的程度	F1、F2、F3、F4、F5、F6

本研究首先度量学生对支持服务的期望值(Expectation),然后度量学生对支持服务的感知绩效值(Performance Perception),由此计算出两者之间的

差异,即"学习支持服务质量＝支持服务感知－支持服务期望",公式表示为:SQ＝P－E。当感知服务水平大于服务期望水平(正值),表明支持服务质量是良好的;当感知服务水平小于服务期望水平(负值),则表明支持服务质量欠缺。将其作为判断服务质量水平的依据,得出学习支持服务质量评价指标。模型如图 9－1 所示。

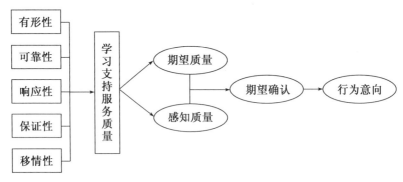

图 9－1　学习支持服务质量评价模型

图 9－1 模型中自变量为有形性、可靠性、响应性、保证性、移情性,因变量为期望质量与感知质量。期望确认(满意、不满意)是一个中间变量,在支持服务质量和行为选择中起中介作用。

2. 调查对象与数据来源

正式调查于 2020 年 4 月 23 日至 2020 年 6 月 23 日开展,在学习平台主页发布网络调查问卷链接。调查对象为 JS 大学的学生。根据分层抽样原则抽取理工类、教育类、财经类本科专业 500 名学生调查。调查问卷分为三个部分,第一部分是学生的期望评分,第二部分是学生的基本信息及非结构性题项,第三部分是对支持服务质量实际感知评分。第三部分共有 28 个题项与第一部分题项一一对应。第一部分与第三部分评分均采用李克特量表 5 点尺度评定(期望评分为根本不重要、不重要、一般、重要、非常重要;感知评分为很不满意、不满意、一般、满意、非常满意),分值越高,则学生对于支持服务的期望评分和感知评分越高。

经样本筛选后,得到有效问卷 331 份,有效问卷回收率为 85.7%。样本分布情况中,女生占 62.8%,男生占 37.2%。年龄分布在 21～30 岁的被调查者所占比例最大,占 46.2%,31～40 岁的占 27.2%,41 岁以上的占 26%。在职的占 90.9%,不在职学习的只占 9.1%。跨专业学习的达 45.3%,相关的为 26.9％，一致的只有 27.8％，由此可见，远程学习者多具备一定的工作经历，且跨专业学习比较普遍。在专业方面，理工类、财经类、教育类及其他分别占 16.6％、17.5％、41.4％、24.5％。

四、学习支持服务质量评价实证分析

1. 信度与效度分析

对问卷进行整体信度与分类检验，期望与感知的整体 Cronbach's α 系数分别为 0.978、0.989，期望与感知的 5 个二级指标有形性、可靠性、响应性、保证性、移情性的分类 Cronbach's α 系数均超过了 0.9，结果显示问卷各项的结果趋于一致，问卷具有良好的信度。

样本的 KMO 系数分别为 0.969 及 0.976，样本分布的球形卡方检验值分别为 9 165.122 及 13 968.870，自由度为 378，显著性水平为 0.000，结果表明，量表的效度结构良好，相关矩阵间有共同因素存在，适合从测量题项中提取主因子，做因子分析。

2. 期望—感知配对样本 T 检验

利用 SPSS 26.0 对有形性、可靠性、响应性、保证性及移情性的期望和感知数据的均值做配对样本 T 检验，如表 9-3 所示。

表 9-3　期望—感知配对检验

对组	维度	成对差异数					T	df	显著性
		平均数	标准偏差	标准错误平均值	95％差异数信赖区间				
					下限	上限			
期望—感知	有形性	0.131	0.775	0.019	0.093	0.168	6.850	1654	0.000
	可靠性	0.134	0.792	0.018	0.100	0.169	7.565	1985	0.000
	响应性	0.081	0.793	0.019	0.043	0.119	4.156	1654	0.000
	保证性	0.026	0.793	0.018	−0.009	0.061	1.443	1985	0.149
	移情性	0.033	0.793	0.018	−0.002	0.068	1.868	1985	0.062

表 9-3 中，给定显著性水平 P＝0.05，若期望值≥感知值且 sig＜0.05，则感知显著未达到期望值；若感知值≥期望值且 sig＜0.05，则感知显著超过

期望值。按 5 个维度进行检验发现,期望组和感知组的距离均数的差值与 0 相比,有形性、可靠性、响应性期望值与感知值之间差异最为明显。

3. 验证性因子分析

学习支持服务质量评价量表的稳定性可以通过验证性因子分析去检验。以感知的样本(331 个样本量)作为验证性因子分析的基础数据,利用 LISREL 8.7 软件,将 28 个变量作为观测变量,导入数据后,定义变量计算出 28 个三级指标的协方差矩阵,利用协方差矩阵编程,根据理论模型对数据进行验证性因子分析,最终通过建模抽离出学习支持服务质量评价的指标与维度,构建学习支持服务质量评价结构模型如图 9-2 所示。

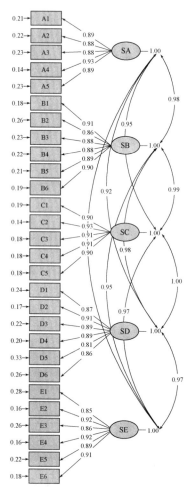

图 9-2 学习支持服务质量评价结构模型

验证性因子分析主要用于评价测度的有效性和特性。如果研究模型对观测变量与特定因子间的可靠关系有一个合理的认识,采用验证性因子分析(CFA)比探索性因子分析(EFA)更合适①。通过验证因子分析可以发现观测变量对中间潜变量的效度,路径系数越大,效度越高,残差系数越小,效度也越高。如图 9-2 所示,五个中间潜变量的观测变量的效度较高,路径系数均大于 0.8(正常路径系数 0.7 以上是可接受的范围),残差系数均小于 0.5。由此命名因子 1 为有形性指标,包括教学设备、学习平台、移动学习、技能培训、电子图书馆 5 个三级指标;因子 2 为可靠性指标,包括了解需求、学习社区、多样化资源、面授教学、解决问题、学习策略 6 个三级指标;因子 3 为响应性指标,包括发布信息、及时解答、督促激励、回复 BBS、批改作业 5 个三级指标;因子 4 为保证性指标,包括教务信息、监控学习、考核形式、考试服务、奖学助学、协作服务 6 个三级指标;因子 5 为移情性指标,包括个性服务、情感交流、周到友好、心理辅导、入学辅导、校园文化 6 个三级指标。相比传统的按支持服务属性分类,此评价指标既结合了支持服务自身的属性,又突出了学生对支持服务的需求与实际感知,特别是在"响应性"维度中突出了支持服务的及时性问题,更加符合当下远程教育的教学及管理实践现状。

4. 期望、感知均值及差距值分析

期望(E)、感知(P)均值及差距值(SQ)如表 9-4 所示。

表 9-4 期望、感知均值及差距值

属性	指标描述	期望 (E)	标准 偏差 1	感知 (P)	标准 偏差 2	差距 (SQ)
	A1 教学设备	4.44	.759	4.31	.756	−0.13
	A2 学习平台	4.54	.718	4.31	.765	−0.23
SA—有形性	A3 移动学习	4.40	.749	4.30	.776	−0.10
	A4 技能培训	4.45	.730	4.30	.770	−0.15
	A5 电子图书馆	4.34	.762	4.27	.801	−0.07

---

① Bentler P M. EQS for Windows User's Guide[M]. Encino, CA: Multivariate Software, 1995.

（续表）

属性	指标描述	期望（E）	标准偏差1	感知（P）	标准偏差2	差距（SQ）
SB—可靠性	B1 了解需求	4.42	.756	4.31	.787	−0.11
	B2 学习社区	4.52	.698	4.38	.735	−0.14
	B3 多样化资源	4.50	.689	4.36	.751	−0.14
	B4 面授教学	4.38	.812	4.24	.864	−0.14
	B5 解决问题	4.46	.739	4.30	.832	−0.16
	B6 学习策略	4.43	.753	4.31	.781	−0.12
SC—响应性	C1 发布信息	4.52	.766	4.37	.764	−0.15
	C2 及时解答	4.52	.648	4.32	.762	−0.20
	C3 督促激励	4.40	.758	4.34	.768	−0.06
	C4 回复 BBS	4.26	.817	4.34	.817	0.08
	C5 批改作业	4.37	.749	4.31	.827	−0.06
SD—保证性	D1 教务信息	4.30	.766	4.31	.761	0.01
	D2 监控学习	4.24	.819	4.30	.810	0.06
	D3 考核形式	4.40	.733	4.34	.788	−0.10
	D4 考试服务	4.31	.769	4.29	.788	−0.02
	D5 奖学助学	4.28	.823	4.18	.870	−0.10
	D6 协作服务	4.47	.675	4.42	.720	−0.05
SE—移情性	E1 个性服务	4.41	.743	4.30	.775	−0.11
	E2 情感交流	4.35	.737	4.30	.732	−0.05
	E3 周到友好	4.45	.722	4.42	.746	−0.03
	E4 心理辅导	4.32	.790	4.25	.775	−0.10
	E5 入学辅导	4.21	.859	4.25	.873	0.04
	E6 校园文化	4.21	.812	4.24	.842	0.03

由表9-4可知,学生感知差值为正的五项依次为:C4"教师及时回复BBS论坛"(P−E值0.08),D2"监控线上线下学习行为"(P−E值0.06),E5"提供新生入学辅导(开学典礼、入学指南)"(P−E值0.04),E6"学校定期组织校园活动,开展校园文化建设"(P−E值0.03),D1"提供多种教务信息发布的方

式,如短信、电子邮件等"(P－E值0.01),这主要涉及响应性指标1项、保证性指标2项、移情性指标2项。其中,"监控及评价线上线下学习行为""提供新生入学辅导(开学典礼、入学指南)""学校定期组织校园活动,开展校园文化建设"预期与感知的离散值都较大。"教师及时回复BBS论坛"的"P－E"值最高,说明教师在支持服务响应效率方面较有成效,学生感知度较好。以JS大学为例,在教师工作职责中明确规定了课程责任教师需在3个工作日内回复学生的发帖,教师一般能严格执行,有的课程教学团队教师甚至能做到24小时全天候及时回复。但是,课程辅导教师在及时回复BBS上存在较大的差异性(感知SD=0.817)。在保证性方面,有效管理对于提升支持服务质量起到了至关重要的作用。JS大学注重对教学行为的监控,每周都要公布教师与学生的上网教与学行为次数。学校组建了课程教学团队与管理团队,督促学生上网学习,比学赶超,这为支持服务质量的提升提供了管理制度上的保障。在移情性方面,学校并没有因为是采取远程学习方式而放松了校园文化的建设。研究结果显示,学生在这方面评价较好。当然,也可能是有的学生不太关注"虚"的方面(感知SD=0.842),对学校文化建设方面不太重视,期望要求不高。

调查显示,学生对学习平台的期望值为4.54,但感知值只有4.31。学生在学习中遇到技术问题期望值为4.52,然而感知值只有4.32。在5个二级指标中,有形性差异值较大。P－E值为负数,且绝对值最大的是"学习平台导航清楚,网络便捷通畅"(P－E值为－0.23)。学习平台对远程教学的重要性不言而喻,它既是资源整合的平台,也是教学互动的平台,同时还是连接师生情感交流的纽带。目前,在线学习平台经过迭代更新已有了很大的进步,但是离学生的诉求还有一定的差距,特别是在学习的便利性设计上仍有不足。有些课程页面格式不统一虽在一定程度上彰显了课程的个性化教学设计,但也间接导致了学生学习时的混乱。"及时解答学习技术问题"的P－E值也较大(P－E值为－0.20),对于一些不太擅长远程学习的学生来说,常常会遇到一些技术问题,如果求教课程辅导教师,课程辅导教师往往难以解答,平台技术人员也难以及时联系。支持服务质量是在服务的提供者与学习者互动过程中形成的,如果没有学习者的有效的响应与配合,那么,服务过程将失败。在线教学依托于互联网与平台,技术上的问题得不到及时解决,则会直接制约学生的学习效率,引发其学习挫败感,继而大大影响支持服务的质量。

进一步采取不加权方法,将评价指标的得分相加,再除以评价指标的总数，（公式为 $Q = \dfrac{\sum\limits_{i=1}^{5}\sum\limits_{j=1}^{n}\dfrac{PE_{ij}}{n}}{5}$，其中 Q 为学生对支持服务质量的总体评价，

PE_{ij} 为第 i 个二级评价指标的第 j 个三级指标的得分），得到服务质量总体评价结果为 4.31。以期望值和实际值相等为 100 分为基数，运用公式

$$ SQ_{(百分制)} = \dfrac{\dfrac{\sum\limits_{i}^{28}(P_i - E_i)}{28} - \left[\min(P_i) - \max(E_i)\right]}{0 - \left[\min(P_i) - \max(E_i)\right]} \times 100 $$ 将服务质量转化

为百分比，得分为 77.6。在 28 个三级指标中，学生的期望值均在 4～5 之间，而实际感知值也都在 4 分以上，表明学校的支持服务较好地满足了学生的需求，学生对支持服务质量总体比较满意。

5. 将期望转化成感知绩效，需要改进的关键点分析

笔者利用 SERVQUAL 模型的问题诊断功能筛选出样本的差距项，进一步找出改进支持服务的关键点。调查数据显示，学生对各项支持服务的实际感知普遍低于期望值，从总体上看，支持服务质量还有改进的空间。通过构建学习支持服务期望—感知象限图，可以直观形象地认识学习支持服务质量的优势与不足，期望—感知散点矩阵图如图 9-3 所示。

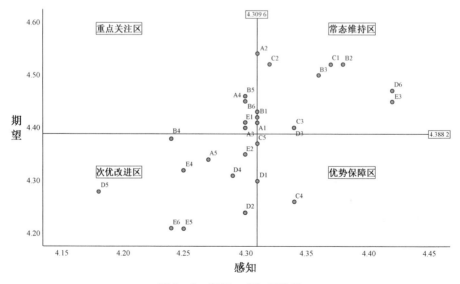

图 9-3　期望—感知矩阵图

图 9-3 重点关注区主要有 A3、A4、B5、E1,涉及有形性(提供针对移动学习终端的支持服务、提供远程学习平台使用技能指导培训)、可靠性(辅导与答疑能解决实际学习问题)与移情性(根据学习兴趣与水平推送适合的学习资源)。落在这个区域的指标表明学生对提供的支持服务感知值低于他们的期望值,因此需要找到支持服务中存在的问题并重点改进。

次优改进区主要有 A5、D2、D4、D5、E4、E5、E6,涉及有形性(提供电子图书馆,供自主学习)、保证性(监控线上线下学习行为,提供课程考试预约随学随考服务、提供学生奖学金助学金机制)与移情性(帮助解决具体困难及心理问题、提供新生入学辅导、定期组织校园活动)方面,落在这个区域的指标表明感知和期望重要性都不高,在具体评价实践中要进一步的关注。

常态维持区主要有 B2、B3、C1、C2、C3、D6、E3,涉及可靠性(建立网络学习社区,提供文本、多媒体等多种学习资源)、响应性(及时发布课程教学信息、及时解答学习及技术问题、及时提醒或督促学生完成作业)、保证性(教师及管理人员协作提供支持服务)、移情性(管理者服务周到、友好)方面,落在这个区域的指标表明感知和期望重要性较高,只需继续保持并做进一步的关注。

优势保障区主要有 C4,涉及响应性(及时回复 BBS)方面,标志着落在该区域中的指标,感知值要高于期望值,只要维持现有水平即可。作为支持服务的提供者必须注意哪些期望没有被满足,既要关注影响支持服务质量的过程性因素,又要关注及时性因素,以采取措施,满足学生的期望质量。

6. 学生行为意向分析

行为意向是指学生向别人推荐学校或者再次选择该校的倾向。行为意向通常发生于顾客有正面或负面的口碑、推荐公司、保持忠诚等情形[1]。PZB 的研究表明,服务质量差距与行为意向之间存在显著的正向关系。学生的期望与感知的差距越小,就越有可能进行正向的选择。基于 Harris 的量表[2],笔者设计了 3 个问题以测评学生的态度倾向或意愿,如表 9-5 所示。

---

[1] Ham C L. Service quality:customer satisfaction and customer behavioral intentions in Higher Education:Doctoral Dissertation[M]. Nova Southeastern University,2003.

[2] Harris B L. A study of service quality gap analysis of expectations versus performance perceptions of junior,senior,and graduate students:Doctoral dissertation[M]. Birmingham:University of Alabama,2002.

表 9-5　态度倾向或意愿

选项	根本不可能	不可能	不确定	可能	非常可能
向亲朋好友推荐所读学校	0.19％	0％	1.95％	23.39％	74.46％
如果可以再次选择,还会选择所读学校就读	0.19％	0.19％	2.14％	21.83％	75.63％
会为自己是该校的学生感到自豪	0.19％	0.19％	2.92％	22.42％	74.27％

表 9-5 中,"向亲朋好友推荐所读学校",非常可能占 74.46％,可能占 23.39％;"如果可以再次选择,还会选择所读学校就读"非常可能占 75.63％,可能占 21.83％;"会为自己是该校的学生感到自豪"非常可能占 74.27％,可能占 22.42％。愿意推荐的测度与个人打算的测度一样重要[①]。结合前面各项指标的均值差,显示出学生对该校形成了一定的认可度与信任感。

本研究进一步结合质性研究结果发现支持服务质量需要改进方面,如图 9-4 所示。

图 9-4　支持服务改进词云分析

利用 NVivo 12 在 331 样本中随机抽取 100 个被试,并将 100 个非结构性问题"您对学校提供的支持服务有何建议"转录文本稿进行词云分析,可以发

---

① Woodside A G, Frey L L, Daly R T. Linking service quality, customer satisfaction and behavioral intention[J]. Journal of Health Care Marketing, 1989(9).

现学生的迫切需要来自教师对学习的指导,希望师生多多交流沟通。支持服务质量是师生互动过程中形成的,印证了在线互动教学显著影响学习绩效,师生交互对学习绩效及学生学习行为投入具有积极作用[①]。支持服务活动包括学习资源支持、学习过程支持、技术支持、管理支持等方面,学生基于资源、教学、技术及管理每一方面迫切需要师生间的互动,并由此体验到更好的支持服务。

五、研究结果与建议

（一）研究结果

本研究借鉴 PZB 提出的 SERVQUAL 测量量表和服务质量差距模型,从学生视角创建了学习支持服务质量评价表,并运用这一评价表对 JS 大学支持服务质量进行测评与诊断。在 28 个二级指标中,有 5 个题项感知值大于期望值;有 23 个题项期望值大于感知值,主要反映在移动学习、学习平台及相关的技术培训方面,显然,对此需要重点关注并优先改进。另外,还要注意学生感知和期望值都不高的题项。在具体评价实践中要进一步探寻原因,是学生不需要虚高的服务(教师自认为要提供而学生实际不需要),还是支持服务不到位。学习者期望实质是一种隐性服务标准[②],从学习者的实际感知与服务期望之间的比较探寻服务质量,让学校看到目前的支持服务质量水平和存在的质量差距,将有助于远程教育院校准确及时地将学习者的隐性服务标准转化为教师与管理者的行为规范、院校的规章制度等显性服务标准。

平台与技术的有形性及响应性对感知绩效产生了明显的影响,有效的互动及管理保证对于提升支持服务质量至关重要。对学生行为意向的分析发现,学生的期望与感知的差距越小,就越有可能进行正向的选择,学生如果能够真正利用和享受到远程教育院校先进的基础设施、优质的资源及周到的支持服务,就会有良好的体验,提高满意度,进而对学校形成一定的信任感,行为意向就越高。学校应尽可能采取措施满足学生的预期质量,以提高其对学校的认可度与满意度。学校只有真正树立以生为本的评价观与质量观,通过持续地提高学习支持服务质量,才能打造好学校品牌。

[①]　李爽,钟瑶. 在线教师教学投入对学生学习绩效的影响——基于教师和学生的视角[J]. 开放教育研究,2020(3).

[②]　朱祖林. 远程学习支持服务质量的测评模型研究[J]. 远程教育杂志,2009(4).

（二）对策建议

通过以上对 JS 大学学习支持服务质量调查的预期—感知差距分析,在诊断其存在问题的基础上提出以下对策:

（1）定期利用 SERVQUAL 评价工具提高支持服务质量。虽然学者们对 SERVQUAL 差异比较法持不同看法,但是通过多方验证,SERVQUAL 具有一定的可信度和应用价值。今天的大学必须准备好迎接高度竞争的挑战,学校可以针对性地聚焦学生的期望与感知度来提升学习支持服务质量。本研究中,借鉴国外学者的研究成果,基于 SERVQUAL 模型,从学生视角出发,以 5 个二级指标测试了学习支持服务功效结构的不同方面,有助于为学校提供一个评定其学习支持服务功效的参考工具。通过两维度的差距诊断支持服务过程中的问题所在,并提出弥合差距的建议,可以有针对性地改进学习支持服务质量。

（2）基于学习者视角重组学习支持服务评价体系。测评是为了更好地促进学生的可持续发展。从国际视域看,无论是英国高等教育质量保证署（QAA）、欧洲远程教育大学联盟（EADTU）、亚洲开放大学协会（AAOU）,还是英联邦学习共同体（COL）,他们所关注的远程教育中"学生支持"的核心指标均聚焦于"辅导"与"咨询"[①],高等教育质量评价越来越关注学生的学习产出与学生的满意度。中国正处于教育大众化趋势不断加速的时代,学习者与社会公众的质量意识有了显著提高。质量评价应将一切有利于学习者取得学业成就并促进其身心发展的积极举措囊括在内,整个评价体系是动态进化的有机体。

（3）应该切实提高学习支持服务质量的实际效果。随着远程教育的不断深入发展,学习支持服务的组成要素、类型、功能都会动态衍变,不同国家和地区的经济、教育等因素都会对支持服务的功效产生一定的制约和影响。而且学习支持服务依赖于学校的人才培养方式及其运行机制,各校学习支持服务质量可能存在地区差异性。另外,来自不同地区具有不同文化背景的学习者对支持服务质量的理解也会存在差异。所以,在运用 SERVQUAL 模型评价基础上还可适当调整,并结合其他评价工具,从不同视角进行评价。最重要的是,在支持服务工作中应该特别重视切实提高学习支持服务质量的实际效果。

---

① 郭青春.国际远程开放教育质量标准比较研究[M].北京:中央广播电视大学出版社,2014:156.

本章小结

　　质量评价是质量保障环节中的重要一环。本章从学习者角度对支持服务质量相关内容及评价标准进行研究。基于国外开放大学及远程教育机构的学习支持服务质量标准，指出学习支持服务质量评价标准包括三个层面：一是看是否满足了学生的学习需求；二是看学生是否获得了自身发展（知识、技能）；三是看学生对支持服务满意的程度。探讨了学习支持服务质量评价主体、学习支持服务质量评价类型，分析了学习支持服务质量评价原则，即导向性原则、科学性原则、可行性原则、发展性原则及实效性原则。

　　在支持服务过程中，重视服务受众群体的满意度，有必要从学生的角度出发对学习支持服务质量做出评价。SERVQUAL 是一种用来测量服务质量的特定的模型，建立在顾客满意理论和利益相关者理论之上。利用来自顾客（学生）对服务的期望和感知信息来判断服务质量，服务质量的好与坏是通过顾客（学生）对服务的期望与感知服务绩效之间的差距得出，即：学习支持服务质量的高低取决于学生的感知（P）与服务期望（E）之间的差异程度，其架构即 $SQ = P - E$，当感知服务绩效大于服务期望时，服务质量是良好的，反之则有欠缺。运用德尔菲法构建修正了 SERVQUAL 模型，基于有形性、可靠性、响应性、保证性、移情性等五个维度，确立了包括 28 个三级指标的学习支持服务质量评价体系。然后利用 SPSS 26.0、LISREL 8.7 软件，将 28 个变量作为观测变量，并通过因子分析法以及信效度检验，最终构建了学习支持服务质量评价指标模型。将量化研究与质性研究相结合得出结论：对移动学习、学习平台及相关的技术培训需要重点关注并优先改进。学习平台与技术的有形性及响应性对感知绩效产生了明显的影响；有效的互动及管理保证对于提升支持服务质量至关重要。在具体评价实践中要进一步探寻原因，是学生不需要虚高的服务，还是学校的支持服务不到位。学习者期望实质是一种隐性服务标准，从学习者的实际感知与服务期望之间的比较探寻服务质量，将有助于远程教育院校准确及时地将学习者的隐性服务标准转化为教师与管理者的行为规范、院校的规章制度等显性服务标准。

　　SERVQUAL 作为一种质量测量和质量评价模型，在应用过程中彰显了以学生主体性为目标和以过程控制为导向的优越性，有一定的适用性和可行性，但由于期望和感知值在时间上有很强的间断性、不连续性，所以，作为服务质量评价手段与方法也存在一定的局限性。

第十章 学习支持服务质量保障的
哲学思考与实践路径

学习支持服务质量不仅直接影响远程高等教育的目标，而且影响院校对教育质量的评价标准和尺度的把握。本章对基于远程教育中学习支持服务质量保障的实践偏失进行反思，在总结国际经验的基础上探寻学习支持服务质量保障模型，构建学习支持服务质量保障机制。

第一节 共同体视域下学习支持服务
质量保障的哲学思考

学习支持服务是社会性的，支持服务体现了共同体内在的属性。共同体是学习支持服务的前提和载体，是一个基于共同体成员共同愿景的基础上建立起来的团体。团体中的成员分享共同的价值、意义、情感和文化传统，共同的目标、一致的行动、分享与反思是其主要特征①。学校通过构建以学生为中心的学习境脉，向学生提供完成学业、提高职业素养及终身学习能力等全方位的支持，包括师生共同的愿景、师生相互的介入及师生共同的实践。

一、学习支持服务质量属性

1. 统合性

远程教育实践是师生共同的教与学实践，师生互为共同体。共同体中的成员拥有共同的关注点，共同致力于解决一组问题，或者为了一个主题共同投

---

① 章玳. 基于学习共同体的学习支持服务——"3＋n"整合式学习支持服务模式实施路径探究[J]. 成人教育，2019(5).

入热情①。共同体中的支持服务有两个层面,一是教师对学生提供服务,二是学校对教师提供支持。教师对学生提供服务是直接的,而学校对教师提供支持是间接地对学生进行支持。无论是直接的还是间接的,学校、教师提供的支持服务达成的共同的目标是统一的,即学生得到的支持与帮助,目标都指向学生的学业成果。教师与学生努力的共同指向也是良好的学习结果而不是教师的个人业绩。共同体中教师与学生相互的介入以及密切的交往这种实践活动使"学习支持服务"成为"学习共同体"。建立学习共同体成为学校管理者、教师、学生等的共同追求。在学习共同体境脉中,为学生提供高质量的支持服务是学校管理者与教师不容推卸的责任。

2. 集合性

共同体并不过多强调一些外在形式化的东西,而是真正关注学生在学习上的成效,关注影响学生学习成效的因素。围绕学习支持服务,影响因素诸如导学、资源、技术、管理、人员质量等;涉及的环节包括课程学习、教学实践、考核考试等教学及管理过程。面向学生的学习支持服务需要明确各因素及环节的支持服务标准,识别达成目标所履行的关键职责与程序,这就要求教师与教学管理者在任何环节都要保持支持服务水平,坚持各环节上支持服务水平的一致性。支持服务中间环节越多,服务水平一致性的维持就越难。另外,支持服务质量也依赖于教师与学生的行为,主体间的行为差异越大,支持服务质量水平不一致的可能性就越大。只有这些因素各自达标,并有效契合,才能保证支持服务的总体质量。通过确保学习支持服务各环节质量达到教育质量的预期效果。

3. 主观性

共同体的因素并不单一,形成的主要因素日益趋向对人的重视。共同体提供给学生有效建构知识的机会并获得教育结果。教师、校方的评价固然重要,但是,对学习支持服务质量评价而言,教育过程中学生的认知体验更加重要。学习支持服务质量的最终评价者是学生,判断支持服务质量的有无与高低取决于学生的感知。学习支持服务质量由学生感知质量与预期质量的差距所体现,与学生的主观判断有关。支持服务质量是学生感知的对象,学生对支

---

① 赵健. 从学习创新到教学组织的创新——试论学习共同体研究的理论背景、分析框架与教学实践[J]. 教育发展研究,2004(7).

持服务的预期与感知属主观范畴。感知质量可能对教育选择行为产生强烈的影响①,因此,给学生带来更加优质的学习体验以满足学生需要是为根本,满足学生预期是为学生创造价值的重要前提。

4. 全员性

支持服务活动是个人行为,更是集体努力行为。支持服务实践是共同体成员共同创造出来的。共同体人员构成是多元的,既有教师(专职与兼职),又有管理者,还有领域专家及社会助学者等。在线教育环境下,通过社会化协同的方式,不仅能够提高教师的工作效率,减轻工作负担,而且能够发挥教师的特长,让他们能够专注地把一件事情做好②,提高学习支持服务质量。在全程教学及管理服务过程中,需要人员上的相互介入、相互支持,需要教师、教学管理者各尽其责、各展所长,与学生建立信任关系,把学生的利益放在第一位。面向学生的支持服务实践活动是建立师生信任度的过程。所以,提供切实有效的支持服务,需要全员参与和奉献精神,需要全员协同形成有效的管理和支持系统。合理处理好各相关方的权利、责任、义务关系,才能充分体现共同体成员负责、尽义务的优质的支持服务。

二、学习支持服务质量提升的哲学审视

辩证思维方法是立足于唯物辩证法的立场、观点与方法,是在坚持全面、系统、普遍地认识事物的基础上抓住主要矛盾和矛盾的主要方面,把握事物的本质规定及发展演变规律的思维方法。基于学习支持服务质量的内涵及特征,在新形势下,需要辩证认识学习支持服务质量,正确把握和处理好四对关系,切实提升学习支持服务质量。

1. 变与不变的关系

辩证唯物主义认为,事物的运动发展是变与不变的统一。变与不变两者相互区别、相互对立。任何事物都是作为一个系统而存在的。学习支持服务

---

① Plank R E, Chiagouris K. Perceptions of quality of higher education: an exploratory study of high school guidance counsellors[J]. Journal of Marketing for Higher Education,1997,8(1).

② 余胜泉,汪丹,王琦.大规模社会化协同的教育服务变革[J].电化教育研究,2020 (4).

也是一个系统,系统中各构成成分的改变都会引起质量的改变。学习支持服务的质量建设与提升需要提高设备及技术等物质因素的现代化程度,因为技术、设备等因素是衡量学习支持服务质量建设发展水平的基本标志,教育离开了设备及技术的外在发展,质量建设就失去了确定的标准。我们看到,中国改革开放 40 多年来,随着技术的进步,教学环境及教学设备发生了巨大变化:从最初单纯的教室黑板,到 50 年代电视,90 年代 PPT 投影,2000 年的交互白板,2000 年后的交互电视,到现在的电脑、移动终端应用及智能化学习系统等,科技赋能教育,现代技术推动了在线教育的发展。学习者及教育机构融入互联网教育生态促进了在线学习的全域生长。新的学习环境下,学习者的需求在变,其主体意识增强,越来越希望学校教育能提供高质量的教育,促进其可持续性发展。

在新形势下,需要正确把握好"变与不变"的辩证关系。"变"的是教育物化条件及教育者的思路方法。"不变"是根本,因为教育目标,在于教育信念。远程教师的核心角色仍然被视作学生支持的核心。教育真正的目的不是仅仅吸收外界提供的素材并不断重复,而是帮助学生达到可以自学的程度①。技术的发展,资源的增多,任何时候、任何场合都是为学生自主学习搭建有效的支架。为满足学生的需求,提供支持服务,为学生的素质与能力提升赋能,教育者的初心不能变,教育高质量发展目标不能变,为学生提供服务的理念不能变。为了一切学生优质的体验,始终为学生服务的正确方向不变。这就要求教师与管理者在服务质量建设过程中,既要注重物质的投入,加强设备、技术等"硬件"的建设;更要创设良好的学校文化氛围,发挥精神优势,注重情感投入,提升"软件"质量。

2. 主体与客体的关系

主体和客体这两个概念是哲学中的一对范畴。从人的活动指向来看,主体是活动着的人,客体则是人的活动所指向的对象。当他人成为特定的人的活动的对象时,他就是该活动的客体。但他人也是能动的人,当他主动地行动时,作为活动的发出者就是行动的主体②。主体与客体的关系是学习支持服

①　[英]格雷厄姆·布朗-马丁.重新想象学习:互联社会的学习变革[M].徐晓红,译.北京:中国人民大学出版社,2016:195.

②　郭湛.主体性哲学:人的存在及其意义[M].北京:中国人民大学出版社,2011:11,29.

务最重要、最基本的关系。学习支持服务的主体是学习支持服务活动的发起者和实施者,是提供支持服务的人;学习支持服务的客体是学习支持服务的承受者,是接受支持服务的人。学习支持服务本质上是人与人之间的活动,其主体、客体都是具有主体性的人,都有主观能动性,在一定条件下,客体也会获得主体性,并转化为主体。一方面,教师作为主体,而且能作为客体。马克思指出:"教育者本人一定是受教育的。"①教育者本人还要受继续教育,从而是具有客体性的主体。另一方面,在支持服务的实践活动中,学生既作为主体又作为客体,学生需要发挥客体的主体性作用。人的主体性是人作为活动主体的质的规定性,是在与客体相互作用中得到发展的人的自觉、自主、能动和创造的特性②。学校提供支持服务的目标就是要使客体主体化,当客体进行自我教育或转而教育他人时,主客体高度统一于自身,这就是客体主体化。一旦客体主体化,学生学习的自觉性、主动性及能动性会被充分调动起来,这对提高教育质量有重要作用。

主体和客体之间是主客同构、共处一体的辩证关系。主体和客体相互作用,主体作用于客体,客体也作用于主体。联合国教科文组织的教育报告《学会生存——教育世界的今天和明天》中指出:"未来学校必须把教育的对象变成自己教育自己的主体。受教育的人必须成为教育他自己的人,别人的教育必须成为这个人自己的教育。"③而今,社会发展要求学习者成为自我负责的学习主体。对自己的行为负责而不是要别人负责,是人具有主体性的首要特征。高校提供的支持服务就是要帮助学生成为自主学习者,成为自主学习的主人。真正的主体必然是具有自主性的主体。自主性的主体能够有计划、有目的地合理安排自己的教育活动,对质量做出独立的评价和判断、明确表达自己的质量诉求。能动性是人的主体性最鲜明的表现。客体转化主体的发展,重在谋求主观能动作用的发挥,这是实现学习支持服务有效性的根本途径。离开了学生的自主性与能动性,学习支持服务质量建设就失去了灵魂与动力。

---

① 中共中央马克思恩格斯列宁斯大林著作编译局. 马克思恩格斯文集(第一卷)[M]. 北京:人民出版社,2009:500.

② 郭湛. 主体性哲学:人的存在及其意义[M]. 北京:中国人民大学出版社,2011:11,29.

③ 联合国教科文组织国际教育发展委员会. 学会生存——世界教育的今天和明天[M]. 华东师范大学比较教育研究所,译. 北京:教育科学出版社,1996:218.

3. 有为与无为的关系

有为与无为，是中国哲学的一对范畴。道家学派创始人老子提出，"道常无为而无不为"，他认为道作为宇宙本体自然而然地生成天地万物，就其自然而然来说，称之"无为"；就其生成万物来说，又称之"无不为"或"有为"。如果说老子的无为主要是想消解统治者对百姓过多的控制与干涉，给百姓以更多的生存空间，以使社会恢复并保持和谐与秩序，那么，庄子通过形象的寓言故事提出的无为论，主要是指不违背事物的本性而为。由此得到启示：教育活动离不开教师的积极有为，教师积极主动为学生提供支持与服务是应尽的职责。支持服务质量要有所发展，有所提升，就需要教师与教学管理者立足现实，把学生的需求与现实的可能结合起来考虑。必须强化质量意识、责任意识，立足于学生的实际可能实施科学的引导，调动积极因素，改变思路、改善支持服务方式，在提高学生学习质量上下功夫。另外，还要讲究经济效益，合理使用财力物力，以尽可能少的"投入"获得尽可能多的"产出"，讲求实效，减少内耗，提高学习支持服务的效能。但是，教师积极主动提供支持服务，并不是对学生的需求有求必应。由于长期受到非理性的教育制度的规训，师生双方已非常习惯于接受现成的问题、方法、理论或结论，这种的心理习惯，常常导致教学的非理性化①，教师不为与过分为的现象时有发生。"不为"是"无为"的消极心态，即把良好的愿望等同于客观实际；"过分为"即缺乏理性的有为，表现为替代学生思考，或迎合学生不合理的学习需求，使学生主体地位缺失，这样往往导致"满足学生"的功利主义，其思想认识根源是"条件决定论"与"功利主义"，都是主观与客观相脱离，只强调一个方面而忽视另一个方面。

从老庄思想看，有为与无为都是建立在顺应事物的自然本性的基础上。由此，在提升学习支持服务活动中教师与教学管理者要处理好有为与无为的关系，既要有所为，又要有所不为。平衡好有为与无为，支持服务就要讲究原则，这个原则的核心是教育规律和学生身心健康发展的规律。无原则地迎合学生非理性要求，表面上看是服务品质之极致，实际上是以牺牲学生的长远利益和大多数学生的根本利益为代价，是一种短视行为。有原则的服务是在尊重规律的前提下，优化现有教育资源配置，实现学校长远利益和大多数学生利益的最大化，从根本上保障教育的公平性与学生的可持续发展。学习支持服务活动是以公平为前提，不应受制于一般市场交换规则。摒弃功利主义，回归

---

① 石中英．教育哲学[M]．北京：北京师范大学出版社，2007：181

教育本真,这是学习支持服务质量提升的根本。

4. 共性与个性的关系

共性和个性是对立的统一关系,个性组成共性,而共性又离不开个性。教育的发展过程是一个否定之否定的过程,开始是个性多于共性,后来是共性多于个性,最后还是个性多于共性。从教学史看,最早的教学是个体教学,能够接受教育的只是极少数贵族,后来有了班级教学,才大大加速了人类的文明进程。长期以来的班级授课制中,教师面对几十个、数百个学生,大规模的在线教育环境下,更是远距离面对成千上万的学生。在支持服务的实践中,教师提供的是普遍性支持服务,对个性化支持服务往往力不从心。随着互联网技术的成熟与发展,个性化教学、个性化支持服务的可能性也在不断增加。利用大数据技术及智能学习系统通过对学生综合调查、分析、测试、考核和诊断,基于学生的潜质特征和自我价值倾向,量身定制教育计划、辅导方案,在兼顾覆盖面的同时能为学生提供便利的个性化学习途径,实现"一对一""多对一"的帮助与支持成为可能。

共性与个性是学习支持服务所固有的两个方面,共性的问题只能用共性的方法解决。个性问题必须个别处理,必须有深入细致的具体方法及措施。把握共性与个性的关系,有助于教师把工作方法论转化为推动学习支持服务高质量发展的思路举措。教师与教学管理者在学习支持服务活动中要以点带面抓住个性问题,有的放矢、精准施策,坚持具体问题具体分析的基本原则,把分析问题和解决问题的整个过程都放到具体事物的具体条件中去考察,通过精细化管理充分掌握学生的学习背景、学习风格、学习方式等,真正做到精准发力,靶向支持。向每一个学生提供针对性的帮助,设计和学生可持续发展相匹配的、符合其身心发展规律的个性化学习方案和路径。在坚持面向广大学生提供普遍的支持服务的同时,通过教师共同体成员协作方式为某类群体或个体提供个性化服务是一流支持服务的最高境界。培育一流的服务品质,服务于"为人的教育",才能让不同类型、不同群体的学生都能获得帮助并取得进步,教育才有真正的公平可言。

第二节　学习支持服务质量保障模型及实践路径

学习支持服务质量保障是根据远程教育院校办学要求以及利益相关者的需求确立质量目标，以学习支持服务系列活动为主要管理对象，以适切的质量管理理论及其思想为理论支撑，以评估、监测等改进和控制手段，提升学习支持服务的一系列活动。本节创建了学习支持服务质量保障模型，从五个方面探索具有整体性和长效性的学习支持服务质量保障实践路径。

一、学习支持服务质量保障模型

基于学习者，学习支持服务质量保障是学校向学生提供的支持服务持续达成预定人才培养目标和使学生满意的一系列措施。如第三章所述，以学生为中心的支持服务质量观认为，以学生为中心的支持服务质量保障基于学生的学习与发展，特别是把与学生学习成果密切相关的各种因素结合起来，突出以评价方式和支持服务方式的转变推动学生在学习和评价方面的自主建构和参与。质量保证更多地强调院校自身的质量监控意识和措施，更多的自我评估。英国开放大学的质量保证遵循三大原则：一是教育机构的使命之一，是为维护社会或某些特殊群体良好的教育环境而做出切实的贡献；二是衡量教育机构是否能够完成这一使命，首要问题是关注学生的学习质量；三是在任何时候，对于如何进一步提高学生学习质量，教育机构都应当有清晰的目标[1]。笔者依据此三大原则，构建学习支持服务质量保障 LSSTPO 模型如图 10-1。

美国学者艾斯纳(E. W. Eisner)认为，学习成果是指学生在参与某种形式的活动之后所最终达到的状态[2]。美国高等教育认证协会对学生学习成果进行如下定义：学生在接受过一段时间的高等教育之后，在知识、技能和能力等方面所得到的收获。"学生学习成果评估"因注重对学生进行学习增值评价、强调教育成效证据收集、聚焦教育产出等优点逐渐受高等院校的重视。图 10-1学习支持服务质量保障 LSSTPO(Learning Support Service Target-

---

① ［澳］丹尼斯·克伯蒂克. 远程教育的质量保证[M]. 侯建军，译. 北京：中央广播电视大学出版社，2008：111.

② 吕林海. 国际视野下的本科生学习结果评估——对"评估什么"和"如何评估"的分析和思考[J]. 比较教育研究，2012(1).

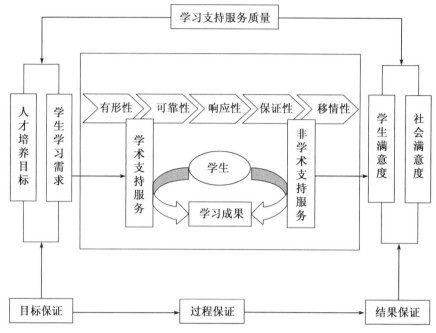

图 10 - 1　学习支持服务质量保障 LSSTPO 模型

Process-Outcome)模型真正关注学生的学习成果和可持续性发展,集合学校所有的资源为学生学习成果的获得及学生发展提供学术与非学术的优质、高效的支持服务,从而实现目标保证、过程保证及结果保证。

　　目标保证:基于人才培养质量目标,聚焦学生的学习需求,发挥学生学习的主动性及能动性。在学习支持服务保障每个环节中,倾听学生的声音,确保有学生的参与。

　　过程保证:学校从服务品质(质量感知)和服务属性(有形服务)两方面提供保证。服务品质包括有形性、可靠性、响应性、保证性和移情性;服务属性包括学术支持服务与非学术支持服务。学习支持服务体系由学习者、教师、学习资源、技术保障、课程教学、质量监控与评价和校园文化等诸多因素构成,是一个全面、完整的系统工程。这个过程要考虑:是否为学生提供了充分的职业准备;导学是否有效;学习资源是否充分;技术、设施是否完善;管理是否先进;质量能否持续改进。如果这些方面提供的效用与其对支持服务的接受方需要的满足程度相匹配,则学习支持服务过程质量是高的。

　　结果保证:构建学习支持服务体系是要满足学生的学习期待及个人发展的需求,也要满足社会及用人单位的职业需求。如果在这几个方面能达到目标,则可以认为学习支持服务质量是高的。在目标—过程—结果全过程遵循全面质量管理的科学程序(PDCA循环)。每个环节考虑:"做什么和怎么做""谁来做和我该做什么"。对学习支持服务活动实施全程监控,发现问题,分析原因,找出主要因素;通过检查,找出原因,提出改进建议,从而实现质量持续提高的目标。

二、学习支持服务质量保障的实践路径

基于学习支持服务质量保障 LSSTPO 模型,学习支持服务质量保障的实践路径如下。

1. 将学习支持服务目标嵌入人才培养全过程中

远程教育院校要将学习支持服务目标嵌入人才培养全过程中,因为,学习支持服务有助于培养学生自主学习的能力,降低辍学率,提高保有率,保证学校教育质量。学习支持服务是围绕学生自主学习进行的,服务的对象是处于远程学习中的学生,所有的服务支持活动都是为了帮助学生实现自主学习,学有成效。哈佛大学前校长德里克·博克(Derek Bok)认为,人才培养是在一定的教学理念和教学制度状态下进行的教育活动,教学状态是通过一所大学教育教学资源的配置方式体现的,资源配置方式可以反映人才培养质量。我国《国家中长期教育改革和发展规划纲要(2010—2020年》明确提出,高等教育要"提高人才培养质量"。人才培养质量是一个系统的过程,包括培养目标设计质量、课程设计质量、教学模式设计质量、教学过程工作质量、人才培养结果质量等。

(1)以学生发展为中心建构学校人才培养目标

《中华人民共和国高等教育法》的人才培养质量目标是远程高等教育必须遵循的。《中华人民共和国高等教育法》第十六条明确:高等学历教育分为专科教育、本科教育和研究生教育。高等学历教育应当符合下列学业标准:① 专科教育应当使学生掌握本专业必备的基础理论、专门知识,具有从事本专业实际工作的基本技能和初步能力;② 本科教育应当使学生比较系统地掌握本学科、专业必需的基础理论、基本知识,掌握本专业必要的基本技能、方法和相关知识,具有从事本专业实际工作和研究工作的初步能力;③ 硕士研究生教育应当使学生掌握本学科坚实的基础理论、系统的专业知识,掌握相应的技能、方法和相关知识,具有从事本专业实际工作和科学研究工作的能力。教育部《全国普通高校本科教育教学质量报告(2021年度)》指出,积极建构以学

生成长为中心的人才培养体系。高校应倡导以学生成长为中心的教育理念,从学生特点出发,遵循人才成长规律,组织开展各类教育教学活动,将以学生成长为中心的理念贯彻到人才培养全过程中。

坚持把立德树人作为根本任务,坚持以人才培养为中心,始终把人才培养作为学校的根本任务,除了教学质量,也要把学习支持服务质量作为衡量学校办学水平的核心标准,把促进学生可持续发展作为学校一切工作的出发点和落脚点。科学统筹学校的各项工作,着力解决人才培养中的重点难点问题。目前,就远程开放教育来看,人才培养在供需两侧存在多种困境:学科专业供给与产业行业发展不匹配、课程资源供给与岗位能力需求不匹配、师资教学供给与人才知识需求不匹配、实践条件供给与应用型人才培养不匹配、管理机制与终身学习理念不匹配等①。面对现状,要以服务学生发展、服务地方发展为出发点,更新理念、做好顶层设计,加强管理,通过深化"产教融合"优化外部结构、推进"校企合作",以优化内部结构、强化各类要素配置质量和配置力度,构建全过程闭合式管控机制等,培养高质量的应用型人才。

(2)以学生需求为导向,建构专业人才培养目标

专业是人才培养的基本单元。专业人才培养目标是指学生学习本专业要达到的总的学习成果,专业目标要明确某类人才需要具备的具体知识、技能与能力,如让学生能够以令人信服的论据来阐述某一论点等②。教育部《全国普通高校本科教育教学质量报告(2021年度)》指出,要深入探索不同学科专业课程思政的有效路径。高校应遵循高等教育和人才培养规律,尊重各学科专业课程教学的特殊性,研究探索思政教育与各学科专业课程教学有机结合的有效途径,提高课程思政效果。大力加强学科专业交叉融合办学的长效机制建设。高校应当增强主体意识,以"四新"建设为契机,通过调整学科专业组织体制、搭建学科专业交叉融合平台,以及改革完善人才培养方案、重组课程体系、更新教学考核和教师评价方法,为学科专业交叉融合办学创造优良的环境条件。

远程高等教育同样要遵循高等教育专业人才培养规律,2016年11月,教育部印发的《高等学历继续教育专业设置管理办法》指出,各地各高校要按照成人学习特点和教学规律,做好专业与课程体系建设,完善人才培养方案,增

---

① 赵倩,章玳,吴韶华.供给侧视域下开放教育人才培养质量提升策略研究[J].成人教育,2020(3).

② 熊耕.透视美国高等教育中的学生学习结果评价[J].比较教育研究,2012(1).

强人才培养的针对性和适用性,不断提高人才培养质量,这对规范专业建设和提高专业质量具有非常重要的作用。开放大学的专业建设要始终以学生为中心、以需求为导向,以立德树人为根本,探索思政教育与各学科专业课程教学有机结合的有效途径,打造品牌专业、特色专业。专业学科不在多,而在特、在强。特色就是质量,特色就是竞争力,开放大学要走出一条立足地方、服务地方,具有内生动力和发展活力的特色办学之路。

（3）基于成效为本的理念建构课程学习目标

Spady 是最早提倡成效为本的教育范式的学者,他认为,成效为本(OBE)是通过组织和操作,使每个学生能成功地展示学习经验,在学习开始就能够清晰地知道做什么,然后组织课程、教学、评估,确保达到预期的学习目标。学到什么与是否学到比什么时候学与如何学更重要①。Needham 认为,成效为本是用能够使学生达成目标的可测量的术语陈述,然后,设计课程使他们知道如何去做。由此看来,成效为本不能简单地理解为一种教学方式,它是一种复杂的教育范式②。与传统的关注教育投入的内容与时间分配不同,成效为本关注学生学习的成果。

课程是学校教学的主要载体,课程目标的设定直接服务于学校和专业人才培养目标的实现。它体现了学校和教师对"什么是值得学习的"所做的价值判断,并将课程目标、课程内容与对学生学习成果的预期联结起来③。课程学习目标是在微观层面科学设计每一门课程在人才培养目标体系中所承担的培养内容,明确每门课程的学习目标。课程学习目标主要包括知识与技能、过程与方法、情感态度与价值观三个维度。成效为本的课程强调课程目标描述的清晰程度。即目标设置清晰,分层分级;目标阐述有可操作性,不仅说明所涉及的知识,也指明基于内容表现的能力和行为,并用可观察和可测量的方式表述目标。

2. 构建成效为本的课程质量保证体系

课程质量是在整个课程设置、实施和评价等实践活动过程中体现出的一

---

① Spady, W. G. Choosing Outcomes of Significance[J]. Educational Leadership, 1994, 51(6).

② Needham, N. How OBE became the three most controversial letters in education [J]. NEA Today, 1995, 13 (8).

③ 史静寰,涂冬波,王纾. 基于学习过程的本科教育学情调查报告 2009[J]. 清华大学教育研究,2011(4).

种符合设计者预期的课程目标，能够满足社会及学习者期望的特性与状态。成效为本的课程质量观关注学生个体成功，强调提高学生学习的附加价值，这就需要我们重新定位课程建设方面的要求，在课程设计、课程内容、课程实施及课程评价方面有所变革，有效保障课程质量，以提高学习支持服务质量。

（1）整合可利用的课程学习资源和学习支持服务

远程教育的优势就在于开发高质量的学习材料和提高学生的自主学习能力[①]。丰富优质的课程学习资源是确保远程教育成功的关键。可以借鉴英国开放大学的课程建设方法，聘请由名家、专家组成的主讲教师，组成教师团队共同进行资源建设，打造课程品牌。从课程原则、课程定位、发展策略方面完整地构建具有远程学习特色的课程体系，使课程能适应经济、社会发展的需求，体现时代的特征，适应学习者多样化发展的需求。课程由主讲教师、主持教师、责任（面授）教师全面管理。课程教师应充分信任、尊重和关怀学习者，深入理解课程特点及教材内容，将学习与现实生活联系起来，用精湛的教学艺术和广博的学识来促进学习者积极主动地学习。

要充分整合可利用的课程学习资源和学习支持服务。例如，确保课程教学材料制作的高质量；策划、实施、监控和检查课程的呈现方式；创建和实施适宜的课程评价策略等。将高质量的多媒体学习资源与辅导服务相结合，支持开放学习。课程学习资源包括文本辅导材料及数字化学习资源。数字化学习资源包括视频、音频、多媒体课件、网站、计算机模拟测试、在线讨论等。要充分进行数字化资源设计，使课程内容更为直观、生动地呈现，以适应不同的学习者。

教材在人类文化传承过程中具有不可替代的地位与作用。由于在线学习的虚拟性，教材往往起着教师的作用。须遵循最近发展区理论、人本主义学习理论及建构主义学习理论设计与编写自主学习式教材。自主学习式教材是将一般教学活动中教师当面的教导纳入学生学习的教材中，让学生借由阅读这样的教材，经过自主学习的过程后可达成所预期的学习成效[②]。正如英国开放大学的远程教育专家德里克·隆特利（Derek Rowntree）提出"Tutor in

---

① ［澳］丹尼斯·克伯蒂克.远程教育的质量保证[M].侯建军，译.北京：中央广播电视大学出版社，2008：79.

② 章伟.远程自主学习式教材的设计与编写研究——以江苏开放大学为例[J].中国远程教育，2015（12）.

print",即把课堂上的好教师书面化到教材里①,这样的教材更方便学生自主学习。

（2）要从重视"课程知识"的评价,转为对"岗位职能"和"职业素质"的评价

课程评价是对教学效果进行诊断、纠偏的重要手段,也是调整教学内容和教学进度的主要依据。课程评价的目的是通过实施全过程的质量监控,促进学生主动学习和教师创造性地教学。学校要从重视"课程知识"的评价,转为对"岗位职能"和"职业素质"的评价。细化学生能力形成水平和状况,重视对学生发展有意义的结果。对成人学习者来说,尽可能地采用多种评价方法,如技能测试、直接观察、考察原有的学习证据等,对其输出结果——学习能力与素质进行评估。根据增值的概念,在入学、毕业时对学生分别进行测试,以衡量学生于就读期间在技能和其他方面的进步程度。评价者要考虑专业的性质、课程体系与课程内容的差异,合理选择评价内容,保证评价目标与课程目标、人才培养目标的一致。课程评价既要体现人才培养目标和课程目标自身的要求,又要有利于培养学生利用所学知识和技能,提高分析问题和解决问题的能力。在评价过程中,既要充分发挥评价指标对课程建设、课程运行的引导作用,又要处理好可量化与不可量化的关系。

3. 强化学习支持服务质量人力保障,加强师资队伍建设

习近平总书记强调:"好的学校特色各不相同,但有一个共同特点,都有一支优秀教师队伍。"好的学习支持服务依赖于好的教师团队,教师队伍建设是学习支持服务质量人力保障的重要环节,要做到以下几点:

（1）规范管理,明确职责

教师肩负着提供学习支持服务的重任,师资质量是确保学习支持服务质量的关键。要切实发挥教师与管理者的积极性与主动性,使全校上下形成合力,构建全员参与学习支持服务的质量保障制度。良好的质量保障需要个人积极参与、发挥主观能动性,同时,通过个体间的良好互动、集体的一致行动达到预期的效果②。学校一方面要通过建立严格、规范的管理规章和岗位责任制,使教职员工清楚自己的工作职责;另一方面,对教师的支持服务要到位和

---

① Rowntree,D. Teaching through self-instruction[M]. Kogan Page,London/Nichols Publishing Co.,New York,1986.

② 徐赟,马萍. 欧洲大学质量文化建设:实践及启示[J].外国教育研究,2017(9).

有效，这是保证对学生支持服务的完善和有效的前提之一。在坚守质量的基础上实行科学有效的考核激励机制，激励教职员工自觉地为提升学习支持服务质量而努力。

构建质量内部保障的信息系统、执行系统、评价系统。按照全面质量管理的要求，着眼于学习支持服务全过程，有目的、有计划地开展各类活动，努力为教师专业发展建立良好的动态知识交流机制。在各类团队及组织中，成员互助合作，分享教学实践经验和成果，分享各自的价值观、教育观。教师共同反思，在促进自身专业成长的同时，为学生提供更优质的支持服务。建立高素质专兼职结合的教师、技术、管理服务团队，使教师与管理者能够把提高支持服务质量工作作为本色行当。

（2）加强兼职教师队伍建设

2016年教育部颁发的《办好开放大学的意见》（教职成〔2016〕2号）提出，"围绕课程建设和学生自主学习，加快建设一支适应开放教育特点、擅长运用信息技术教学的专、兼职结合教师队伍"。《国家开放大学建设方案》明确要求，以"专兼结合、以兼为主、动态开放"为原则，建设业务精湛、结构合理、特色鲜明的教师队伍。江苏省政府颁发的《江苏开放大学建设方案》（苏政发〔2012〕146号）指出，按照"专兼结合、专职为骨干、兼职为主体"的原则支持开放大学建设高素质教师队伍。毋庸置疑，促进开放大学兼职教师队伍的建设和发展是开放大学质量保障的重要内容。

面对开放大学兼职教师数量庞大，与学生见面交流少，实践教学针对性差，支持服务水平良莠不齐[1]的现状，加强兼职教师队伍建设，需要以多项制度来约束、引导、规范教师的思想和行为。建立健全兼职教师队伍管理机制，首先应树立先进和科学的管理理念，以满足兼职教师需求、支持和帮助兼职教师专业发展为价值取向，这就要求兼职单位必须坚持"以人为本"的原则，避免陷入见物不见人、只追求完成教学任务的误区。其次，学校管理者应及时倾听、了解兼职教师的诉求和想法，征询兼职教师的意见，设身处地地站在兼职教师的角度去考虑、分析和解决问题，让兼职教师在宽松和谐的环境中快乐工作[2]。兼职教师的归属感取决于对共同事业发展的信心与追求。再次，开放

---

① 荆德刚. 超越远程教育：世界开放大学校长谈疫后发展趋势[M]. 北京：国家开放大学出版社，2021：7.

② 吴韶华，章玳，王志飞. 开放大学兼职教师现状调查——以江苏开放大学为例[J].中国远程教育，2018(5).

大学兼职教师队伍的主体应首先定位于体系内符合聘用条件的教师,建立兼职教师基本情况信息库,用好、盘活资源库内的教师,推动体系内师资队伍相互促进、共同发展。

(3)促进共同体视域下的质量文化建设

学习支持服务质量保障体系是以对教育质量不断追求为核心的质量文化为基础的。质量文化是教师、学生、管理人员及各种利益相关者从心理和文化上对质量的高度认同,并在行为上从制度约束内化为行动自觉,使其发挥出比制度约束更有效的作用①。质量文化是一种群体性的质量向心力,是全体成员的共同信仰、共同追求、共同约束。学校所有成员共同的、发自内心的意愿,对提高学校教育质量至关重要。如果教师自己没有相应的发展,对学生的一生有影响简直是不可能的②。教师要积极主动参与质量培训活动,从传统的质量观向人文性质量观转变。自觉参加系列培训提升支持服务水平,包括现代教育思想、学科专业素养、现代信息技术、支持服务技能培训,能够做到对学生学习需求、学习问题准确捕捉并给予精准回应。学校要为教师教育和发展提供支持。纳入人工智能技术,在持续积累教师数据基础上进行数据挖掘,建立教师画像,为教师发展提供有针对性的资源和服务,加强教师教育。要构建基于数据、面向过程的教师评价新模式,充分发挥大数据的优势,创新教师评价工具、优化评价管理、提高评价质量。

未来教育将是多主体共同参与的教育。多个教师组成团队共同提供学习支持服务将成为常态。在质量文化境脉中,达成观念共识与意义分享,团队成员只有通过协作方式,根据学生的具体情况施教,选择适当的教学内容,灵活运用智慧学习系统等促进学习的工具,从大规模的社会知识网络中精准、高效地捕捉与其匹配的服务,才能切实提高学习支持服务的效能。

4. 完善内部质量保障机制

(1)改进学习支持服务质量评价标准

质量评价标准是高等教育活动的出发点和归宿,是衡量高等教育活动效

---

① 邬大光. 高等教育:质量、质量保障与质量文化[J]. 中国高教研究,2022(9).

② [加]迈克尔·富兰. 变革的力量——透视教育改革[M]. 中央教育科学研究所,译. 北京:教育科学出版社,2004:58.

率、效益及其价值意义的基本尺度①。如果说制定课程或教学质量标准是教育发展的一般特征，那么，制定学习支持服务质量标准，就是教育发展到较高水平的重要特征。质量标准是多元的，也是与时俱进的。学习支持服务的定义随着时代的推移不断地发展和丰富，学习支持服务质量标准相应也发生了变化。笔者将学习支持服务质量标准分为结构标准、转化标准和评价标准三种。

结构标准又称要素标准，是指支持服务本身的性状的质的规定，包括通常研究者认为的导学、资源、技术和管理等方面的标准。标准指向上，以学生认知能力发展为主要目标，强调导学、资源、技术、管理、情感等因素对学生的外在影响。指标包括：学习辅导和学习方法的提供与服务、学习资源的提供与服务、教学设备和设施的提供与服务、监控和管理的支持与服务、情感支持服务等方面。结构标准成为远程教育传统使用的标准。

转化标准，又称增值标准，这是一种基于学生学习成果导向的评价标准，即指教育者在提供支持服务过程中要促使学生实现自身的转化，即发展与增值。学习者在认知、技能、态度等方面受益是衡量支持服务质量的核心标准。例如，英国、美国等在相关质量保障规范和实施规定中，已将学生学习增值作为质量评估考察的指标②。美国教育授助委员会（CAE）认为，大学学习评价重点关注的是大学为学生提供的增值。只有通过对学生在入学和毕业时的情况进行对比，才能对在读期间的学习给予评价③。世界经济合作与发展组织（OECD）历时五年，研发并实施了一套旨在考察即将毕业大学生学习结果的国际比较项目——"高等教育学习结果评价"（Assessment of Higher Education Learning Outcomes，AHELO）。AHELO认为，在分析学生学习成效的时候，要考虑到两种情况，一是招收 A＋学生的高校，能把学生培养成 A＋毕业生，这一点大家都不会惊讶；二是招收 B＋学生的高校却能培养出 A＋毕业生，我们该如何评价这种大学的教育，这两类大学中哪种学习成效更

---

① 朱振国. 对话教育部高教评估中心处长：大学，你的质量怎么量？[N].光明日报，2011 - 09 - 19.

② 别敦荣，易梦春，等. 国际高等教育质量保障与评估发展趋势及其启示——基于11 个国家（地区）高等教育质量保障体系的考察[J].中国高教研究，2018(11).

③ 章建石. 基于学生增值发展的教学质量评价与保障研究[M].北京：北京师范大学出版社，2014：71.

好?① 由此可知,增值评价是该项目的主要内容之一,通过评估学生在接受高等教育前后的增值情况,分析和对比其在知识和自身能力方面的改变,得出学生在学习前后的发展增量。增值评价将是我国高等教育未来的发展方向,更应成为远程开放教育的基本做法。

现阶段,以开放大学为例,我国开放大学要高质量发展,需要应对的挑战包括两方面:一是改善学生的学习;二是满足公众问责的需要。为此,开放大学一方面要为学生提供全面而优质的学习支持服务来改善学生的学习,提高其学习成果;另一方面,尽快探索建立起具有开放教育特色的、科学的评价机制,进行增值评价很有必要。采用增值学习评价,这就需要搜集、提供数据及实证资料。没有客观的、丰富的数据,并持续开展相关监测,是不可能做好增值评价的。把焦点对准学生,注重从学生课程学习的经历中来寻找、收集学习成果的证据,这在技术与方法上包括量化与质性方法。例如,量化方法包括标准化测试、在线学习行为观测、课程作业、毕业论文(设计)等;质性方法包括观察、面试、自评小结、案例分析报告、录像、现场操作、第三方评价等。

评价标准又称感知标准。学生期望得到满足的程度是质量检验的标准,这体现了满意导向的质量观,学生满意度是支持服务质量的关键内涵。如前所述,服务质量由预期质量与体验质量共同决定。无论是体验质量,还是预期质量,都与受教育者的主观判断有关,学生感知质量就成为重要的评价标准。远程教育的质量最终要体现在学生的成长和进步上,质量的好坏最终应该由学生来判断②。学生作为质量保障的重要利益相关者,其对质量的诉求是质量标准制定的基础。在评估指标的制定、质量标准的确定上都要体现学生质量的价值选择。指标应包括服务品质:有形性(创建线上线下相结合的混合式服务环境,提供的教学设施、设备、学习平台等"有形部分"能够满足学生的合理需求)、可靠性(为学生提供有效的服务机制,可靠且准确地提供所承诺服务的能力)、响应性(对学生的学习需求支持的响应及提供服务的迅捷程度)、保证性(为学生提供学习支持服务的能力以及让学习者信任的能力)及移情性(关心学生,鼓励学生完成阶段性学业任务,并对其学习进度进行监控、数据分析,推送适合的学习资源,提供个性化服务的程度)。

---

① 吴洪富,韩红敏.学生学习评价的国际性尝试:"高等教育学习结果评价"解读[J].现代教育管理,2016(9).

② Ehlers, U. Quality in e-learning from a learner's perspective[J]. European Journal of Open and Distance, 2004, 28(1): 1-3.

值得注意的是,学习支持服务受到诸如环境条件、主观努力等其他多种因素的共同作用,学习支持服务质量具有"多因一果"的性质。结构标准、转化标准及评价标准这三个标准维度的内容相辅相成,不可截然分开。孤立地突出任何一个方面,都可能造成支持服务活动偏离正常轨道,需采取具体的措施来达成科学合理的质量评价。必须确立全面发展的观念,努力谋求质量构成的整体效益,力求使各项指标都达到必要的水平。还要坚持分类构建、高低线构建原则。分类构建要考虑到地域差异、校际差异;高低线构建则可考虑"基本标准+个性化标准"的模式。特别要结合自身实际,将支持服务质量标准内化在学校人才培养的各个方面和环节,这既是规范管理和鼓励特色的要求,也是研制质量标准和提高质量的前提要求。

(2) 强化院校内部的质量监控

质量控制涉及控制者和受控对象两方面因素。就高校内部质量控制而言,包括校院两级控制者,包括课程、教学计划、教师发展、学生学习和发展等受控对象[①]。质量监控能够准确反映事物的真实程度,是支持服务质量发展的基本保障。以江苏开放大学为例,一是检查组织多维度。以教学处普查、教学质量管理办公室抽查及教学部自查等方式,保证网上教学平台课程资源、教学文件、课程论坛维护、网上日常教学等工作的顺利开展。地方学院及学习中心系统层面:以自查、互查,保证网上教学活动的质量、学生自主学习的到位率及师生互动的效果。二是检查方式多类型。对每天开展的网上实时教学活动进行短信提醒和全程跟踪,建立日检周报制度;专兼职督导员对每个学期的网上教学活动进行专项检查与抽查,有重点、有目标地进行跟踪监控;专业负责人在每学期的期初、期中、期末对所负责专业的课程进行网上教学检查;教学处定期公布学习网的各地方学院及学习中心访问量数据,并与上年度同期进行对比和排名。三是结果反馈多渠道。将前一阶段的监控结果在专业负责人例会上进行通报;通过 QQ 群、电话、电子邮件、网页等渠道将检查结果通报给课程负责教师;通过教研活动双向视频会、面对面教研会、教师培训会等渠道把检查结果反馈至相关单位和部门;每个学期进行课程评优,评出优秀课程若干。四是成立学习支持服务小组,推进教学检查工作。每 3~4 人为 1 组,对接 12 个市,负责为市校及所辖区域内的县校(学习中心)教学工作提供全方位的指导、协调和督促等服务,全方位组织支持模型如图 10 - 2 所示。

---

① 朱镜人.英国高等教育质量理论研究述评[J].比较教育研究,2003(4).

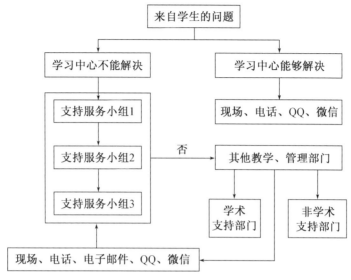

图 10-2　全方位组织支持模型

　　通过健全学习支持服务组织机构、服务流程、服务方式,增强服务能力(如图 10-2)。构建全面的质量监控体系,围绕学习服务目标是否达到、服务对象的满意程度,以及支持服务的真实性、及时性、有效性、移情性等,重点监控教师是否及时而有效地向学生提供了信息与资源,以及是否设身处地为学生可持续发展赋能。建立学生支持服务中心,有专人通过计划、组织、控制等环节来协调人力、物力、财力资源的支持过程。还要科学制定支持服务管理流程、管理标准开展工作。由学生支持服务中心协调各部分工作,避免有时办学机构部门之间由于相互不熟悉工作职能,造成对支持服务的推诿和拖延。

　　相关的质量管理部门可以利用大数据技术开发实用监督及评价程序系统,监控支持服务工作是否按照规范进行,目的是否达到,效果如何,有无需要改进,进行支持服务质量标准监测工具的开发、测试、统计分析。特别要注意以公正、客观的态度通过各项管理环节的实施情况,检验支持服务活动的实施效果。

　　(3) 学生参与质量保障机制的建构

　　学生不仅仅是受教育者,还是教育的主要服务对象;既是支持服务的消费者与受益者,还是支持服务的体验者和监督者。远程教育中,作为数量最多的利益相关者,学生的利益与学习支持服务质量紧密相联,学生参与质量保障的全过程是远程高等教育质量实现的关键。

　　学生参与(Student Participation)是指为了落实学校民主管理,追求学生的共同利益及实现学生的合法权利,由学生个人或学生团体从事包括所有学校公共事务与决定的行动①。笔者认为,学生参与是指学生作为重要参与者和核心利益相关者,通过一定的形式主动地将情感、才智等投入学习支持服务质量保障活动中。

　　要尊重学生的质量观和利益诉求,根据学生的利益诉求,提供全方位、多形式的支持服务。在导学支持上,强调专业性、及时性;在资源支持上,强调多元性、易用性;在技术、设备支持上,强调先进性、快捷性;在情感支持上,强调移情性、感染性。教师要着力为学生的自主学习提供便利,帮助学生自己决定怎样学,提高学生收集、整理、分析、利用学习资源的能力及自主学习能力。为满足学生的个性化需求,促进他们更好地发展,要注意充分发挥学生的主体性,而又不过度服务,这是提高支持服务质量的关键和保证。

　　还要将服务作为学生管理的手段,教学管理者要从教育服务的角度来不断提高为学习者服务的质量,将一切举措转移到以"学生的发展"为主的轨道上。管理工作要体现从"管学生"到"为学生"转变的服务本质,心系学生主体,尊重学生的人格,关心与呵护学生,从学生的发展需要出发实施各项管理工作。出台人性化的规章制度、教学制度、考试制度、学籍管理制度的出发点应是在遵循国家教育方针政策的前提下,在维护基本的秩序的基础上,从学生的角度来考虑问题,征求学生的意见和建议,让学生更多地参与到学校制度的制定中,给予学生更大的自由和选择空间,为他们思想和行动的自由创造制度条件。还要充分给予学生知情权与参与权,在管理中注重人文关怀。人文关怀是教学与管理活动的情感动力。而进行人文关怀,实现师生间充分的对话和理解,教学管理者要深入学生之中,全面了解学生中的各种信息,同时把管理者的意图、思考渗透给学生,为学生着想,合情合理、有礼有节处理突发事件,形成有效的管理服务机制。

　　尊重学生的话语权,倾听"利益相关人"学生的声音,将学生纳入评价反馈机制。教师要让学生知晓质量评价内容与指标、程序和方法,吸纳学生参与整个标准的监督与实现过程。教师要使学生意识到担负着促进学校教育质量提升的责任,组织学生有序参与质量调研,激发学生的主体意识,促进其对支持服务各环节、自身学习的深入反思。建立支持服务质量信息反馈系统,随时了解学生的需求以及提供支持服务的实际效果。了解差距和不足,尽可能对学

---

　　①　杨咏梅.从管制到善制[D].华东师范大学,2006:10-17.

生的反馈给出迅速的反应,在此基础上通过持续的改进使学生满意。

5. 建构外部质量评估机制

外部质量评估机制是通过评估(Evaluation)和认证(Accreditation)的方式控制质量的运作过程和措施。评估是依据既定的标准对客观事物进行判断。认证是由可以充分信任的第三方证实某一经鉴定的产品或服务符合特定标准或规范性文件的活动。对学校而言,外部质量评估主要指独立于院校自身之外的社会性评价,包括政府主管部门和行业协会、企业等社会用人单位,认证是第三方评审组认为某院校满足了某些条件后给予的认可。建构学习支持服务质量的外部评估机制就是采取科学的手段,在内部评价的基础上,从外部视角对学习支持服务的各维度进行有效的监测和干预,提升服务效能和社会认可度。建构外部质量评估主要包括以下四个方面:

(1) 政府主管部门进行宏观管控

我国现代远程教育外部质量保障从本质上说主要是由政府控制和决定的行政管理模式,政府占据绝对主导地位。政府主管部门不仅履行决策职能,还发挥监督职能,政府主管部门可以委托相关职能机构、专家实施评估的活动,出台相关的质量标准,以提高评估的信度与效度。目前,中国是由教育部高等教育司对现代远程教育教学质量进行评估,由教育部科技司对网络课程的资源质量、教学平台的标准化进行测评,这些基本都属于政府层面的行政行为。就学习支持服务的质量来说,在接受政府全面评估之外,也可以主动要求政府对其进行专项服务评估,以取得政府的认同与指导①。

(2) 第三方机构进行质量认证

第三方机构的特点是受政府资助或管辖,不以营利为目的,与远程教育具体实践机构无直接联系,依据一定的质量标准,独立地执行评估和认证工作。质量认证是运用最为广泛的外部质量保证方法。质量认证是高等教育质量评价的独特方式。对于学生来说,认证提供了正式的凭据,如学分、许可证、文凭、证书或学位。对于高等教育机构来说,通过政府、专业协会和其他认证机构或权威部门进行的认证,可以赢得社会认可,扩大品牌影响,获得市场和资

---

① 崔新有.国家开放大学学习支持服务解决方案[M].北京:国家开放大学出版社,2018:103,115,222.

源①。美国是实施远程教育机构认证较早的国家,有多家全国性和地区性的认证协会,认证主要包括机构认证和课程或专业认证两大类。认证过程一般以院校自愿参与的形式提出申请,而非政府的强制性行为,并遵循认证机构预设的标准化评价范式,接受其不定期的考察,以获取准确的评价信息,对认证合格的院校颁发相应证书,其中学习支持服务就是认证过程中的重要环节。例如,美国远程教育认证委员会(DEAC)对参与认证的远程教育机构进行 12个维度的项目评估。其中,第四项"教育和学生支持服务(education and student support services)"维度明确给出了与服务行为有关的评定标准。评价的宗旨是要求被认证机构能提供持续、全面的服务,以确保学生获得足够的支持,助其成功完成学业。具体而言,包括十项测评点:通过完备的技术支持来优化机构与学生间的角色互动;提供资源查询路径并迅速响应学生的咨询;注重个体差异性并提供相应的教学支持;有相应的政策程序鼓励学生坚持完成学业;运用定性和定量的方式评价学生的学业进步;公平一致地应用分级策略进行成绩评分;确保学生档案的安全性和永久性;根据法律和地方性法规的要求保护学生的隐私;提供预设的学术性支持服务;有接受、响应并解决学生投诉的程序等②。

认证的标准常常是"底线"。这对于教育提供者来说,其服务有了要求和规定;对教育消费者来讲,其感受便有了依据和选择;认证本身也是一种品牌,它对于同行的评判和社会的公认具有"窗口"效应③。借鉴世界远程教育的认证制度和质量保障方面的成功做法,我国可设立一个由教育部直接管辖或资助的独立远程教育质量评估委员会,建立进行定期认证和评估的制度,对院校的远程教育学习支持服务的有效性进行全面评估,接受远程教育机构积极主动地参与认证和评估。还可由第三方评价机构依据一定的质量标准定期开展基于学习成果及学习支持服务满意度调查,以"公开、公平、公正"的原则定期向社会大众发布调研结果数据,以保障服务价值的进一步实现④。

---

① [南非]尼尔·布彻,萨拉·胡森.后传统在线高等教育质量指南(中文版)[M].刘占荣,等译.北京:中央广播电视大学出版社,德稻教育,2013:22.

② Accreditation Standards[EB/OL].[2018 - 10 - 18].https://www.deac.org/UploadedDocuments/Handbook/Accredita-tion-Handbook-Part-Three.pdf.

③ 徐皓.质量评价如何多元有效———教育部"试点项目"总结性评估带来的思考之三[J].中国远程教育,2009(7).

④ 唐文,左克军,章玳.开放大学学习支持服务及其价值实现途径[J].成人教育,2020(5).

（3）行业组织、企业等社会用人单位提供改进依据

行业组织、企业等用人单位是远程教育服务的需求主体。突出行业、企业等用人单位评价的主导地位，更利于远程教育院校及时、准确地了解行业组织、企业等社会用人单位对人才的需求状况，进而督促院校调整专业设置和改革人才培养模式，调整学习支持服务活动，优化学习支持服务模式，更好地服务产业转型升级的内在需求。质量评价主要为职业道德、工作责任心；工作表现及工作任务认知和迁移的能力；完成工作任务的综合能力、团队协作能力等。将行业组织、企业等社会用人单位对毕业生的满意度反馈，形成第三方评价，为远程教育院校制定政策提供准确、科学的参考信息，帮助远程教育院校根据社会需求来调整学习支持服务活动，为提高学习支持服务质量提供一定的科学依据。

（4）加快推进国家资历框架建设

在终身学习与学习型社会的背景下，"国家资历框架"的出台为学习支持服务的成果（学习成果）认证提供了重要依据。2019 年，《中国教育现代化2035》明确提出"建立全民终身学习的制度环境，建立国家资历框架"战略任务。"国家资历框架（Qualifications Framework）"是国家根据一定的标准和定义，将公民个人在任何时间和地点，通过规范的任何方式获得的知识、技能按层级分类描述并依法确定的一整套标准和措施。资历框架在国际上也被称为学习成果框架[①]。资历框架是把包括学校教育和非学校教育、正规学习与非正规学习、成人教育与职业培训等在内的各种类型的教育与培训统筹整合，实现各级各类教育、培训的贯通和协调发展，为公民构建一个无障碍的、公平的、可以自由流动的、学习成果可以携带和累积的终身学习体系[②]。同时，通过统一标准的制定和实施，保障和提高教育、培训质量，实现各种资历相互可比、可衔接、可携带，进而促进资历的跨领域、跨行业、跨地区和跨国界的相互认可。"国家资历框架"的核心要素是"以学习成果为本""学分累积与转换系统的构建"，以及"对先前学习经历的认可"。世界上英国、澳大利亚等国家已搭建了资历框架，实现不同类型学习成果互认和转化，实现各种教育类型互通成为典范。

---

① 张伟远，谢青松. 资历框架的级别和标准研究[J]. 开放教育研究，2017(4).

② 王立生，落实十九大精神加快推动国家资历框架建设[EB/OL]. [2018-04-19]. http://www. moe. gov. cn/jyb_xwfb/moe_2082/zl_2017n/2017_zl76/201804/t20180419_333588. html

依据欧洲职业培训发展中心（European Centre for the Development of Vocational Training）针对国家资历框架发展划分的"探索、设计、采纳、激活、实施、审查"六阶段来看,我国国家资历框架建设还属于探索阶段[①]。我国要加快推进国家资历框架建设,从课题研究转到实践层面上来,从政策层面转到实际行动上来,在同一资历框架下进行学习成果认证,实现不同类型学习成果的互认和转化。特别是要打破传统高校与开放大学的学习成果认证壁垒,坚持同一性质量观,制定同一资格框架下的质量标准和具体指标,促进从资历要求到课程教学的转化,帮助学习者真实达到资历所要求的学习成果、具备资历所表征的各项能力。这对于鉴定学习成果,确保资历本身的含金量,提升远程教育学习支持服务质量,提高社会公众对开放大学的认可度具有重大意义。

本章小结

本章从理论与实践两个层面基于共同体视角对学习支持服务质量保障进行研究。针对学习支持服务质量保障现状,远程开放教育中学习支持服务的实践偏失,加强对学习支持服务质量的学理探讨。指出学习支持服务的本质是社会性的,支持服务体现了共同体内在的属性。学习支持服务质量具有统合性、主观性、集合性、全员性特征。基于这些特征,提出在共同体建设中学生支持需要正确认识变与不变的关系,谋求质量构成的整体效益;正确处理主体与客体的关系,真正使客体主体化;正确处理有为与无为的关系,加强支持服务质量监控与评价;正确把握好共性与个性的关系,以团队协作方式切实提高学习支持服务的效能。

学习支持服务质量保障是根据远程教育院校办学要求以及利益相关者的需求确立质量目标,以学习支持服务系列活动为主要管理对象,以适切的质量管理理论及其思想为理论支撑,以评估、监测为改进和控制手段,提升学习支持服务水平的一系列活动。以远程开放教育为例,探索学习支持服务质量保障LSSTPO模型,提出要真正关注学生的学习成果,集合学校所有的资源为学生学习成果的获得提供学术与非学术的优质、高效的支持服务,从而实现目

---

① CEDEFOP. Overview of National Qualifications Framework Developments in Europe 2020 [EB/OL]. [2021 - 05 - 20]. https://www.cedefop.europa.eu/en/publications-and-resources/publications/8611.

标保证、过程保证及结果保证。学习支持服务质量保障是保障教育质量、提升教育质量声誉的关键措施。面对新形势、新变化,远程开放教育要抓住教育样态和学习方式变革的新机遇,主动转变质量观及质量保障策略。① 将学习支持服务目标嵌入人才培养全过程中。以学生发展为中心建构学校人才培养目标;以学生需求为导向,建构专业人才培养目标;基于成效为本的理念建构课程学习目标。② 构建成效为本的课程质量保证体系。整合可利用的课程学习资源和学习支持服务;从重视"课程知识"的评价,转为对"岗位职能"和"职业素质"的评价。③ 强化学习支持服务质量人力保障,加强师资队伍建设。规范管理,明确职责;加强兼职教师队伍建设;促进共同体视域下的质量文化建设。④ 完善内部质量保障机制。改进学习支持服务质量评价标准;强化院校内部的质量监控;学生参与质量保障机制的建构。⑤ 建构外部质量评估机制。政府主管部门进行宏观管控;第三方机构进行质量认证;行业组织、企业等社会用人单位提供改进依据;加快推进国家资历框架建设。坚持同一性质量观,制定同一资格框架下的质量标准和具体指标,促进从资历要求到课程教学的转化。

结 语

改革开放40多年,中国远程教育呈现出向多元、深层发展的态势。提高质量已成为当前远程高等教育发展的中心任务。《关于推进新时代普通高等学校学历继续教育改革的实施意见》(教职成〔2022〕2号)指出,普通高等学校举办的学历继续教育快速发展,为促进高等教育大众化、普及化和教育公平,推动经济社会发展和学习型社会建设做出了重要贡献,但也存在办学定位不够明确、制度标准不够完善、治理体系不够健全、人才培养质量不高等突出问题,不能很好地适应教育高质量发展要求。

我们不能忽视这个事实:长期以来,我国远程教育的二元模式,即普通高等学校举办的学历继续教育(网络教育)与普通高校是两条质量发展线,而一元模式的广播电视大学是关起门来弄质量,有没有质量,经常是自己人说了算。在开放大学转型发展10年后,我国多所开放大学提出,实行“学历教育与非学历教育并重”,要高质量发展,创建一流的开放大学,这就不应只是在非学历教育上大放异彩,在学历教育上也要提质创优。开放大学学历教育要得到社会认可,需要高度重视质量建设,正像英联邦学习共同体主席总裁约翰·丹尼尔所说:“你们(开放大学)永远也不可以在质量前沿放松自己的努力。社会公众总是很正确地随着时间对一所大学的声誉提出相应的更高的要求。质量保证工作做好了,声誉就会随着时间的推移而提高。”①开放大学转型发展新时期,提高学习支持服务质量无疑是开放大学高质量发展的重要途径。

“毫无疑问,英国开放大学的声誉就是受益于其在全国大学教学质量排名表中的地位稳步提升到第5位这一事实。英国开放大学经历的是同英国其他大学一致的评价,而如果你们那里的质量保证体系尚不成熟或没有足够的信

---

① 约翰·丹尼尔.从三角形到五边形:21世纪的开放大学——在亚洲开放大学协会第18届年会上的主题报告[J].丁兴富,译.开放教育研究,2004(6).

心，就没有必要自愿去参加全国统一的评估体系。"①换句话说，开放大学如果对自己的教育教学质量保障有信心，是可以加入全国应用性高校的评估中的。"大学能够实现高质量的远程学习，但是质量从来就不能靠授予。同人类活动的其他领域一样，质量只能是精心设计、精心计划、专业实施和精细评估的结果。"②在终身学习成为趋势的背景下，国家资历框架由理论层面的探讨到实践层面的推行，将有助于普通高校网络教育学院和开放大学以同一质量标准加入到国家评估与认证中。开放大学要"把人才培养的质量和效果作为检验一切工作的根本标准，在学科专业课程建设、教学组织、支持服务等方面不断提高建设质量和服务水平"③。

　　学习支持服务质量保障是远程教育质量保障体系的重要组成部分，是远程教育深层发展的重要课题。远程教育在学历继续教育的学历补偿任务压力明显缓解的新阶段，工作重心不应再是建立学习支持服务工作制度，而是建立一个与终身学习背景下远程教育质量保障体系相适应的科学系统的学习支持服务质量保障体系。学习支持服务质量保障是根据远程教育院校办学要求以及利益相关者的需求确立质量目标，以学习支持服务系列活动为主要管理对象，以适切的质量管理理论及其思想为理论支撑，以评估、监测为改进和控制手段，提升学习支持服务水平的一系列活动。从学生视角出发，确保为学生获得学习成果，提供适当和有效的教学、支持、评估，本研究得出如下结论：

一、树立以生为本质量观、多元化质量观、增值性质量观和可持续发展质量观

　　学习支持服务质量保障的前提是要厘清质量观。① 围绕学习者，树立以生为本质量观。在学习支持服务目标上，学校要依据学生的需求设定学习目标，把学生的根本利益作为一切学习实践活动的出发点和归宿。② 树立多元化质量观。努力使每一个学生都在原有的基础上实现更大的发展和提高，尊重差异和弘扬个性的发展，实现服务内容的多样化、个性化。③ 树立增值性

---

　　① 　约翰·丹尼尔.从三角形到五边形：21世纪的开放大学——在亚洲开放大学协会第18届年会上的主题报告[J].丁兴富，译.开放教育研究，2004(6).
　　② 　约翰·丹尼尔.巨型大学、虚拟大学和知识媒体：我们能否同时拥有数量和质量[J]．丁兴富，译.开放教育研究，1998(5).
　　③ 　崔新有.校长面对面江苏开放大学：努力成为高水平开放大学发展的领跑者[J].在线学习，2022(8).

质量观。学生的价值增值体现在学生学习之后各方面的改变和进步。从学生学习成果出发,只要学生获得一定的学习增值,学习支持服务就是有质量的。④ 树立可持续发展质量观。坚持能力为重,注重学生终身学习需要的可持续发展能力,如果学校能够最大限度地促进学生的学习与发展,学习支持服务就是有质量的。

二、完善教与学各环节,优化学习支持服务的模式

积极发展"互联网＋教育"要以学生为本,提供学习支持服务,更要逐步完善教与学各环节,优化学习支持服务的模式。要遵循学习支持服务原则:契合大学的人才培养目标,符合教育对象的主体特征,突出社会的时代属性。学习支持服务模式要从单一式向多样化、多元化发展;从独立式向一体化、立体化发展;从粗放式向精准化、个性化发展。

三、尊重学生的学习风格及学习需求,实现个性化学习支持服务

充分贯彻"服务学习者"的理念,支持服务工作的核心应以学生为中心。教师要以多样性和灵活性支持服务调动学习者的学习感知,也需要创造学生同伴群体互动的良好环境。在学习支持服务目标与学生学习风格偏好之间找到更好的"结合点"。提供多样化的教学媒体,完善个性化、智能化学习支持服务系统,满足学生最大的偏好,提高学生的学习主动性。在切实保证支持服务的有效性的同时要注重及时性。

四、建构基于 SERVQUAL 模型的学习支持服务质量评价体系

运用德尔菲法构建修正了 SERVQUAL 模型,基于有形性、可靠性、响应性、保证性、移情性等五个维度,确立了包括 28 个三级指标的学习支持服务质量评价体系。研究发现,学习平台与技术的有形性及响应性对感知绩效产生了明显的影响。要重点关注并优先改进移动学习、学习平台,进行相关的技术培训和有效的师生互动。学校要准确及时地将学习者的隐性服务标准转化为教师与管理者的行为规范、院校的规章制度等显性服务标准。

五、构建学习支持服务质量保障 LSSTPO 模型,提出实践路径

建构学习支持服务质量保障 LSSTPO 模型,提出要真正关注学生的学习成果,集合学校所有的资源为学生学习成果的获得提供学术与非学术的优质、高效的支持服务,从而实现目标保证、过程保证及结果保证。面对新形势、新

变化,要抓住教育样态和学习方式变革的新机遇,主动转变质量观及质量保障策略。① 将学习支持服务目标嵌入人才培养全过程。以学生发展为中心建构学校人才培养目标;以学生需求为导向,建构专业人才培养目标;基于成效为本的理念建构课程学习目标。② 构建成效为本的课程质量保证体系。整合可利用的课程学习资源和学习支持服务;从重视"课程知识"的评价,转为对"岗位职能"和"职业素质"的评价。③ 强化学习支持服务质量人力保障,加强师资队伍建设。规范管理,明确职责;加强兼职教师队伍建设;促进共同体视域下的质量文化建设。④ 完善内部质量保障机制。将结构(要素)标准、转化(增值)标准及评价(感知)标准相结合,改进学习支持服务质量评价标准;强化院校内部的质量监控;学生参与质量保障机制的建构。⑤ 建构外部质量评估机制。政府主管部门进行宏观管控;第三方机构进行质量认证;行业组织、企业等社会用人单位提供改进依据;加快推进国家资历框架建设。坚持同一性质量观,制定同一资格框架下的质量标准和具体指标,促进从资历要求到课程教学支持的转化,进行课程或专业认证,真正推动建立基于学生学习结果的持续改进机制。

主要参考文献

一、中文部分

[1] 陈玉琨.教育评价学[M].北京:人民教育出版社,1999.

[2] 陈玉琨,代蕊华,等.高等教育质量保障体系概念[M].北京:北京师范大学出版社,2004.

[3] 陈伯璋,卢美贵.开放教育[M].台北:师大书苑,1991.

[4] 陈琦,刘儒德.当代教育心理学[M].北京:北京师范大学出版社,2007.

[5] 陈丽.远程教育学基础[M].北京:高等教育出版社,2004.

[6] 陈丽,谢洵,王晓霞.开放远程教育内部质量保证案例集[M].北京:北京师范大学出版社,2017.

[7] 陈斌.现代远程教育质量评价研究[M].北京:世界图书出版公司,2011.

[8] 陈小异,王洲林.学习心理学[M].重庆:西南师范大学出版社,2015.

[9] 崔新有.国家开放大学学习支持服务解决方案——基于国家开放大学江苏分部的实践与探索[M].北京:国家开放大学出版社,2018.

[10] 丁兴富.远程教育学[M].北京:北京师范大学出版社,2009.

[11] 丁新.国际远程教育研究[M].北京:高等教育出版社,2008.

[12] 郭青春.国际远程开放教育质量标准比较研究[M].北京:中央广播电视大学出版社,2014.

[13] 郭湛.主体性哲学:人的存在及其意义[M].北京:中国人民大学出版社,2011.

[14] 教育部课题组.深入学习习近平关于教育的重要论述[M].北京:人民出版社,2019.

[15] 荆德刚.超越远程教育:世界开放大学校长谈疫后发展趋势[M].北京:国家开放大学出版社,2021.

[16] 黄清云.国外远程教育的发展与研究[M].上海:上海教育出版社,2000.

[17] 课题组.新型大学的建构——中国特色开放大学体系的建立和发展研究报告[M].南京:江苏凤凰教育出版社,2015.

[18] 联合国教科文组织国际教育发展委员会.学会生存——世界教育的今天和明天[M].华东师范大学比较教育研究所,译.北京:教育科学出版社,1996.

[19] 李亚婉.世界开放大学现状分析与趋向研究[M].北京:中央广播电视大学出版

社,2011.

[20] 石中英.教育哲学[M].北京:北京师范大学出版社,2007.

[21] 沈欣忆,陈丽,郑勤华.我国高等远程教育质量保证标准研究[M].北京:北京师范大学出版社,2017.

[22] 谭顶良.学习风格论[M].南京:江苏教育出版社,1995.

[23] 田恩舜.高等教育质量保证模式研究[M].青岛:中国海洋大学出版社,2007.

[24] 吴遵民.终身教育国际视野与中国经验[M].上海:上海教育出版社,2018.

[25] 韦福祥.服务质量评价与管理[M].北京:人民邮电出版社,2005.

[26] 谢新观.远程教育概论[M].北京:中央广播电视大学出版社,2000.

[27] 谢幼如,等.在线开放课程与教学创新[M].北京:科学出版社,2020.

[28] 杨孝堂,张曼茵.中国远程高等教育40年[M].北京:国家开放大学出版社,2019.

[29] 中共中央马克思恩格斯列宁斯大林著作编译局.马克思恩格斯全集(第三卷)[M].北京:人民出版社,1961.

[30] 邹范林.远程教育保障:学习支持与策略[M].北京:中央广播电视大学出版社,2009.

[31] 赵健.学习共同体[M].上海:华东师范大学出版社,2005.

[32] 张伟远.网上教学的原理与方法[M].北京:人民教育出版社,2009.

[33] 张少刚.远程教育发展的理论与实践探究[M].北京:中央广播电视大学出版社,2015.

[34] 张立国,王国华.在线教育的理论与实践[M].北京:科学出版社,2018.

[35] 周蔚.现代远程教育的学习支持服务[M].北京:中央广播电视大学出版社,2005.

[36] 章建石.基于学生增值发展的教学质量评价与保障研究[M].北京:北京师范大学出版社,2014.

[37] 章玳.开放教育课程与教学支持研究[M].南京:南京大学出版社,2015.

[38] [法]保罗·朗格朗.终身教育导论[M].滕星,滕复,王箭,译.北京:华夏出版社,1998.

[39] [英]格雷厄姆·布朗-马丁.重新想象学习:互联社会的学习变革[M].徐晓红,译.北京:中国人民大学出版社,2016.

[40] 德斯蒙德·基更.远距离教育基础[M].丁新,译.北京:中央广播电视大学出版社,1996.

[41] [南非]尼尔·布彻,萨拉·胡森.后传统在线高等教育质量指南(中文版)[M].刘占荣,等译.北京:中央广播电视大学出版社,德稻教育,2013.

[42] [德]斐迪南·滕尼斯.共同体与社会:纯粹社会学的基本概念[M].林荣远,译.北京:商务印书馆,1999.

[43] [美]戴维·H.乔纳森.学习环境的理论基础[M].郑太年,任友群,译.上海:华东师范大学出版社,2002.

[44] [德]马克斯·韦伯.社会学的基本概念[M].胡景北,译.上海:上海人民出版

社,2000.

[45] [美]斯蒂芬·P.罗宾斯.组织行为学[M].10版.孙健敏,李原,译编.北京:中国人民大学出版社,2005.

[46] [美]乔恩·R.卡曾巴赫.团队的智慧——创建绩优组织[M].侯玲,译.北京:经济科学出版社,1999.

[47] [美]朱丽叶·M.科宾,安塞尔姆·L.施特劳斯.质性研究的基础——形成扎根理论的程序和方法[M].朱光明,译.重庆:重庆大学出版社,2015.

[48] [英]奥蒙德·辛普森.远程教育学生支持服务的理论与实践[M].刘永权,译.北京:中央广播电视大学出版社,2013.

[49] [法]布鲁诺·雅罗森.科学哲学[M].张莹,译.北京:北京大学出版社,2000.

[50] [日]田中耕治.教育评价[M].高峡,田辉,项纯,译.北京:北京师范大学出版社,2011.

[51] [日]小野滋.企业的全面质量管理[M].孙良康,梁宝俭,译.北京:企业管理出版社,1988.

[52] [加拿大]迈克尔·富兰.变革的力量——透视教育改革[M].中央教育科学研究所,译.北京:教育科学出版社,2004.

[53] [日]佐藤学.学校的挑战——创建学习共同体[M].钟启泉,译.上海:华东师范大学出版社,2010.

[54] [澳]丹尼斯·克伯蒂克.远程教育的质量保证[M].侯建军,译.北京:中央广播电视大学出版社,2008.

[55] 安均富.专家访谈:如何看待远程教育的教学质量问题[J].中国远程教育,2002(4).

[56] 白滨,高益民,陈丽.美国网络高等教育的学习支持服务研究[J].比较教育研究,2008(11).

[57] 别敦荣,易梦春,等.国际高等教育质量保障与评估发展趋势及其启示——基于11个国家(地区)高等教育质量保障体系的考察[J].中国高教研究,2018(11).

[58] 崔新有.开放大学要在高质量发展中走在前列[J].终身教育研究,2018(2).

[59] 陈丽.现代远程教育中学生支持的发展方向[J].开放教育研究,2005(1).

[60] 陈丽,沈欣忆,等."互联网+"时代的远程教育质量观定位[J].中国电化教育,2018(1).

[61] 陈斌.远程教育质量保障的史与思[J].中国电化教育,2011(3).

[62] 曹国永.发展在线教育服务人才培养[J].中国高等教育,2021(3/4).

[63] 丁兴富.论远程教育中的学生学习支助服务(上)[J].中国电化教育,2002(3).

[64] 丁兴富.中国特色一流开放大学的成长之路——上海电视大学半个世纪发展的历史经验[J].开放教育研究,2010(3).

[65] 冯立国,杨孝堂.远程开放教育课程教学设计的模式框架[J].中国电化教育,2011(9).

[66] 冯丽樱. 谈对远程教育学习支持服务内涵的认识[J]. 远程教育杂志,2006(8).

[67] 樊文强,靳会峰. 远程学习支持服务学生感知服务质量评价个案研究——基于"内容—品质"二维框架和 SERVPERF 方法[J]. 现代教育技术,2012(12).

[68] 郭英德. 教学与科研的双向互动——国家级优秀教学团队建设经验谈[J]. 中国大学教学,2011(11).

[69] 郭文革,张魁元,沈旭东. 虚拟教学管理团队领导力研究[J]. 开放教育研究,2015(4).

[70] 高德毅,宗爱东. 从思政课程到课程思政:从战略高度构建高校思想政治教育课程体系[J]. 中国高等教育,2017(1).

[71] 郝克明. 对中国开放大学建设和发展的认识和思考[J]. 北京广播电视大学学报,2012(6).

[72] 何克抗. 建构主义的教学模式、教学方法与教学设计[J]. 北京师范大学学报(社会科学版),1997(5).

[73] 荆德刚. 开放大学改革:使命、发展与挑战[J]. 开放教育研究,2020(4).

[74] 荆德刚. 高质量发展背景下开放大学的愿景和路径[J]. 在线学习,2021(11).

[75] 蒋亦璐,王迎. 开放大学多样化学习支持服务探究——基于学习者的学习需求调研[J]. 中国远程教育,2018(6).

[76] 刘宝存. 建设高水平教学团队促进本科教学质量提高[J]. 中国高等教育,2007(5).

[77] 林小英. 分析归纳法和连续比较法:质性研究的路径探析[J]. 北京大学教育评论,2015(1).

[78] 李爽,何字娟. 基于学习参与度调查对远程学习支持服务的反思[J]. 中国远程教育,2010(3).

[79] 欧斯玛尼·张. 个性化视角:加拿大阿萨巴斯卡大学学习支持服务研究[J]. 中国远程教育,2014(9).

[80] 邱伟光. 课程思政的价值意蕴与生成路径[J]. 思想理论教育,2017(7).

[81] 宋波. 论远程高等教育内涵要素的结构层次[J]. 中国电化教育,2009(7).

[82] 史承军,陈海建. 远程开放教育学习支持服务体系的构建——上海开放大学的实践与探索[J]. 开放教育研究,2013(5).

[83] 孙鸿飞,季瑞芳. 韩国与中国开放大学学习支持服务的比较研究[J]. 中国远程教育,2018(7).

[84] 唐文,左克军,章玳. 开放大学学习支持服务及其价值实现途径[J]. 成人教育,2020(5).

[85] 王一兵. 办好中国特色开放大学[J]. 开放教育研究,2013(2).

[86] 王建明. 习近平新时代中国特色社会主义思想指引下的高水平开放大学建设方略[J]. 终身教育研究,2020(5).

[87] 王保星. 从"终身教育"到"终身学习":国际成人教育观念的根本性变革[J]. 比较教育研究,2003(9).

[88] 王秀凤.基于需求管理的远程学习支持服务优化策略[J].中国电化教育,2019(2).

[89] 王雪双.韩国国立开放大学的现状、特色与发展[J].世界教育信息,2015(16).

[90] 王玲,杨帆.阿萨巴斯卡大学远程教学模式及案例研究[J].现代远程教育研究,2010(1).

[91] 王志军,陈丽.联通主义学习理论及其最新进展[J].开放教育研究,2014(5).

[92] 王志军,余胜泉.教师团队协同教学理念及其支撑系统的设计与实现[J].远程教育杂志,2014(10).

[93] 王迎,宋灵青.国际视野下的远程学生支持服务——访谈远程教育专家贝纳雷特·罗宾逊教授[J].中国电化教育,2013(4).

[94] 汪基德,冯莹莹,汪滢.MOOC热背后的冷思考[J].教育研究,2014(9).

[95] 武丽志,丁新.学生支持服务:大卫·西沃特的理论与实践[J].中国远程教育,2008(10).

[96] 武滨,左明章,宋晔.混合式学习支持服务的机理与策略:基于全视角学习理论[J].远程教育杂志,2021(3).

[97] 吴韶华,章玳,王志飞.开放大学兼职教师现状调查——以江苏开放大学为例[J].中国远程教育,2018(5).

[98] 吴洪富,韩红敏.学生学习评价的国际性尝试:"高等教育学习结果评价"解读[J].现代教育管理,2016(9).

[99] 徐爱萍.基于主体协同的高等教育质量保障机制构建[J].江苏高教,2013(3).

[100] 徐赟,马萍.欧洲大学质量文化建设:实践及启示[J].外国教育研究,2017(9).

[101] 肖俊洪.英国开放大学的学生支持服务评估及其启示[J].中国远程教育,2008(2).

[102] 谢洵,郑勤华,陈丽.学习支持服务第三方监测研究[J].中国远程教育,2016(6).

[103] 熊耕.透视美国高等教育中的学生学习结果评价[J].比较教育研究,2012(1).

[104] 叶宏.新时代开放大学高质量发展视域下的教学变革[J].远程教育杂志,2019(6).

[105] 杨顺起,陈立勇,平凡.电大学习支持服务体系的机遇与创新[J].开放教育研究,2008(5).

[106] 杨亭亭."教育技术学导论"课程团队远程教学实践[J].现代远程教育研究,2010(4).

[107] 杨志坚.国家开放大学建设:改革与创新[J].中国远程教育,2013(4).

[108] 杨秀芹.教学团队的演进逻辑与自组织管理[J].当代教育科学,2016(2).

[109] 余晓波.高等教育质量保障活动中三个基本概念的辨析[J].长沙理工大学学报(社会科学版),2005(3).

[110] 祝怀新,孙敬娜.澳大利亚南昆士兰大学远程高等教育探析[J].中国远程教育,2006(11).

[111] 朱立明,刘俊强.对现代远程教育质量观及质量保证的探讨[J].现代远距离教育,2005(3).

[112] 朱祖林.远程学习支持服务质量的测评模型研究[J].远程教育杂志,2009(4).

[113] 朱美娜,赵云建.慕课与开放教育:角色、教育实践、个性化学习和可能的发展趋势——访印第安纳大学教育技术专家柯蒂斯·邦克教授及其著作团队[J].中国电化教育,2017(5).

[114] 张伟远,谢青松.资历框架的级别和标准研究[J].开放教育研究,2017(4).

[115] 张佳妮,江颖.学习支持服务如何使远程教育更具吸引力?——英国开放大学MILLS对我国远程教育的启示[J].外国教育研究,2019(6).

[116] 张胜利,何岸.南昆士兰大学学习与教学支持服务机构运行经验及启示[J].职业技术教育,2011(2).

[117] 张枝实,杨茹,陈东毅.基于创新2.0的在线学习支持服务系统的构建[J].中国远程教育,2011(8).

[118] 郑勤华,李秋菊,陈丽.中国MOOCs教学模式调查研究[J].开放教育研究,2015(6).

[119] 钟志贤.知识建构、学习共同体与互动概念的理解[J].电化教育研究,2005(11).

[120] 赵健.从学习创新到教学组织的创新——试论学习共同体研究的理论背景、分析框架与教学实践[J].教育发展研究,2004(7).

[121] 赵宏,孙洪涛,郑勤华,等.中国MOOCs学习支持状况调查[J].现代远距离教育,2017(3).

[122] 赵倩,章玳,吴韶华.供给侧视域下开放教育人才培养质量提升策略研究[J].成人教育,2020(3).

[123] 章玳.香港高校基于成效为本的课程改革与启示[J].现代远程教育研究,2014(1).

[124] 章玳.学习支持服务:开放大学的视角[J].现代远距离教育,2011(5).

[125] 章玳.基于学习共同体的学习支持服务——"3+n"整合式学习支持服务模式实施路径探究[J].成人教育,2019(5).

[126] 章玳,吴韶华,胡梅.江苏终身教育40年:模式探索与路径完善[J].扬州大学学报(高教研究版),2020(8).

[127] 章玳,唐文.学生支持服务的要素识别与理论模型[J].高等继续教育学报,2020(6).

[128] 章玳,徐正东.远程教育学习支持服务满意度调查分析[J].中国远程教育,2011(4).

[129] 章玳.远程自主学习式教材的设计与编写研究——以江苏开放大学为例[J].中国远程教育,2015(12).

[130] 章玳.基于OBE理念的开放教育课程监控与评价研究[J].成人教育,2018(10).

[131] 艾伦·泰特.开放和远程教育中学生学习支持之理念与模式[J].陈垄,译.中国远程教育,2003(15).

[132] 艾伦·泰特.从实地到虚拟空间:重构数字时代远程e-learning学生支持服务[J].肖俊洪,译.中国远程教育,2014(6).

[133] 查尔斯·泰勒.共同体与民主[J].张荣南,译.现代哲学,2009(6).

[134] 南希·帕克.利用外部认证驱动内部质量改进的典型案例——阿萨巴斯卡大学的认证经验[J].林世员,译.开放学习研究,2016(8).

二、外文部分

[135] Alan，T. Planning Student Support for Open and Distance Learning[J]. Open Learning，2000，15(3).

[136] Astin，A. W. Achieving Educational Excellence：A Critical Assessment of Priorities and Practices in Higher Education[M]. San Francisco：Jossey-Bass，1985.

[137] Astin，A. W. What matters in college：Four critical years revisited[M]. San Francisco：Jossey-Bass，1993.

[138] Graham S W，Gisi S L. Adult Undergraduate Students：What Role Does College Involvement Play? [J]. Journal of Student Affairs Research & Practice，2000，38(1).

[139] Gronroos C. Service Management and Marketing：A Customer Relationship Management Approach(Second Edition) [M]. Wiley，2000.

[140] Ham C L. Service quality：customer satisfaction and customer behavioral intentions in Higher Education：Doctoral Dissertation[M]. Nova Southeastern University，2003.

[141] Harris B L. A study of service quality gap analysis of expectations versus performance perceptions of junior, senior, and graduate students：Doctoral dissertation[M]. Birmingham：University of Alabama，2002.

[142] Harvey L，Knight P. Transforming Higher Education[M]. Buckingham：Open University Press and Society for Research into Higher Education，1996.

[143] Malcolm S. Knowles. Self-Directed Learning：A guide for learners and teachers[M]. Follett Publishing Company/Chicago，1975.

[144] Moore M. G. & Kearsley G. Distance Education：A Systems View[M]. Belmont, California：Wadsworth Publishing Company,1996.

[145] Needham，N. How OBE became the three most controversial letters in education [M]. NEA Today，1995.

[146] Plank R E,Chiagouris K. Perceptions of quality of higher education：an exploratory study of high school guidance counsellors[J]. Journal of Marketing for Higher Education，1997，8(1).

[147] Parasuraman A，Zeithaml V A，Berry L L. SERVQUAL：A Multiple-Item Scale for Measuring Consumer Perceptions of Service Quality[J]. Journal of Retailing，1988，64(1).

[148] Spady，W. G. Choosing Outcomes of Significance[J]. Educational Leadership，1994，51(6).

[149] Tucke B. The Flipped Classroom：Online instruction at home frees class time for learning[J]. Education Next，2012(1).

后　记

　　从事教育工作30余年,也曾感叹远程教学没有成就感,但更多时候是感动。一学生虽已身怀六甲,却坚持多次面授交流,对毕业论文的反馈意见一一认真修改,之后不仅顺利通过答辩拿到学位,两年后又考取了名校研究生。一日接到她报喜电话,甚感欣慰。还有一学生,年已50有余,在已有本科学历的基础上选择开放大学学习,参加开放教育线上讨论常独抒己见。后由线上转到线下,师生二人相见,亦师亦友。经她牵线搭桥,共同到东坡小学调研学习,形成生成性的课程资源。从她们的身上我看到了远程开放教育的希望。教学相长,遇到这样的学生唯恐自己能力不够,支持服务不到位。学生在学习上遇到困难的时候,教师的责任是给予教育或辅导,激励或帮助,以使困难的变得容易,失望的变得充满信心。多年来,边教学,边研究,作为开放教育人,坚守初心,改革创新,为广大的学生提供更优质的学习支持服务成为我的信条。

　　"博观而约取,厚积而薄发",学术研究贵在日日坚持,点滴积累。多年来,我专注远程教育学习支持服务,兼及终身教育,梳理从教多年所思所悟,基于"什么是学习支持服务""学生需要什么样的学习支持服务""什么样的学习支持服务是有质量"的思考,再次聚焦于学习支持服务质量保障主题,获省教育厅、开放大学研究中心课题资金赞助。数月以来,几经校改,付印在即,希冀本书的出版能够为远程教育发展、开放大学建设奉献一份微薄之力。

　　感谢课题组成员的精诚合作,配合完成数据采集及统计分析等研究任务!感谢江苏省教育科学研究院宋旭峰研究员、苏州大学万东升教授对书稿提出的建设性修改意见!

　　感谢江苏广播电视大学/江苏开放大学给予我学术研究的平台!校领导以开放的视野,为教师赋能,使得本人有机会参加国际、国内远程教育学术会议,得以了解世界远程教育最新研究成果,并多次受邀发言,与同行切磋交流。感谢江苏开放大学崔新有校长拨冗写序!感谢金丽霞副书记给予研究工作的热忱关心和悉心指导!感谢科技处副处长虞晓骏、倪晓燕、陈冰月老师的大力帮助和不断激励!感谢国开分部教学管理中心的瞿学良、陆伟新主任对科研工作的高度重视！感谢部门同事毫无保留的经验分享！

感谢南京大学出版社师范教材编辑部钱梦菊主任对本书的编辑和出版所做的辛苦工作！

本书是在前人研究成果基础上完成的，写作中所引用的文献，已通过页下注或文末参考文献的方式予以标注，以此向前人的创造性劳动致以深深的谢意！若存有不妥和遗漏，恳请见谅！囿于笔者的学识和精力，论断不甚准确之处，内容疏漏之处，恳请同行、专家、读者予以指正！

章玳(JYGL399@126.com)
2022 年 11 月